PHILOSOPHIE DE L'ARCHITECTURE

TEXTES CLÉS

PHILOSOPHIE DE L'ARCHITECTURE
Formes, fonctions et significations

Textes réunis et introduits par
Mickaël LABBÉ

PARIS
LIBRAIRIE PHILOSOPHIQUE J. VRIN
6 place de la Sorbonne, V e
2017

G. W. F. Hegel, « L'architecture », dans *Esthétique*
© Paris, Librairie Générale Française, 1997.

Le Corbusier-Saugnier, « Architecture et purisme »
© FLC – Adagp, Paris 2016.

R. Scruton, « The problem of architecture », in *The Aesthetics of Architecture*
© Roger Scruton, 1979, 2013. Translated with the author's kind permission

Allen Carlson, « Existence, Location and Function : The Appreciation
of Architecture », *in* Michael H. Mitias (ed.), *Philosophy and Architecture*
© Allen A. Carlson, 1994. Translated with permission of Rodopi and Brill N.V.

L. Sullivan, « L'immeuble de grande hauteur envisagé
d'un point de vue artistique »
© Claude Massu, avec l'aimable autorisation des éditions Dunod, 1982.

A. Aalto, « L'humanisation de l'architecture » (1940)
© Alvar Aalto Stiftelsen, with kind permission.

Louis I. Kahn, « Principe formel et projet »,
dans Louis I. Kahn (éd.), *Silence et Lumière*
© Éditions de Linteau, 1996.

R. Arnheim, « Expression et Fonction »,
dans *La Dynamique de la forme architecturale*
© Mardaga, 1986.

N. Goodman, « How buildings mean », in *Reconceptions in Philosophy
and other Arts and Sciences* (avec Catherine Z. Elgin), 1988
© Catherine Z. Elgin.

J. Dewitte, « Pour qui sait voir, ou l'automanifestation de la ville »,
dans *La Manifestation de soi*
© Éditions de la Découverte, 2010.

L'éditeur s'est employé à identifier tous les détenteurs de droits. Il s'efforcera de rectifier, dès que possible, toute omission qu'il aurait involontairement commise.

© *Librairie Philosophique J. VRIN*, 2017
Imprimé en France
ISSN 1968-1178
ISBN 978-2-7116-2743-1
www.vrin.fr

VERS UNE PHILOSOPHIE
DE L'ARCHITECTURE

Dans la galaxie complexe des rapports entre l'art et la philosophie, rapports faits à la fois de méfiance et d'attirance réciproques, la place et le statut de la discipline architecturale semble pour le moins problématique et paradoxale, si ce n'est très particulière. En effet, bien que les relations entre architecture et philosophie soient anciennes et constantes, et en dépit du fait qu'en de multiples sens l'architecture semble indéniablement constituer la forme d'art la plus omniprésente dans nos vies, elle est en même temps celle qui, de toutes les disciplines artistiques, a fait l'objet de la thématisation philosophique la moins explicite et la moins importante. La comparaison entre le traitement réservé par les philosophes à l'architecture et aux autres formes d'art, tant en ce qui concerne l'étendue des propos consacrés à l'art de bâtir qu'en regard de l'importance conceptuelle attribuée par les philosophes à cette discipline au sein de leurs dispositifs de pensée respectifs, fait apparaître une différence flagrante : à la différence de la peinture et de la sculpture, de la musique, de la poésie ou encore du théâtre, l'architecture semble bien être l'art le plus méconnu et le plus mal-aimé des philosophes. Bien que la situation de la philosophie contemporaine ait pu sembler ramener cette tendance à un plus grand équilibre (avec un certain nombre de développements très intéressants), il n'est que de rappeler qu'avant Hegel ou Schopenhauer, l'architecture a rarement fait l'objet d'un traitement philosophique de fond pour elle-même ou d'une thématisation réellement explicite et compréhensive. La constitution d'une esthétique comme discipline philosophique à part entière à partir de la deuxième moitié du XVIIIᵉ siècle semble n'avoir en rien modifié cet état de fait. Pour autant, l'architecture n'en reste pas moins un défi lancé à la réflexion philosophique en même temps qu'une réalité dont elle peut et doit faire l'un de ses objets, comme nous tenterons de le montrer à partir des textes présentés dans ce volume.

Nous aurons donc pour objet principal de déterminer l'objet, la nature et la nécessité d'une philosophie de l'architecture, et cela en partant du problème que constitue l'architecture pour la réflexion philosophique et esthétique. Nous aurons également à traiter des rapports respectifs entre la philosophie et l'architecture au sein de cette discipline propre qu'est la philosophie de l'architecture, l'une des originalités de ce volume résidant dans le choix explicite de présenter ici à la fois des textes de philosophes et des textes d'architectes et de théoriciens de l'architecture. Il s'agira ainsi de chercher à justifier la nécessité de penser une philosophie de l'architecture au sens d'une esthétique *spéciale*, du fait de la particularité de l'objet architectural lui-même. En effet, du point de vue des catégories traditionnelles, l'évaluation de l'objet architectural constitue en quelque sorte un véritable problème pour la philosophie esthétique en raison du caractère « hybride » de son objet : l'architecture est à la fois un art *et* une discipline technique et scientifique, une forme d'art à la fois symbolique *et* fonctionnelle, expressive *et* utilitaire, raffinée *et* omniprésente au quotidien. La particularité de l'objet architectural, qui fait se tenir ensemble et de manière essentielle (c'est-à-dire constitutive de sa nature) des déterminations habituellement tenues pour incompatibles, semble ainsi appeler une esthétique proprement architecturale irréductible à l'esthétique générale (ou en tous les cas à une certaine compréhension historiquement déterminée de la nature de celle-ci), voire exiger une « reconception » de la discipline esthétique elle-même. Comme le souligne à juste titre le philosophe Roger Scruton alors qu'il examine le statut de l'objet architectural au sein des grands systèmes esthétiques, l'architecture « semble se tenir tout à fait à part des autres arts », ce qui rend nécessaire de ne plus l'apprécier uniquement en référence aux catégories rendant possible et structurant la pensée d'autres formes artistiques, mais de développer des moyens conceptuels positifs permettant de l'apprécier dans sa spécificité. La véritable difficulté pour tout philosophe cherchant à aborder le phénomène architectural dans les termes d'une pensée authentiquement esthétique semble avant tout résider dans la difficulté extrême de déterminer la nature *positive, spécifique et irréductible* de l'objet architectural. C'est à cette interrogation fondamentale que les textes composant les trois parties de cet ouvrage tentent tous à leur manière de répondre.

L'omniprésence de l'architecture

Il est donc à première vue tout à fait paradoxal, pour qui s'y attarde, de constater un tel écart entre l'omniprésence de l'architecture et sa relative absence ou rareté en tant qu'objet de la réflexion philosophique. Ce que nous

entendons ici par l'expression d'« omniprésence » de
l'architecture peut se comprendre à plusieurs niveaux et
n'est pas sans présenter certaines difficultés. Car s'il semble
nécessaire de distinguer d'emblée entre l'architecture
comme fait d'art ou production à visée esthétique
(l'architecture des architectes) et une architecture prise
dans le sens de « simple » construction répondant à la
nécessité du bâtir (une architecture *vernaculaire* et
quotidienne), les frontières entre ces deux domaines sont
parfois difficiles à tracer et elles peuvent très souvent se
recouper. De plus, c'est un vrai problème que de savoir
s'il serait même possible d'envisager un bâtiment qui, s'il
ne vise pas explicitement une dimension artistique,
n'implique pas tout de même *de facto* une certaine
représentation esthétique (au moins au titre de ses effets).
Notons ici que le terme « architecture » peut aussi bien
désigner l'ensemble du domaine bâti (que les édifices aient
une visée esthétique explicite ou non) qu'être réservé au
seul domaine des *œuvres* architecturales proprement dites,
lorsqu'il semble nécessaire de les distinguer d'un simple
bâtiment utilitaire ou de constructions vernaculaires. Ainsi,
premièrement, à la différence de ce qu'il en va pour la
peinture, la littérature ou la musique, le caractère
essentiellement public de l'architecture et son insertion
matérielle dans un environnement dont elle est en partie
définitoire, font de cet « art » une réalité à laquelle nul ne
peut échapper à moins de se condamner à une forme d'exil
hors de la société des hommes. S'il est *en principe* possible
à l'individu de ne jamais avoir affaire à un tableau, à un
poème ou à une symphonie, il lui est en revanche impossible
de ne pas être en contact avec des édifices et des œuvres
architecturales. Qu'il s'agisse des lieux mêmes dans lesquels
se déroulent les épisodes les plus intimes ou les plus anodins

de son existence quotidienne, des rues qu'il emprunte et des bâtiments qui constituent la matière même de la ville dans laquelle il séjourne et qui jalonnent un parcours dicté par d'autres nécessités, l'architecture est une réalité omniprésente dans la vie de chaque individu, même s'il ne prête la plupart du temps aucune attention à ce fait. Cependant, nous ne le savons que trop bien, il arrive parfois que l'influence de l'environnement architectural et urbain se rappelle douloureusement à ceux qui le subissent quotidiennement comme nous pouvons le voir dans le cas de certaines de nos banlieues. À l'inverse, un environnement architectural harmonieux peut être la source d'une illumination quotidienne de nos existences, l'accès à une certaine expérience de la beauté ou, à tout le moins, constituer le cadre d'une certaine sérénité dans l'action. La réalité se situe bien évidemment la plupart du temps entre ces deux extrêmes. C'est dire que, si la présence de l'architecture dans nos vies est la plupart du temps insensible, elle n'en demeure pas moins réelle. Et s'il est vrai que notre environnement architectural est dans une certaine mesure à chaque fois le reflet des conditions sociales qui lui ont données naissance, et cela peut-être même plus fortement dans son cas que dans celui d'autres pratiques artistiques, il est également toujours vecteur d'une certaine forme d'influence sur la vie et la conscience des usagers et des habitants. Comme toute forme d'art, l'architecture est ainsi à la fois déterminée et déterminante, mais du fait de son insertion dans la matière même de ce qui fait notre existence la plus ordinaire, son omniprésence est également source d'une plus grande influence. L'architecture, disait Le Corbusier, est « le miroir des temps », c'est-à-dire à la fois reflet déterminé du temps qui l'a vu naître et puissance réfléchissante, capacité d'action sur la conscience de son habitant en ce qu'elle peut être le vecteur d'une certaine conception de la vie véhiculée par le jeu même des formes et des proportions architecturales mises en œuvre par leur créateur selon son intention propre.

Deuxièmement, la présence constante de l'art architectural peut également s'entendre dans un sens cette fois-ci plus proprement chronologique (plus diachronique que synchronique). S'il est certain que l'ère industrielle a très largement marqué le début d'une intensification et d'une extension du phénomène architectural sous la forme d'une concentration urbaine et d'un développement des villes inconnus jusqu'ici (ceci expliquant pour une part le contexte des remarques qui précèdent), l'architecture pourrait néanmoins être dite « omniprésente » au titre de son caractère premier. Ainsi que le souligne Hegel, liant comme à son habitude la chronologie historique et le développement logique du concept en son contenu même, l'architecture « s'offre à nous la première ; c'est par elle que l'art débute, et cela en vertu de sa nature même »[1]. Et même si cette primauté (ou ce caractère premier en termes temporels) équivaut nécessairement dans son système esthétique à une forme de pauvreté ou de limitation essentielle, toutefois, s'il convient de commencer par l'architecture, c'est parce que « cela ne veut pas seulement dire qu'elle doit occuper cette place dans l'ordre logique, mais qu'elle est, historiquement parlant, le premier des arts »[2]. Et en effet, l'architecture semble avoir toujours été investie d'une haute dignité et d'une fonction particulière dans la vie des peuples et des civilisations, qu'il s'agisse

---

1. G.W.F. Hegel, *Esthétique*, Paris, Librairie Générale Française, 1997, t. II, p. 19.
2. *Ibid.*, p. 26.

de monuments remarquables symbolisant les valeurs spirituelles de la communauté ou plus simplement de l'habitat vernaculaire dans sa dimension anthropologique essentielle d'abri et de protection contre la nature antagoniste. Son importance est donc également plus que notable d'un point de vue plus strictement historique.

L'ambiguïté du terme « architecture »
et l'objet d'une philosophie de l'architecture

Face à cette importance de l'architecture, à la fois dans sa dimension de réalité omniprésente et constitutive de nos vies et en tant que forme artistique majeure dans l'histoire de la vie matérielle et spirituelle des peuples, il est vrai que sa relative absence en tant qu'objet explicite de la réflexion philosophique (et plus particulièrement esthétique) peut à juste titre apparaître comme assez paradoxale. Afin d'entendre au plus juste cet écart aisé à constater, il nous faut préciser ce que nous entendons ici par les termes d'« architecture » et de « philosophie de l'architecture ». En effet, cela pourrait se révéler assez ambigu.

Car, premièrement, précisons d'emblée que nous n'entendons désigner par le terme de « philosophie de l'architecture » ni l'analyse de toutes les références faites par les philosophes à l'architecture, ni l'étude de l'ensemble des usages que font les philosophes des *métaphores architecturales* dans leur effort pour penser leurs propres pratiques philosophiques. Il est certain que, à de nombreuses reprises au cours de l'histoire de la philosophie, des penseurs d'époques et d'horizons très divers ont eu recours à un tel emploi métaphorique des termes d'architecture afin de rendre compte de leur propre démarche. Qu'il s'agisse de

penser le caractère systématique de l'organisation d'un
ensemble de propositions et de principes sur le modèle
d'un édifice (l'« édifice du savoir ») ou de concevoir
l'organisation d'un ensemble de propositions théoriques
comme un système « architectonique », les références
métaphoriques à l'art de bâtir sont légion en philosophie.
De l'utilisation du modèle architectural de l'organisation
de la cité chez Platon afin de penser la juste harmonisation
des rapports immanents aux parties de l'âme à la référence
constante à l'architecture chez un penseur comme
Wittgenstein, de la référence aristotélicienne à Hippodamos
de Milet jusqu'à la poétique de l'espace de Bachelard, en
passant par le concept de « Dieu-architecte », les exemples
ne manquent pas et ils ont été brillamment étudiés par
ailleurs [1]. Or, en dépit de l'intérêt intrinsèque et réel de
telles études, à notre sens, il est en la matière beaucoup
plus question de philosophie que d'architecture. Il s'agit
là d'une question qui concerne à proprement parler la
philosophie et l'histoire de la philosophie, mais qui ne
prend pas réellement l'architecture pour objet (on s'intéresse
bien plutôt aux implications philosophiques de *l'idée*
d'architecture), qui parle très peu de l'architecture dans
son histoire, dans sa réalité matérielle et dans ses modes
de fonctionnement propres. Parler des métaphores
architecturales utilisées par les philosophes, ce n'est ainsi
pas encore parler d'architecture. Bref, pour pouvoir
réellement parler d'une philosophie *de l'architecture*,
celle-ci doit pouvoir prendre pour objet explicite
l'architecture elle-même (des bâtiments, des espaces urbains

---

1. Voir notamment l'ouvrage de Daniel Payot, *Le philosophe et
l'architecte. Sur quelques déterminations philosophiques de l'idée
d'architecture*, Paris, Aubier Montaigne, 1982.

et naturels, des procédés techniques et des systèmes constructifs, des styles architecturaux, des théories architecturales déterminées, etc.), en faire l'objet d'un discours intentionnellement dirigé vers elle, même si tout discours portant sur l'architecture n'est assurément pas encore de ce simple fait une *philosophie* de l'architecture. De la même manière, même s'il est certain que le concept d'« espace » joue un rôle majeur en architecture (de nombreux textes de ce volume offrent d'ailleurs une illustration de ce point), le seul fait de proposer une conceptualisation philosophique de l'espace ou d'étudier cette notion chez l'un des grands auteurs de la tradition philosophique ne constitue pas là non plus et comme tel un discours de philosophie de l'architecture. Parler de l'espace, c'est certes s'engager dans l'étude d'une dimension fondamentale du mode d'existence de l'architecture, mais cela ne saurait en aucun cas constituer en tant que tel un rapport direct et nécessaire avec l'architecture (il existe bien d'autres phénomènes relevant de la spatialité), ni pouvoir prétendre en épuiser l'essence (au fond la dimension temporelle est tout aussi importante pour penser le phénomène architectural).

Deuxièmement, il nous faut également noter l'ambiguïté ou le caractère indéterminé du concept d'« architecture » utilisé ici (à un autre niveau cette fois-ci après l'usage possible du terme pour désigner aussi bien l'ensemble des édifices que les seules œuvres de l'art architectural). Difficulté qui ne se résume pas qu'à l'ambiguïté des termes employés ou au fait d'adopter par convention une certaine définition, mais qui semblent s'ancrer dans la chose elle-même. Mais levons d'abord la confusion souvent faite, sous le terme d'*architecture*, de deux sens principaux qu'il convient de distinguer. Au sens le plus strict et le plus restreint, le terme « architecture » désigne de manière déterminée et précise les *objets* architecturaux eux-mêmes (bâtiments, édifices, monuments, constructions). La notion s'étendrait ainsi, à strictement parler, aux seules œuvres spécifiquement architecturales. En ce sens, l'architecture serait à distinguer aussi bien des autres disciplines artistiques (peinture, sculpture, musique, poésie, etc.) que de disciplines en apparence plus proches d'elle comme l'urbanisme ou le design. Ce sens restreint du terme désigne donc l'architecture comme discipline spécifique et renvoie par exemple aux questions du mode d'être propre des ouvrages architecturaux (par rapport aux autres formes artistiques ou, selon un autre angle problématique, par rapport aux « simples constructions » sans prétentions esthétiques), de la conception et de la réception des bâtiments. Au sens strict, le Parthénon, la cathédrale de Cologne ou la Villa Savoye désigneraient ici des œuvres architecturales, mais non la ville de Poissy (où se trouve la villa de Le Corbusier) ou la chaise Barcelona de Mies van der Rohe. Ainsi, s'il y a bien en un sens une continuité entre la conception d'œuvres architecturales et la conception de l'espace de la ville en son entier (on peut en effet parler d'« architecture de la ville ») ou entre une œuvre architecturale et le mobilier qui contribue à en définir l'espace, il y a également une nécessaire rupture entre ces deux ordres, en ce que l'urbanisme, par exemple, constitue une discipline ayant un objet spécifique plus large que l'architecture entendue au sens strict et développe des problématiques qui sont tout à fait irréductibles à celles rencontrées par l'architecte comme tel. Il faudrait donc distinguer aussi bien entre l'architecture et la ville, qu'entre l'architecture et le mobilier par exemple.

Toute la difficulté provient de ce qu'a émergé au fil de l'histoire moderne un concept de l'architecture à l'extension beaucoup plus vaste et indéterminée. Ce sens « élargi » ou sens large du terme « architecture » regroupe ainsi sous une seule notion l'ensemble des domaines séparés par son sens plus restrictif[1]. En sons sens large, l'architecture désigne l'ensemble de la conception de l'espace et non plus seulement la conception des édifices et monuments publics et privés. Il s'agit peut-être ici moins de définir l'architecture par des objets que par la nature commune d'un acte de conception relevant de la compétence de l'architecte. Le domaine relevant de droit de l'architecture en son sens large comprend ici aussi bien la sphère urbaine que la conception de meubles ou le choix d'objets servant à aménager une pièce. En ce sens, l'urbanisme de la ville de Poissy, la conception du mobilier de la villa Savoye relèverait tout autant de l'acte architectural que le fait de projeter cette villa elle-même. Il n'y aurait plus de raison essentielle de distinguer absolument parlant (même si une différence de perspective peut s'imposer) entre un traité d'architecture et un ouvrage ayant pour objet l'art de bâtir les villes (le « *Städtebau* » allemand ou le « *city planning* » anglais) ou de différence de nature entre la conception d'un bâtiment et celle d'un fauteuil puisque, pour reprendre une formule d'Auguste Perret exemplifiant parfaitement

---

1. Il est à remarquer que Kant lui-même considère le mobilier comme relevant du domaine de l'architecture, du fait de sa conception à destination utilitaire, et cela bien qu'il semble également limiter le domaine de l'architecture à la conception de monuments et d'édifices, c'est-à-dire d'objets clairement délimités : « Les meubles même [...] peuvent y appartenir, puisque la convenance du produit à un certain usage est l'essentiel d'une *œuvre architecturale* » (*Critique de la faculté de juger*, trad. fr. A. Philonenko, Paris, Vrin, 1968, p. 151).

ce sens élargi du concept d'architecture, « tout ce qui occupe de l'espace appartient au domaine de l'architecture ». Il s'agit moins ici d'une volonté de ne pas opérer des distinctions de points de vue ou de ramener de l'indistinction dans les phénomènes, que de l'affirmation d'une nature commune aux actes de mise en ordre et en forme de l'espace, quel que soit le niveau pris en considération. En droit, et même si cela peut demander des capacités à chaque fois spécifiques, la conception spatiale (de la poignée de porte à la ville, en passant par la maison) relève du domaine d'intervention de l'architecte. Définition par bien des aspects très différente de celle d'un Ruskin, pourtant formulée pas si longtemps auparavant : « L'architecture est l'art d'arranger et de décorer les édifices élevés par l'homme quelle que soit leur destination ».

Encore une fois, s'il s'agit pour nous d'attirer l'attention du lecteur sur l'existence de ces deux sens ou de ces deux usages du terme « architecture », c'est non seulement parce que les textes que nous allons lire font parfois référence de manière indistincte ou plus ou moins rigoureuse (mais parfois également parfaitement déterminée) à l'une de ces deux déterminations conceptuelles, mais également en ce qu'elles sont révélatrices de difficultés propres à une pensée philosophique de l'architecture, notamment en ce qui concerne la détermination de l'essence spécifique de l'architecture. Néanmoins, nous considérons qu'il faut en droit distinguer entre la philosophie de l'architecture au sens strict et la philosophie de la ville ou la philosophie du design, domaines qui obéissent à leurs logiques propres et qui répondent à des problématiques spécifiques (et qui devraient être traitées pour elles-mêmes). Ainsi, même si de fait les textes que nous avons choisis traitent quelquefois de la ville ou du mobilier, c'est avant tout pour éclairer des questions relatives à la nature et au fonctionnement de l'*objet architectural* lui-même. Ce que l'on perd en extension semble ainsi être gagné en compréhension.

Objet architectural et esthétique philosophique

En regard des points que nous avons développés jusqu'ici, l'existence et l'objet véritable d'une philosophie de l'architecture semblent encore trop peu déterminés. Certains auteurs du XXᵉ siècle ayant abordé la question de l'architecture, semblent avoir porté leur intérêt sur des dimensions non spécifiquement esthétiques du phénomène, notamment sur les questions politiques touchant l'idéologie et les jeux de pouvoirs véhiculés par l'architecture et l'urbanisme institutionnels ou la dimension sociale et communautaire de l'architecture. Qu'il s'agisse de l'étude du Paris de Haussmann par Walter Benjamin (ainsi que de l'étude de la forme architecturale du passage comme incarnation de certaines figures ou modalités de l'être social du XIXᵉ siècle), de la méditation heideggérienne sur le temple grec comme modalité de l'être-au-monde ou de l'intérêt de Foucault pour le Panoptique de Bentham ou pour l'architecture des lieux de pouvoir en général, les considérations esthétiques sont toujours mises au service d'un intérêt avant tout « politique » (au sens large du terme et en faisant fi ici de différences tout à fait considérables). Il est certain que ces études magistrales nous disent des choses essentielles sur l'architecture, notamment en ce qui concerne l'insertion et la place jouée par toute œuvre architecturale dans un contexte politique et social déterminé, l'appartenance de l'architecture au domaine de la réalité technique ou encore la mise en jeu dans toute architecture d'une certaine modalité de l'existence humaine dans le monde (une certaine manière d'« habiter »). De tels textes, pour ne prendre que les exemples que nous venons de citer, pourraient tout à fait trouver leur place dans un volume de philosophie de l'architecture, ramenée au discours des philosophes prenant l'architecture pour objet. Si nous avons choisi de ne pas retenir une telle approche dans ce volume, c'est que nous entendions limiter le terme « philosophie de l'architecture » aux seules pensées qui prennent en considération l'architecture *pour elle-même*, et non comme moyen en vue d'autre chose (véhicule d'une conception politique, expression d'un état social déterminé ou d'un mode de l'être communautaire, symptôme d'un âge de la technique, etc.). Les textes ci-dessous ont bien en vue une philosophie *esthétique* de l'architecture, au sens d'une étude de l'objet architectural pour lui-même, envisagé principalement sous l'angle esthétique. Mais s'il serait bien entendu illusoire, notamment en ce qui concerne un art aussi inséré et omniprésent dans le tissu même de la vie du social, de vouloir penser une esthétique qui constituerait un domaine en quelque sorte préservé ou « intouché » (au sens où il s'agirait d'une prise en compte des pures apparences ou de pures formes), il serait tout aussi faux d'affirmer que les questions sociales, politiques ou existentielles ne peuvent pas être abordées ou rejointes *depuis* l'étude esthétique de l'objet artistique [1]. L'esthétique n'est pas un champ refermé sur lui-même, mais elle est d'emblée une interrogation anthropologique, sociale, voire métaphysique ; et cela vaut aussi bien pour l'architecture.

Si, comme nous l'avons dit en ouverture, l'architecture semble la forme artistique la plus méconnue et la plus mal

1. La problématique kantienne du *sensus communis* est certainement l'une des illustrations les plus parfaites de ce que la réflexion esthétique peut conduire à interroger la condition humaine individuelle et partagée d'une manière extrêmement profonde et originale.

aimée des philosophes, cela tient à des raisons conceptuelles essentielles résultant d'une certaine compréhension hégémonique de l'esthétique en tant que réflexion sur les beaux-arts. En effet, si tant est qu'une telle généralisation ait quelque sens, les grands systèmes esthétiques héritent d'une conception de l'art (qu'ils partagent à des degrés divers et selon des modalités à chaque fois très spécifiques) fondamentalement articulée autour des problématiques de la représentation (ou de la question de la mimésis), du caractère autonome, désintéressé ou non utilitaire de l'art véritable et d'une conception de l'art comme mise en forme d'un contenu spirituel assimilé à l'idée intellectuelle ou spéculative. L'intériorisation d'une certaine conception de l'esthétique devenue prédominante, si elle peut être considérée comme dommageable à la compréhension de l'art en général, peut aussi expliquer le jugement plus particulièrement porté par de nombreux théoriciens sur la discipline architecturale. Le fait de penser l'art comme objet « purement esthétique », ce qui implique non seulement une certaine conception de la nature de l'art (faisant peu de place à la pratique et au faire), mais également une certaine représentation du rôle du sujet et de l'expérience esthétique, ne permet pas de rendre compte de la singularité constitutive de l'architecture. D'une part, le jugement sur la valeur d'une œuvre architecturale ne saurait être de nature purement esthétique ou visuelle[1], mais doit prendre en compte l'articulation entre le perceptif et le fonctionnel, l'esthétique et le technique (« l'architecture est l'art de faire chanter le point d'appui », disait Auguste

---

1. Le philosophe contemporain Gernot Böhme dénonce l'assimilation de l'architecture aux « *visual arts* » et cherche à défendre une conception « atmosphérique » de l'espace architectural pensé dans sa relation essentielle à l'expérience corporelle. Voir à ce sujet Gernot Böhme, *Architektur und Atmosphäre*, Münich, Wilhelm Fink Verlag, 2013.

Perret), l'émotif et le cognitif, l'artistique et l'ordinaire. D'autre part, l'architecture n'est pas un art prioritairement destiné à la contemplation désintéressée ou à la distance respectueuse de la rêverie esthétique, mais à l'usage, à la pratique, au faire et à l'agir humains, cela à l'occasion de l'expérience du parcours dans et par l'appréhension diachronique des rapports spatiaux. L'architecture *mobilise* au sens le plus littéral le corps[1] tout autant que l'esprit selon une visée qui ne saurait être de pure et simple satisfaction contemplative. C'était là une conviction partagée à la fois par Walter Benjamin[2] et par Le Corbusier :

> L'architecture se marche, se parcourt et n'est point, comme selon certains enseignements, cette illustration toute graphique organisée autour d'un point central abstrait qui se prétendrait homme, un homme chimérique, muni d'un œil de mouche et dont la vision serait simultanément circulaire. Cet homme n'existe pas et c'est par cette confusion que la période classique amorça le naufrage de l'architecture[3].

Articulé autour de problématiques parfois trop restrictives, tout système de pensée visant une hiérarchisation des formes artistiques ne peut en fin de compte que reléguer l'architecture au rang le plus bas, en lui retranchant

1. C'est là ce qu'avait parfaitement compris Schmarsow pour qui l'architecture ne fait sens qu'à partir de l'activité corporelle comme « *Raumgestaltung* ». Cette approche corporelle fait l'objet d'un renouveau important dans certaines approches contemporaines. On peut tirer grand profit de ce point de vue de la lecture de l'ouvrage *Soma-esthétique et architecture* du philosophe pragmatiste Richard Shusterman.

2. W. Benjamin, « L'œuvre d'art à l'époque de sa reproductibilité technique », dans *Essais 2*, Paris, Denoël-Gonthier, 1971-1983, p. 122.

3. Le Corbusier, *Entretien avec les étudiants des écoles d'architecture*, Paris, Seuil, 1971, p. 155-156.

nécessairement toutes les caractéristiques spécifiques de l'art véritable. L'architecture semble devoir être pensée en référence à d'autres formes artistiques, soit sous la forme de rapprochements qui en perdent l'originalité (faisant par exemple de l'architecture une forme de sculpture à plus grande échelle [1]), soit par exclusion de caractères appartenant à l'art véritablement conforme à son essence philosophiquement élaborée. En effet, sauf à des rares exceptions qui semblent la rapprocher de la sculpture (un monument en forme de sphinx par exemple), l'architecture ne représente rien de manière directe et explicite (ce qui ne veut pas dire qu'elle ne symbolise ou ne signifie rien à titre d'exemplification littérale ou d'expression métaphorique par exemple), caractère non représentatif qu'elle partage avec la musique. De plus, une telle manière de présenter les choses n'est rien d'autre qu'une simplification reposant sur des distinctions trop rigides et trop limitatives. Comme le souligne John Dewey :

> L'architecture n'est pas représentative si l'on entend par là qu'elle serait en elle-même une reproduction de formes naturelles [...] Mais l'architecture fait plus que seulement utiliser des formes naturelles, arches, piliers, cylindres, rectangles et portions de sphères. Elle exprime leur effet caractéristique sur l'observateur [...] Elle exprime aussi les valeurs permanentes de la communauté humaine vivante. Elle « représente » les souvenirs, les espoirs, les

---

1. La séparation rigide entre les disciplines peut être source de confusion, notamment en regard de l'histoire. Comme le souligne Dewey : « le fait de séparer l'architecture (et c'est également vrai de la musique) d'arts comme la peinture et la sculpture fait peu de cas du développement historique des arts. La sculpture (qui compte parmi les arts représentatifs) fut longtemps une partie organique de l'architecture ».

peurs, les fins et les valeurs sacrées de ceux qui construisent pour abriter une famille, édifier un autel pour les dieux, établir un lieu où promulguer des lois ou encore bâtir une forteresse pour se défendre [1].

De la même manière, la dimension utilitaire ou fonctionnelle de l'architecture (le fait qu'elle soit toujours conçue pour répondre à des besoins programmatiques et d'usage, soumise à des contraintes structurelles pesant fortement sur la détermination de la forme) constitue une dimension essentielle en architecture, ce qui semble la rapprocher des objets techniques étrangers au domaine de l'art entendu comme domaine de la contemplation désintéressée de la forme pour elle-même (et non pas comme moyen d'effectuation d'une fin utilitaire liée au besoin). Dewey cherche à remettre en cause une telle manière de voir les choses :

> Il y a ceux qui, sous l'influence de conceptions théoriques *a priori*, considèrent les valeurs humaines exprimées par l'architecture comme dénuées de pertinence esthétique et comme une simple et inévitable concession à l'utilité. Que les bâtiments doivent être esthétiquement ce qu'il y a de pire parce qu'ils expriment la pompe du pouvoir, la majesté du gouvernement, le tendre attachement des relations domestiques, l'affairement commercial des villes et les prières des fidèles n'est pas clair. Que ces buts soient organiquement intégrés dans la structure des bâtiments semble trop évident pour que l'on en discute [2].

Enfin, du point de vue de la mise en forme d'un contenu spirituel, les moyens et les matériaux qui sont à la disposition de l'architecte (pierres, bois, béton, pans de verre, etc.),

---

1. J. Dewey, *L'Art comme expérience*, Paris, Gallimard, 2012, p. 364-365.
2. J. Dewey, *L'Art comme expérience*, *op. cit.*, p. 378-379.

tout autant que la nécessité de satisfaire à des contraintes structurelles et programmatiques, apparaissent toujours comme marqués du sceau de la plus désagréable lourdeur matérielle, bien incapables de donner forme à la spiritualité de l'idée[1]. Pourtant, la matérialité de l'architecture pourrait là aussi être envisagée comme une richesse et comme une propriété constitutive d'un médium spécifique permettant une expressivité pleine et entière sur un mode singulier (puisque les comparaisons et surtout les hiérarchisations entre médiums artistiques sont des opérations très contestables). La pensée de Dewey permet là encore une fluidification et une relativisation des dichotomies catégorielles, en même temps qu'elle constitue une invite à penser la pluralité positive des moyens artistiques :

> Comparez les bâtiments aux autres produits artistiques et vous serez aussitôt frappés par la quantité innombrable de types de matériaux qu'elle adopte pour ses fins – bois, pierre, acier, ciment, terre cuite, verre, chaume, ciment, si on compare avec le nombre relativement réduit de matériaux disponibles en peinture, sculpture, poésie […] Aucun autre produit n'exhibe ainsi charges et tensions, poussées et contre-poussées, gravité, légèreté, cohésion à une échelle si peu que ce soit comparable à celle de l'architecture, et celle-ci puise ses forces plus directement, de façon moins médiate et par personne interposée, que ne le fait aucun autre art. Elle exprime la constitution structurale de la nature elle-même. Son lien avec la technique est inévitable[2].

---

1. Kant précise par exemple à propos de l'architecture dont il reconnaît le caractère essentiellement utilitaire : « En ce dernier art c'est un certain *usage* de l'objet d'art qui est l'essentiel, et il constitue pour les Idées esthétiques une condition restrictive » (*Critique de la faculté de juger*, Paris, Vrin, 1968, p. 151).

2. J. Dewey, *L'Art comme expérience, op. cit.*, p. 377-378.

Déjouant les catégorisations trop rigides, de manière semblable aux questions liées à l'apparition de l'art contemporain dans son caractère protéiforme, l'objet architectural semble toujours constituer un véritable défi pour la pensée esthétique et il doit nous inviter à en repenser les catégories en lien avec l'expérience plus générale. Pensons ici notamment à l'opposition supposément nette et tranchée entre valeur intrinsèque et valeur fonctionnelle, entre esthétique et pratique ou entre fins et moyens :

> (…) l'opposition supposée entre pratique et esthétique repose sur un contre-sens : la distinction purement fonctionnelle entre les moyens et les fins est à tort réinterprétée dans le sens d'une division fondamentale, voire d'une opposition de nature. Confondant les moyens avec les causes et les contraintes purement externes nécessaires pour atteindre une fin, on suppose à tort que ce qui fonctionne comme moyen ne saurait être librement choisi et goûté comme une fin, quand il faudrait au contraire reconnaître qu'on peut parfaitement savourer les moyens en tant qu'aspect contribuant à la fin qu'ils servent[1].

Ce n'est là évidemment qu'un exemple possible parmi tant d'autres signes de l'inadéquation caractéristique des dichotomies esthétiques rigides[2]. Plutôt que de voir dans de telles distinctions des divisions du réel artistique et de l'expérience esthétique elle-même, peut-être n'y a-t-il là

1. R. Shusterman, *L'Art à l'état vif*, Paris, Minuit, 1992, p. 81.
2. Dans *L'Art comme expérience*, p. 371, John Dewey dénonce les limites de ce qu'il appelle la « philosophie des classifications fixes » : « Ce n'est pas que les concepts ne soient pas le cœur de la pensée, mais leur véritable fonction est d'être un instrument pour approcher le jeu changeant du matériau concret, et non de le figer dans une rigide immobilité ».

rien de plus que de simples outils ou instruments permettant d'éclairer certaines dimensions phénoménales en fonction de nos besoins de compréhension. Car là où nous avons tendance à structurer notre pensée selon un réseau d'oppositions dichotomiques, il faudrait au contraire chercher à montrer la continuité dans laquelle s'ancrent ces divisions qui les rend possibles. De manière peut-être encore plus profonde, il s'agit moins aujourd'hui de militer pour la reconnaissance de la dimension artistique de l'objet architectural (qui semble acquise en ce qui concerne ses œuvres *distinguées* par la critique esthétique ; ce qui ne fait pour une part que renforcer les antagonismes structurant cette pensée) que de plaider en faveur d'une reconception de l'esthétique à partir de la discipline architecturale. Contre une pensée esthétique réifiant certaines distinctions utiles en divisions n'ayant que peu d'effectivité dans l'expérience ou que peu de fondement dans la chose elle-même, l'architecture, dans sa double dimension de forme artistique et de réalité vernaculaire pratique, peut constituer un excellent levier pour repenser une esthétique élargie bien au-delà du domaine des beaux-arts et ancrée dans la *praxis* et la quotidienneté. C'est là ce que semble indiquer le philosophe pragmatiste Richard Shusterman :

> L'esthétique apparaît bien plus riche de signification si l'on admet qu'en embrassant la pratique, en reflétant et en informant la *praxis*, elle concerne aussi le social et le politique. L'élargissement et l'émancipation de l'esthétique impliquent, parallèlement, que l'on reconsidère la notion d'art en libérant celui-ci du carcan qui le sépare de la vie et des formes plus populaires d'expression culturelle [1].

---

1. R. Shusterman, *L'Art à l'état vif, op. cit.*, p. 11.

C'est ainsi que, comme le veut par exemple un penseur comme Roger Scruton, l'architecture peut être ressaisie dans le cadre d'une conception esthétique de l'environnement ordinaire articulée autour des notions centrales d'« ajustement » et de « convenance » (« *of what fits* ») :

> L'architecture est simplement une application de ce sens de « ce qui convient » qui gouverne chaque aspect de l'existence quotidienne. Ainsi, nous pourrions être tenté de dire que la moindre des choses pour celui qui vise à constituer une esthétique de l'architecture, c'est de proposer une esthétique de la vie ordinaire[1].

C'est là également un point mis en avant par Nelson Goodman en ce qui concerne la question du jugement architectural :

> Les jugements sur la correction d'un bâtiment en tant qu'œuvre architecturale (dans quelle mesure œuvre-t-il bien en tant qu'œuvre d'art ?) sont souvent formulés dans les termes d'une bonne convenance – convenance de toutes les parties ensemble, convenance du tout au contexte ou à l'environnement. Ce qui constitue une telle convenance n'est pas fixé, cela évolue[2].

L'impulsion des architectes modernes

Comment faut-il penser à la fois l'émergence d'une interrogation de fond sur la nature de l'art architectural ainsi que la nécessité d'un tel questionnement ? La première chose à remarquer est que l'émergence d'une interrogation théorique substantielle sur l'architecture semble s'être opérée *du côté des architectes théoriciens eux-mêmes*, au

---

1. Voir *infra*, p. 127.
2. Voir *infra*, p. 285.

moment d'interroger leur propre pratique et de repenser les fondements de la discipline architecturale afin de la réinventer et de produire des formes neuves. Une telle interrogation des fondements de l'architecture est en ce sens un geste profondément *moderne*, si tant est que la modernité architecturale soit caractérisée par une volonté de « rupture » avec le passé, par la volonté de se constituer comme une « nouvelle tradition » ou comme une « tradition du nouveau » (selon l'expression du critique et théoricien de l'architecture Sigfried Giedion). En effet, de la deuxième moitié du xixe siècle jusqu'à la fin de la Seconde Guerre mondiale, l'idée d'une architecture moderne semble passer d'une existence purement idéelle au statut de réalité constituée. Par architecture « moderne », il faut entendre une architecture fondée sur la volonté délibérée de rompre avec le régime normatif alors dominant en architecture, celui de l'horizon jusque-là indépassable de l'imitation d'un catalogue de formes héritées du passé (que ce passé soit celui des ordres grecs, des formes de la Renaissance italienne ou de l'architecture gothique), faisant toutes autorité et définissant une sorte de canon de la production architecturale (d'ailleurs fixé par les normes de l'École des beaux-arts où était enseignée l'architecture). Le xixe siècle en architecture a été en effet le siècle de tous les « *revivals* » : néo-classicisme, néo-gothique et renouveaux médiévalistes en tous genres, ou encore architecture « éclectique » (pensons à l'Opéra Garnier) puisant indifféremment dans un répertoire mêlant des formes issues d'époques radicalement différentes. Il apparaît ici de manière tout à fait claire que ce régime mimétique de l'architecture était en relation directe avec ce que nous avons dit précédemment des conceptions esthétiques dominantes dans les grands systèmes philosophiques. Au contraire, l'architecture moderne, dont l'idée émerge dès la deuxième moitié du XIXᵉ (avec quelqu'un comme Viollet-le-Duc notamment, dont le discours théorique semble d'ailleurs tout à fait en contradiction avec ses propres réalisations architecturales) sans pour autant encore disposer des moyens matériels de sa mise en œuvre (le béton armé, l'acier et la standardisation massive des éléments architecturaux de base), entend rompre avec un rapport purement mimétique et formaliste au passé : s'il s'agit pour les grands architectes modernes d'avoir *recours* aux leçons des grandes œuvres du passé, il ne s'agit pas de *faire retour* à un répertoire de formes qui seraient à répéter (même au prix d'une réinterprétation). La modernité architecturale entend ainsi créer des formes neuves qui puissent être l'expression de l'état social neuf dans lequel vivent les hommes (monde industriel et machiniste ; monde « globalisé » si nous pouvons dire les choses ainsi ; monde des avant-gardes artistiques ayant déjà rompues avec le modèle purement mimétique). Dans un monde si différent de celui de la Grèce antique ou du Moyen-âge, il n'y a aucun sens pour les modernes à répéter des formes architecturales issues d'horizons culturels et spirituels disparus (des formes vidées de la substance spirituelle leur ayant donnée naissance) ou d'avoir recours à des moyens techniques incapables de répondre aux besoins sociaux spécifiques d'une époque machiniste et industrielle. On le voit bien, le parti pris des architectes modernes est radicalement *historiciste* : chaque époque doit pouvoir disposer d'une architecture qui lui soit propre, en tant que les formes architecturales et les systèmes constructifs qui permettent de les mettre en œuvre sont l'expression de la singularité matérielle (à penser en termes de développement des forces productives) et spirituelle (une sorte de

« *Zeitgeist* ») d'un état social déterminé. L'aspect matériel et technique est ici extrêmement important, puisque chaque « âge » architectural semble pour nombre de ces architectes être caractérisé par la possession d'un système constructif propre. La modernité architecturale est ainsi rendue possible par le développement de l'ingénierie (pensons à des gens comme Robert Maillart ou Gustave Eiffel par exemple), par le développement ou la redécouverte de nouveaux matériaux (béton, fer, acier) permettant l'adoption de nouvelles structures architecturales. Du point de vue esthétique, le modernisme prône l'expression des qualités matérielles et structurelles des bâtiments, à la différence des tenants d'une architecture « beaux-arts » (encore dominante au début du xxᵉ siècle) qui préconisaient la dissimulation des nouveaux matériaux industriels ou de l'ossature structurelle sous des systèmes esthétiques de pure ornementation par exemple. La modernité architecturale pourrait ainsi être déterminée comme la recherche d'une expression formelle neuve visant à répondre à des besoins renouvelés par des moyens eux aussi nouveaux.

C'est bien pourquoi, dans ce volume, nous avons choisi de donner à lire plusieurs textes d'architectes modernes (issus de générations différentes), certains parmi les plus importants : Louis Sullivan, Le Corbusier, Alvar Aalto ou encore Louis I. Kahn. Un tel choix éditorial est pour une part le résultat de considérations historiques [1]. De la même

---

1. Il est manifeste que nous aurions également pu choisir d'intégrer à la conception de la philosophie de l'architecture que nous défendons ici certains textes très importants d'historiens de l'art comme Heinrich Wölfflin, August Schmarsow ou Erwin Panofsky. La tradition de la *Kunstwissenschaft* représente une source fondamentale pour la compréhension de la réflexion sur l'architecture. Mais ce n'était pas là à proprement parler notre perspective. Pour une manière de faire se rencontrer philosophie et réflexion historique et théorique sur l'art selon

manière que nous n'avons pas donné à lire de textes philosophiques antérieurs à celui de Hegel, la réflexion concernant les fondements de la discipline architecturale, son essence et sa nature spécifique, ses modes de fonctionnement et de signification propres, est une réflexion qui est particulièrement présente chez les architectes et des théoriciens modernes de l'architecture eux-mêmes (ce qui ne signifie bien évidemment pas qu'il n'existait aucun précédent historique ou aucun élément de réflexion similaire dans des traditions antérieures). Il est à cet égard très significatif que Schopenhauer, pour qui le « thème unique »[1] de l'architecture résidait dans l'expression des idées liées aux degrés les plus inférieurs de l'objectivation de la volonté (résistance et pesanteur) et pour qui toute belle architecture devait nécessairement être construite en pierres, puisse encore affirmer qu'« en architecture [...] c'est tout un que d'aspirer à l'idéal et d'imiter les anciens »[2]. De la même manière pour Hegel, l'architecture était, peut-être plus que toute autre forme d'art, « chose du passé », son essence étant d'être la forme d'art la plus symbolique et son canon ayant été fixé dans toute l'adéquation de son concept par l'architecture dite « classique ». D'une manière strictement parallèle, pour tous les architectes issus de cette tradition de la pensée d'un système des beaux-arts, l'architecture ne pouvait pas faire l'objet d'un questionnement quant à son essence ou d'une interrogation sur ses fondements et sa nature propre, puisque ceux-ci

un tel modèle, nous renvoyons par exemple au volume paru dans cette même collection sous la direction de Danièle Cohn et de Giuseppe Di Liberti, *Textes-clés d'Esthétique. Connaissance, art, expérience*, Paris, Vrin, 2012.

1. A. Schopenhauer, *Le Monde comme volonté et comme représentation*, trad. fr. A. Burdeau, Paris, P.U.F., 1966, p. 1151.

2. *Ibid.*

étaient en quelque sorte déjà « donnés » dans leurs codifications esthétiques canoniques (ce qui ne signifie aucunement qu'il n'y ait pas de possibilité d'invention à l'intérieur d'une telle grammaire, ni qu'il n'y ait pas production d'œuvres remarquables !). Si donc il faudra bien dans ce qui suit éclairer les rapports entre la théorie de l'architecture (discours des architectes théoriciens sur les fondements de leur propre discipline) et la philosophie de l'architecture au sens propre, on ne saurait ignorer que l'interrogation sur la nature spécifique de l'architecture (ainsi que sur les questions qui y sont liées) est une interrogation qui a d'abord été mise en œuvre par les architectes eux-mêmes et cela d'une manière tout à fait remarquable. Si des philosophes contemporains ont ainsi pu repenser à nouveaux frais la possibilité et la nécessité d'une interrogation philosophique du phénomène architectural, c'est d'abord parce que des architectes l'ont fait pour eux-mêmes. Or, de telles questions sont en architecture des questions proprement *modernes*, la modernité en architecture (comme dans une certaine mesure en peinture ou en musique) étant véritablement une interrogation ontologique sur l'essence et la nature de l'architecture.

C'est aussi pourquoi nous avons choisi de privilégier des textes d'architectes modernes et nous ne présentons pas d'extraits issus des traités architecturaux antérieurs, pourtant très classiques (Vitruve, Serlio, Palladio, Alberti, Perrault, Durant, etc.). Ces grands traités canoniques, aussi fondamentaux et intéressants soient-ils, bien qu'ayant par moment des visées philosophiques et proposant des définitions de l'architecture variées et originales, sont le plus souvent centrés sur des dimensions à plus proprement parler techniques que conceptuelles.

Penser en architecture

Nous avons une seconde raison de présenter plusieurs textes d'architectes et de théoriciens de l'architecture dans ce volume de philosophie de l'architecture. Outre les raisons historiques que nous venons de décrire, nous pouvons ajouter à cela des raisons plus proprement conceptuelles qui légitiment pour une part notre *orientation* vers un choix qui milite en faveur d'une certaine manière de faire de la philosophie de l'architecture (et une approche philosophique de l'art de manière plus générale). En effet, non seulement l'émergence d'une interrogation véritablement conséquente sur la nature propre de l'architecture a d'abord été le fait des architectes modernes, mais tenons aussi qu'une véritable philosophie *de l'architecture* ne peut se penser qu'étroitement unie à la pratique et aux discours des architectes. Car si la philosophie de l'architecture est bien une manière de penser l'architecture en son essence, les architectes eux-mêmes produisent déjà dans leurs œuvres et dans leurs discours théoriques ce que nous pourrions appeler une véritable « pensée *en* architecture » (une sorte de « pensée silencieuse » selon la belle expression de Jean-Toussaint Desanti dans un autre contexte).

Prenons par exemple le cas de Le Corbusier, qui *n'était pas* philosophe et qui ne prétendait certainement pas l'être. Nous pouvons, certes, attribuer à certaines de ses préoccupations théoriques ou à certaines de ses réflexions spirituelles une part d'autonomie par rapport à la pratique dont elles sont le fondement spéculatif. Mais jamais Le Corbusier n'a eu l'intention ni la prétention de bâtir un quelconque système philosophique. Son objectif ne saurait aucunement consister dans l'établissement d'une théorie spéculative *pour elle-même*, visant à être mesurée à la réalité pour être « vérifiée » de manière indépendante et autonome. S'il théorise, pense la place de l'homme dans le monde, s'interroge sur les besoins de ce dernier et sur sa constitution anthropologique, c'est dans le but de construire des édifices, de bâtir des œuvres d'architecture. La pensée est immédiatement potentialité du projet chez l'architecte, la théorie est indissolublement orientée dans et par la pratique architecturale. Et chez Le Corbusier, c'est sous de nombreuses modalités que se joue sa manière propre de penser en architecture : par les volumes, les surfaces et les lignes architecturales, mais également par les mots et les concepts ou encore par le dessin. *Le lien entre théorie et pratique peut être conçu comme un lien essentiel de co-constitution dans une autonomie relative.* Ainsi, si l'étude de n'importe quel bâtiment corbuséen engage une prise en compte de la dimension théorique qui y est nécessairement inscrite, la connaissance des travaux des historiens de l'architecture et des architectes sur les projets et la pensée architecturale concrète de Le Corbusier est tout aussi indispensable pour qui entend porter un regard philosophique sur son œuvre. Sans connaissance de l'histoire de l'architecture et du détail des réalisations de l'architecte (qui ne sont pourtant pas son objet « direct »), la parole philosophique ne serait qu'une parole vide. Les apports des historiens et les réflexions des architectes sont ici irremplaçables et forment la condition de possibilité même de l'exercice de tout regard philosophique.

Penser l'architecture, disions-nous, signifie toujours pour un architecte *penser en architecture*, c'est-à-dire en faisant vraiment usage du langage propre à la discipline architecturale. Cela exclut l'idée que l'architecture soit destinée, comme le veulent certains philosophes, théoriciens de l'architecture ou même architectes, à incarner dans le sensible de la pierre ou du béton des pensées abstraites ou des concepts : l'architecture possède une manière de penser bien spécifique et irréductible à toute autre forme. Dans sa conférence sur l'acte de création, Gilles Deleuze affirme de manière décisive la chose suivante :

> On n'a pas une idée en général. Une idée – tout comme celui qui a l'idée – elle est déjà vouée à tel ou tel domaine. C'est tantôt une idée en peinture, tantôt une idée en roman, tantôt une idée en philosophie, tantôt une idée en science. Et ce n'est évidemment pas le même qui peut avoir tout ça. Les idées, il faut les traiter comme des potentiels déjà engagés dans tel ou tel mode d'expression et inséparables du mode d'expression, si bien que je ne peux pas dire que j'ai une idée en général [1].

Bien évidemment, une telle assertion repose sur une redéfinition du concept d'« idée » lui-même, que Deleuze évoque ainsi dans un autre texte :

> Ce que j'appelle Idées, ce sont des images qui donnent à penser. D'un art à l'autre, la nature des images varie et est inséparable des techniques : couleurs et lignes pour le peintre, sons pour la musique, descriptions verbales pour le roman, images-mouvement, etc. Et dans chaque cas, les pensées ne sont pas séparables des images, elles sont complètement immanentes aux images. Il n'y a pas

---

1. G. Deleuze, « Qu'est-ce que l'acte de création ? », dans *Deux Régimes de fous*, Paris, Minuit, 2003, p. 291.

de pensées abstraites qui se réaliseraient indifféremment dans telle ou telle image, mais des pensées concrètes qui n'existent que par ces images-là et leurs moyens. Dégager les idées cinématographiques, c'est donc extraire des pensées sans les abstraire, les saisir dans leurs rapports intérieurs avec les images-mouvements[1].

D'une manière tout à fait analogue, John Dewey propose de comprendre la spécificité de la pensée artistique à partir d'une distinction entre les concepts de « moyen » et de « médium ». Si les deux termes renvoient à la dimension de la médiation (car il s'agit d'« instances intermédiaires, grâce auxquelles une chose absente devient présente »), tous « les moyens ne remplissent cependant pas la fonction d'un médium ». Un moyen ne prend la signification d'un médium que « lorsqu'il n'est pas seulement de nature préparatoire ou préliminaire », c'est-à-dire lorsqu'il n'est pas en position d'extériorité par rapport à la fin visée pour laquelle il sert de moyen[2] :

De tels moyens externes, ces *simples* moyens, comme nous les appelons justement, sont habituellement d'une telle sorte que d'autres peuvent leur être substitués. Ceux qui sont employés le sont en raison de considérations extrinsèques, comme leur coût, par exemple. Mais à partir du moment où nous parlons de « médium », nous nous référons à des moyens incorporés dans le résultat. Il n'est pas jusqu'aux briques et au mortier qui ne fassent partie de l'édifice qu'ils permettent de construire ; ils ne sont

1. G. Deleuze, « Cinéma-1, Première », dans *Deux Régimes de fous*, *op. cit.*, p. 194.
2. J. Dewey, *L'Art comme expérience*, *op. cit.*, p. 328 : « Pour peu que nous pensions à un certain nombre de cas semblables nous nous apercevrons vite que tous les cas pour lesquels les moyens sont extérieurs aux fins ne sont pas de nature esthétique. Ce caractère extrinsèque peut même être considéré comme une définition de ce qui n'est pas esthétique ».

pas de simples moyens de son érection. Les couleurs *sont* la peinture, les sons la musique. Une image peinte à l'aquarelle n'a pas la même qualité qu'un tableau peint à l'huile. Les effets esthétiques appartiennent intrinsèquement à leur médium ; lorsqu'un médium en remplace un autre, nous avons affaire à une astuce plus qu'à une œuvre d'art [1].

Ainsi, la « sensibilité au *médium comme médium* est au cœur même de toute création artistique et de toute appréciation esthétique ». Et Dewey de conclure : « Le véritable artiste est celui qui voit et qui sent *dans les termes* de son médium » [2]. Prenant ceci à la lettre, il nous faut donc dire que l'architecte *pense en* volumes, surfaces, matériaux, lumières, couleurs, proportions, etc. Il ne s'agit pas pour lui de penser l'architecture, au sens de réfléchir abstraitement sur sa discipline, de couler dans le béton des idées générales qui existeraient déjà par ailleurs et qui se satisferaient tout aussi bien d'une incarnation en peinture ou en cinéma, mais bien de *penser en architecture*, en usant du langage propre de cette discipline. Si tant est que les idées, ces « images qui donnent à penser », sont au sens deleuzien du terme « des potentiels déjà engagés dans tel ou tel mode d'expression et inséparables du mode d'expression », l'architecture est un mode singulier et irréductible de la pensée, dont il s'agit de saisir les articulations propres. Comme le souligne à juste titre l'architecte contemporain Peter Zumthor, ramassant en une formule belle et compacte toute la sagesse acquise au contact du processus de création : « Il n'y a pas d'idées en

---

1. J. Dewey, *L'Art comme expérience*, *op. cit.*, p. 327.
2. *Ibid.*, p. 330-332 (nous soulignons dans les deux citations).

dehors des choses »[1]. John Dewey a lui aussi des mots extrêmement forts :

> Toute conception qui ne tient pas compte du rôle nécessaire de l'intelligence dans la production des œuvres d'art est fondée sur l'assimilation de la pensée à un type unique de matériau, à savoir les signes verbaux et les mots. Penser de façon efficace en termes de mise en relation de qualités est aussi astreignant pour l'esprit que de penser en termes de symboles, qu'ils soient verbaux ou mathématiques[2].

Philosophie de l'architecture et théorie architecturale

Pour autant, bien que l'architecture constitue en elle-même une forme de pensée et que l'impulsion décisive donnée à une interrogation sur la nature et les fondements de l'art architectural ait été initiée par les architectes théoriciens eux-mêmes, il semble néanmoins y avoir une différence notable entre une théorie architecturale et un discours proprement philosophique portant sur l'architecture. En effet, tout discours de fond sur l'architecture ne peut de ce simple fait être qualifié de philosophique, cela de la même manière que nous avons rappelé que tout discours philosophique faisant référence à l'architecture (sous l'une quelconque des modalités précisées plus haut) n'était pas encore de ce fait de la philosophie *de l'architecture*. Pour cela, il faut que le philosophe ne prenne pas l'architecture comme prétexte pour développer un discours indépendant,

---

1. P. Zumthor, *Penser l'architecture*, Basel-Boston-Berlin, Birkhäuser Verlag, 2008, p. 37.
2. J. Dewey, *L'Art comme expérience, op. cit.*, p. 97.

mais au contraire que l'architecture soit réellement l'*objet*
de ce discours, ce qui implique que le philosophe entretienne
une véritable intimité avec la dimension la plus technique
de ce dont il prétend parler. Nous ne pouvons ici que
souscrire aux propos de Danièle Cohn et de Giuseppe
Di Liberti lorsque ceux-ci décrivent ce qui constitue à leurs
yeux une juste approche philosophique de l'art :

> Loin que la prise en compte des aspects techniques et
> matériels de l'œuvre d'art restreigne l'analyse de sa
> construction à la sphère de ce qui ne serait « qu'un
> problème artistique », c'est la compréhension du caractère
> technique, matériel de l'œuvre d'art qui engage la réflexion
> sur ce qu'il y a de philosophique dans un « problème
> artistique »[1].

Le philosophe Roger Scruton insiste par ailleurs sur
une telle différenciation à opérer entre théorie architecturale
et esthétique philosophique de l'architecture. En effet,
renvoyant à une définition minimale de la pratique
philosophique comme activité cherchant à atteindre la
signification *la plus générale* des concepts qu'elle prend
pour objets, il caractérise toute tentative de constitution
d'une esthétique architecturale proprement philosophique
par l'intention de saisir la nature générale de l'objet
architectural dans toute son originalité. À l'inverse d'une
telle prétention à la généralité conceptuelle, les théories
architecturales (principalement formulées par des architectes
et théoriciens de l'architecture) viseraient principalement
à « formuler les maximes, règles et préceptes qui gouvernent,
ou qui devraient gouverner, la pratique du constructeur ».
Pour autant, Scruton ajoute immédiatement une précision

---

1. D. Cohn, G. Di Liberti, *Textes-clés d'Esthétique. Connaissance,
art, expérience*, Paris, Vrin, 2012, p. 143.

d'importance : si certaines théories de l'architecture ne sont bien qu'un ensemble de formules « techniques » visant à régler de manière normative un ensemble de pratiques architecturales empiriques, d'autres théories de l'architecture (émanant avant tout des architectes modernes) retrouvent en quelque sorte par leurs moyens propres une certaine prétention à la généralité, cette généralité qui à ses yeux caractérise l'approche philosophique des phénomènes. Revenant sur cette différenciation entre les deux types de théories architecturales, il affirme la chose suivante :

> De tels préceptes semblent implicitement présupposer que nous soyons déjà en possession de ce savoir que nous cherchons précisément à atteindre : la *nature* de la réussite architecturale n'est pas ici en débat ; la question est plutôt de savoir comment la réaliser au mieux. Une théorie de l'architecture ne rejoint le domaine de l'esthétique que si elle prétend à une forme de validité *universelle*, car dans cette mesure elle cherche à saisir l'essence de la beauté architecturale et non ses manifestations accidentelles. Mais une telle théorie est implicitement philosophique [1].

Une telle affirmation concernant le caractère « implicitement philosophique » de certaines théories architecturales est ici absolument fondamentale. En effet, cela nous permettrait de regrouper sous le terme générique de « philosophie de l'architecture » (ou d'« esthétique philosophique architecturale ») deux types de discours qui pourraient sembler en apparence inconciliables du fait de leurs origines divergentes : au sens le plus strict, la philosophie de l'architecture est constituée par des textes émanant de philosophes prenant l'architecture pour leur

---

1. R. Scruton, « Le problème de l'architecture ». Voir *infra*, p. 103.

objet explicite se fondant sur une réelle connaissance de cet objet; en un sens plus indirect, certains textes d'architectes ou de théoriciens de l'architecture non-philosophes peuvent être considérés comme *implicitement* philosophiques au sens où ils rejoignent des préoccupations de la philosophie esthétique et prétendent conférer à leur discours certain type de validité ou de fondation rationnelle. Dans la mesure où certains architectes ne prétendent pas uniquement formuler des règles « techniques » (concernant la bonne mise en œuvre de certaines normes structurelles, ce qu'il convient de faire face à tel type de programme architectural, comment disposer les pièces dans tel type de plan, comment utiliser des modèles mathématiques pour ajuster les proportions d'un édifice, quel statut réserver à l'ornementation ou à l'aménagement des édifices, etc.) dont la validité ne saurait être que simplement générale (dans la plupart des cas, il convient de faire ceci ou cela) ou « hypothétique » (si vous construisez une église, alors il convient de faire ceci ou cela), mais entendent bien *fonder* de telles règles normatives à l'égard de la pratique sur des principes universels concernant la nature ou l'essence de l'architecture, nous pouvons légitimement considérer leurs discours comme « implicitement » philosophiques (à la fois dans le champ plus strictement esthétique mais également de manière plus large). Il ne s'agit bien évidemment pas ici de tout confondre ou de tout mettre sur le même plan : les textes d'architectes que nous donnons ici à lire *ne sont pas* directement des textes de philosophie (de la même manière que les philosophes de l'architecture ne sont le plus souvent pas architectes) et il ne s'agit pas de faire rentrer de force ces textes dans une catégorie qui leur serait purement extérieure. Pour autant, il est tout à fait clair que les textes d'architectes ci-dessous rejoignent des préoccupations philosophiques fondamentales et en retrouvent les problématiques par leurs propres moyens et à partir de leurs propres pratiques. Du point de vue de l'esthétique philosophique, cela est on ne peut plus manifeste : les architectes abordent de manière extrêmement riche des questions telles que celles de la nature de l'acte de création (dans un geste de retour réflexif sur l'acte de conception d'un bâtiment par exemple), de la nature du jugement esthétique et de la détermination de la beauté, de l'expérience esthétique spécifiquement architecturale du récepteur-usager d'un édifice, des rapports entre l'art et la technique, des constantes anthropologiques et psychologiques sous-tendant la perception des formes ou encore de la constitution d'un langage artistique spécifiquement architectural des modes de signification de l'œuvre architecturale, sans oublier bien évidemment l'ensemble des questions liées au statut ontologique de cette œuvre très particulière qu'est l'œuvre architecturale. La philosophie a bien entendu tout à gagner à prendre en considération les réflexions des architectes sur ce point.

Articulation des trois parties du volume

Les textes qui suivent répondent tous à la volonté de déterminer la nature spécifique, positive et en quelque sorte « irréductible » de l'objet architectural, en regard à la fois de l'histoire des rapports entre l'esthétique philosophique et l'architecture, et de la caractérisation de la théorie de l'architecture moderne comme interrogation des fondements principiels de l'art architectural. L'architecture est bien cet art « hybride » déjouant les oppositions structurant le mode de catégorisation des conceptions esthétiques traditionnelles. Pour une pensée se fondant sur les problématiques de la mimèsis et de la représentation, ainsi que sur le caractère désintéressé de l'art véritable et la nécessité d'une expression matérielle et formelle d'un contenu en quelque manière « spirituel », l'architecture fait nécessairement figure d'objet difficilement déterminable, si ce n'est par son exclusion ou par sa réduction à d'autres formes d'art réputées plus conformes au concept adéquat de l'œuvre artistique. Une telle difficulté n'a pas été l'apanage unique des grands philosophes de la tradition esthétique, mais également de nombreux théoriciens et architectes. Les sphères de la formulation spéculative de normes esthétiques et de l'interrogation pratique et théorique des architectes sont ici très directement liées. Pour quelqu'un comme Le Corbusier, il apparaît clairement que son opposition à l'académisme et à l'enseignement d'une architecture purement historicisante, relevait non seulement d'une stratégie de lutte de pouvoir et de promotion de la cause de l'architecture moderne, mais également d'une défense de la nature spécifique de l'architecture, qui n'était que trop assimilée à ses yeux à une discipline purement graphique (rapprochant l'architecture d'un simple dessin et donc en un sens de la peinture), alors même que l'essence propre de l'architecture résidait pour lui dans une approche beaucoup plus « stéréométrique » et concrète (un bâtiment réel n'est jamais à concevoir en plan mais toujours comme un ensemble de volumes concrets et singuliers expérimentés par un individu déterminé selon une certaine temporalité spécifique). La question de la juste détermination de la nature de l'architecture ne date ainsi pas d'hier et elle perdure au fond encore aujourd'hui, alors même que la conception « beaux-arts » semble avoir perdu une part considérable de son influence.

Ce problème fondamental de la nature spécifique de l'architecture commande les trois parties de ce volume. La première partie, intitulée « Nature et spécificités de l'architecture », prendra cette question pour objet explicite en présentant des textes qui à la fois interroge le problème posé par la détermination de l'essence de l'architecture du point de vue de la philosophie esthétique, et propose plusieurs conceptions visant à apporter une solution déterminée à ce problème. Des conceptions assez diverses, mais toutes articulées au problème de la nature de l'architecture, seront évoquées ici : définition purement décorative de l'architecture considérée comme l'un des beaux-arts (reléguant les aspects fonctionnels, structurels et programmatiques au rang de la dimension purement technique et utilitaire de la construction non-artistique), conception fonctionnelle de l'architecture comme discipline avant tout « constructive » (pensant la dimension artistique de la discipline comme un effet ornemental surajouté à des nécessités plus impératives), conception « spatiale » de l'architecture faisant d'une certaine détermination de l'espace le propre de l'art architectural le différenciant des autres formes artistiques. Il s'agira donc ici non seulement d'aborder la question de la juste détermination de l'architecture au sein d'une classification du système des arts, mais également d'interroger ce qui différencie l'architecture de la construction simplement technique et non artistique (un simple bâtiment qui ne serait pas de l'architecture au sens artistique du terme) ou encore de questionner les ruptures et les continuités entre l'objet architectural proprement dit et les objets utilitaires du quotidien (en relation avec les sens restreint et élargi du terme « architecture »). C'est toute la *complexité* de l'art architectural qui apparaîtra ici, c'est-à-dire son caractère

d'être une forme artistique irréductible à une ligne
d'interprétation unique ou à *une* propriété définitoire
clairement déterminée. Si toutes les conceptions trop
« unilatérales » de la nature de l'architecture (fonctionnalisme
strict, conception purement décorative, etc.) conduisent
toujours à des formes d'exclusion ou de rejet de dimensions
fondamentales du phénomène architectural (faisant par
exemple ou bien de l'aspect fonctionnel une caractéristique
purement accidentelle ou de l'aspect artistique une
dimension surajoutée), réduisant la nature positive de
l'architecture à des traits partagés avec d'autres formes
artistiques sans saisir ce qui en fait la spécificité intrinsèque,
nous verrons se dessiner une conception de l'art architectural
comme « art total » caractérisé positivement par une
collection de déterminations essentielles. Par exemple :
1. L'architecture possède un caractère *essentiellement*
fonctionnel et technique qui doit être pris en compte dans
le jugement sur l'œuvre. Du point de vue esthétique, les
considérations formelles n'ont qu'une autonomie relative
et ne peuvent être pleinement comprises qu'en relation
avec la dimension fonctionnelle de l'œuvre bâtie. Pour
autant, ce lien intrinsèque entre forme et fonction ne fait
pas perdre son statut artistique à l'objet architectural, mais
il définit la spécificité de son mode de production esthétique ;
2. le rapport de l'architecture au site [« *site-specificness* »]
et à l'environnement (naturel et humain) est tout autant
constitutif de l'objet architectural que du lieu dans lequel
il s'insère et qu'il contribue à définir du fait même de sa
présence. L'architecture, art essentiellement public, engage
une conception « élargie » de l'œuvre en tant qu'« objet »
esthétique (qui ne peut être considéré uniquement en tant
que réalité isolée sur elle-même) ; 3. l'architecture doit
être pensée en continuité (et non en opposition) avec

d'autres domaines (design, urbanisme, art des jardins) permettant de ressaisir l'objet architectural dans le cadre d'une esthétique de la mise en forme globale de l'environnement quotidien.

Ce qui semblait ainsi expliquer l'apparente indétermination de l'architecture du point de vue de l'esthétique philosophique traditionnelle (et conduisait à sa relégation au dernier rang des formes artistiques), apparaîtra bien plutôt comme ce qui en fait toute la richesse en même temps que la nature propre, tant du point de vue de la création de l'objet architectural que de son appréciation.

À partir de cette idée que ce qui différencie l'architecture des autres arts et constitue sa nature spécifique, relève en définitive non pas de la possession d'une propriété définitoire unique (ce qui serait par ailleurs très largement discutable dans le cas de ces autres formes artistiques), mais d'une collection de caractéristiques essentielles (ou de traits essentiels) synthétiquement réunis, nous présenterons dans une deuxième partie, intitulée « Forme et fonction », trois textes importants concernant le rapport interne à l'art architectural entre ces deux figures. Il s'agira ici d'étudier les liens possibles entre les deux dimensions fondamentales de la conception de tout objet à la fois artistique et utilitaire, dans une version proprement architecturale du débat entre l'aspect esthétique et l'aspect technique-utilitaire des objets de l'art. Si les fonctionnalistes les plus stricts affirment sans ambages que l'architecture est une discipline strictement fonctionnelle (technique et scientifique) dans laquelle les questions formelles sont ou bien superfétatoires et étrangères au domaine architectural ou bien entièrement déterminées par des considérations fonctionnelles, d'autres architectes privilégient une sorte d'autonomie formelle irréductible aux questions de structure, d'usage ou de programme. Les positions défendues par les trois textes donnés à lire seront très diverses et, nous le verrons, bien plus subtiles que la manière dont ce débat est habituellement présenté (notamment du point de vue fonctionnaliste). Ainsi, le texte de Louis Sullivan, introduisant en architecture la fameuse formule selon laquelle « la forme suit la fonction » (« form follows function ») fera à la fois apparaître le contexte assez surprenant dans lequel cette formule d'apparence strictement fonctionnaliste a été énoncée, et nous permettra d'examiner de plus près le lien déterminé ainsi affiché entre la forme et la fonction. S'il est vrai que forme et fonction sont séparables en pensée et peuvent faire l'objet de traitements conceptuels différenciés, nous verrons qu'en nous plaçant du point de vue de la réflexion architecturale sur la pratique de conception ou de création du projet, les deux dimensions sont le plus souvent indissociables (même si tel architecte peut davantage mettre l'accent sur l'un de des deux aspects) et que leurs rapports sont à penser selon des modalités bien plus différenciées. Il s'agira d'interroger à la fois le sens et l'extension à donner au terme de « fonction » et de chercher à penser les relations de détermination, d'antériorité ou d'égalité entre les deux concepts du point de vue de la genèse des formes architecturales.

Enfin, dans une troisième partie intitulée « Expérience des formes architecturales », nous présenterons trois textes interrogeant les conséquences des spécificités de l'architecture décrites dans les deux moments précédents en ce qui concerne la nature de l'expérience esthétique de l'objet architectural. On s'attachera non seulement à saisir la particularité de l'expérience esthétique engagée par l'architecture, mais également à déterminer le rôle du récepteur ou de l'usager quant à cette question. Nous passerons ainsi d'une interrogation en quelque sorte interne à l'objet architectural (les rapports entre forme et fonction) à une mise en question de la *relation* entre cet objet et le sujet à qui il est destiné (les formes sont faites pour être vues par quelqu'un et les bâtiments pour qu'on en fasse usage ; l'imbrication de ces deux dimensions également constitutives du phénomène architectural ayant ici des conséquences sur l'expérience de l'objet lui-même). Les questions de la perception des formes architecturales et de la pertinence de la comparaison entre architecture et langage seront abordées, dès lors qu'il s'agira de penser sous quelles modalités nous pouvons appréhender la dimension signifiante de l'architecture. L'architecture, art de la mise en ordre de l'espace apparaîtra à ce niveau de notre réflexion comme un art tout aussi fondamentalement temporel, un véritable *art du temps*. Car du point de vue de l'expérience d'un édifice par le sujet esthétique, l'objet architectural n'est jamais donné comme un tout constitué, mais il se donne toujours à vivre dans la dimension de la promenade et de l'usage, il se découvre et se construit synthétiquement dans et par l'expérience nécessairement temporelle (non synchronique) d'un sujet fini et corporel. Dans cette mesure, il faudrait même en venir à se demander si l'objet architectural comme tel est susceptible d'exister *en tant qu'objet* indépendamment de l'expérience du sujet esthétique.

Art omniprésent dans nos vies, art complexe à la fois essentiellement fonctionnel et irréductiblement vecteur d'impressions esthétiques, il est également l'art aux implications sociales et politiques les plus immédiates en tant qu'il constitue la mise en forme publique des lieux dans lesquels se déroule la vie communautaire, ainsi qu'il forme le réceptacle de nos joies et de nos malheurs les plus intimes. L'architecture est ce « théâtre de la vie » ou cette « patrie artificielle des hommes » dont parle l'architecte italien Aldo Rossi. Dans son sens le plus large de mise en forme de l'espace, et notamment des espaces qui nous sont les plus proches, elle est également une forme d'esthétique du quotidien, de production de l'environnement ordinaire immédiat par le biais des espaces et des objets qui nous entourent.

NATURE ET SPÉCIFICITÉS
DE L'ARCHITECTURE

PRÉSENTATION

Dans cette première partie de l'ouvrage, nous présentons quatre textes qui, chacun à leur manière, s'efforcent de déterminer la nature spécifique et irréductible de l'art architectural. En effet, tant dans le discours philosophique que dans les tentatives théoriques des architectes eux-mêmes, la question de la juste délimitation des frontières conceptuelles qu'il convient d'assigner à l'objet architectural semble avoir posé problème.

Une telle difficulté trouve son expression dans trois domaines principaux, recouvrant trois tentatives de partage ou de distinction entre l'architecture et ce qu'elle n'est pas :

1. *Un partage « externe » ou une tentative de saisie de l'essence de l'architecture par un geste de délimitation par l'extérieur et par comparaison* : la question de la place à assigner à l'art architectural au sein du système des beaux-arts, ainsi que la question de la distinction entre l'architecture et les autres formes artistiques (peinture, sculpture et musique notamment). On interroge alors les similitudes et les différences entre les formes d'art : l'architecture possède-t-elle des propriétés entièrement spécifiques et essentiellement distinctes ou sa nature doit-elle être pensée à partir de certaines qualités communes avec d'autres pratiques artistiques et selon le modèle d'une

composition de telles qualités ? Qu'est-ce qui distingue l'architecture des autres formes d'art ? Cette distinction implique-t-elle nécessairement la formulation de jugements de valeur et la localisation au sein d'un espace théorique pensé de manière hiérarchique ?

2. *Un partage « interne » à la discipline architecturale comme forme d'art* : la question du rapport entre l'architecture entendue au sens restreint de l'art de bâtir des édifices et les autres disciplines englobées dans le champ de l'acception extensive du terme « architecture » : urbanisme, art des jardins, décoration et aménagement intérieur.

3. *Un partage entre architecture et non-architecture* : la question de la distinction entre l'architecture comme forme d'art et la construction comme discipline technique-scientifique, ainsi que l'interrogation sur les critères qui permettent d'effectuer une discrimination entre le bâtiment comme œuvre d'art et la « simple construction » à vocation utilitaire non esthétique. C'est également au sein d'un tel débat que l'on retrouve la dimension vernaculaire de l'architecture.

Le premier texte est constitué d'un ensemble d'extraits du chapitre consacré par Hegel (1770-1831) à l'architecture dans son *Esthétique*. Comme nous l'avons déjà souligné, Hegel est certainement le premier philosophe d'importance à réserver une telle place à l'examen de l'architecture dans le cadre de son propre système esthétique (là où d'autres semblent se contenter de mentions plus ou moins allusives), en même temps qu'il est l'un des rares auteurs d'un discours philosophique faisant fond sur une connaissance intime et profonde de son objet (qu'il s'agisse d'histoire de l'architecture ou de considérations techniques et esthétiques), ce qui lui permet une reconnaissance positive de certaines de ses spécificités. Bien que l'architecture incarne pour lui le plus bas degré de la manifestation de l'Esprit, en ce que le caractère à la fois non représentationnel et matériel de l'art de bâtir en empêche une expression adéquate, la finesse avec laquelle Hegel mène ses analyses lui permet de reconnaître à la fois le caractère foncièrement utilitaire de l'architecture (« cette architecture dont le caractère est d'unir la beauté à l'utilité », dit le philosophe à propos de l'architecture « classique ») et une certaine manière de donner l'être à l'expression des Idées, sous la forme d'un *accueil* de la vie spirituelle de l'homme. Si l'architecture est donc bien incapable de manifester directement l'Esprit (sa forme empêche par définition l'expression directe et adéquate du contenu spirituel), elle peut tout de même servir de *moyen* indirect à l'expression de l'absolu spirituel et religieux. Son caractère utilitaire constitue à la fois la spécificité de l'architecture et sa limitation indépassable, l'aspect proprement artistique d'un édifice revenant plutôt aux éléments de modénature et de sculpture servant à l'orner.

Mais en même temps que le propos hégélien est impressionnant d'érudition et de force spéculative, il est tout à fait symptomatique du traitement réservé à l'architecture dans le cadre d'une philosophie de l'art marquée par l'établissement d'une hiérarchisation des formes artistiques et, plus généralement, des productions de l'esprit. Car, même si les analyses de Hegel attestent sans conteste de son amour pour l'art architectural, il n'en reste pas moins que les conséquences de ses conceptions sont de nature largement « dépréciatives » et que l'architecture semble prise dans le prisme de considérations spéculatives qui semblent informer d'emblée le traitement qui lui est réservé. Bien qu'il retrouve, dans son analyse de l'architecture, les catégories générales lui permettant de penser les différentes formes artistiques (le cycle symbolique / romantique / classique), l'art de bâtir est à ses yeux suprêmement représentatif de la forme « symbolique » de l'art, c'est-à-dire un moment nécessairement appelé à être dépassé ou relevé :

> l'architecture correspond à la forme symbolique de l'art et réalise le principe de celle-ci de la manière qui est la mieux appropriée ; parce que l'architecture en général n'est capable d'exprimer les significations qui résident dans ses œuvres que par un appareil extérieur de formes matérielles que l'esprit n'anime pas et qui lui sert d'abri ou d'ornement [1].

C'est ainsi moins en elle-même qu'en tant que moment de l'esprit que l'architecture est ici prise en compte et qu'elle se voit assigner une place irrémédiablement première du point de vue chronologique et dernière du point de vue ontologique au sein d'un système des arts arrimé à l'impératif d'une manifestation du spirituel en et par lui-même.

Le deuxième texte est la reproduction d'un article de Le Corbusier (1887-1965) intitulé « Architecture et Purisme », sorte de manifeste de la conception architecturale corbuséenne représentative de la période de ses grands textes des années 20 et 30 (et notamment le triptyque *Vers une architecture*, *L'Art décoratif d'aujourd'hui*, *Urbanisme*), que l'on a coutume de désigner sous le vocable de « purisme ». Si l'on ne présente plus Le Corbusier, architecte et urbaniste certainement le plus important du XXᵉ siècle

1. Voir *infra* p. 69.

(tant pour ses partisans que pour ses détracteurs), il peut être bon de rappeler qu'il fut également un théoricien important et extrêmement prolixe (il laisse plus d'une cinquantaine d'ouvrages, sans compter des articles innombrables et une correspondance immense). À bien des égards, Le Corbusier, s'il n'est pas philosophe, est ce que l'on pourrait appeler avec l'historien Paul V. Turner un « architecte d'idées ». Contrairement à d'autres architectes qui ne cherchent pas à penser leur propre pratique ou dont les discours sont en décalage par rapport à la réalité de ce qu'ils produisent, Le Corbusier semble penser qu'il est impossible de bâtir d'une manière convenable sans qu'une telle pratique ne soit fondée sur une pensée architecturale consistante.

C'est d'ailleurs là tout le sens du texte que nous donnons à lire ici. Son objet porte également sur la juste détermination de la nature de l'art architectural dans sa pleine spécificité, par contraste avec la discipline constructive de l'ingénieur. Car, si Le Corbusier a toujours considéré que l'architecte devait d'abord être ingénieur, ce n'est pas au sens où l'architecture serait une discipline de nature avant tout fonctionnelle et technique, sorte de résolution scientifique de questions de structure et de résistance du bâti. Là aussi, contre de nombreuses interprétations tout à fait fautives de la pensée de l'architecte de la Villa Savoye, il faut réaffirmer que Le Corbusier n'était certainement pas le froid fonctionnaliste que l'on dépeint encore parfois aujourd'hui. Pour qui le lit de près, il est manifeste qu'il n'a rien d'un fonctionnaliste, cela en dépit de la « machine à habiter ». Pour lui, l'architecture au sens véritable du terme est une forme d'art, elle est « chose de l'esprit », manifestation des puissances fondamentales de l'humain dans sa tentative à la fois d'aménager un monde au sein de la nature indifférente et de porter à l'expression les aspirations les plus fondamentales de notre espèce. En ce sens, l'architecture est une discipline plus spirituelle que proprement esthétique. Mieux : une discipline qui vise à produire du spirituel à partir du jeu esthétique des formes architecturales, qui est lui-même ancré dans la réalité technique et utilitaire du bâtiment. De toutes les disciplines, elle est même aux yeux de notre architecte la plus propre à manifester le spirituel en art (en tant que production de l'esprit de l'architecte s'adressant à l'esprit du récepteur ; en tant que reflet de l'esprit du temps et manière de refléter un certain état d'esprit, un certain nombre de valeurs spirituelles).

Mais pour que l'architecture comme « jeu savant, correct et magnifique des volumes assemblés sous la lumière » puisse libérer toutes les puissances dont elle est passible, il faut nécessairement d'abord que la construction ait fait son œuvre et que l'architecte-ingénieur ait fait son travail de résolution des problèmes structurels, fonctionnels et programmatiques. La construction comme discipline technique, scientifique et fonctionnelle de résolution des problèmes utilitaires apparaît ainsi comme une condition nécessaire pour que le jeu architectural (comme art) puisse advenir. Avant que d'être « magnifique » (et pour pouvoir l'être), l'architecture doit être « savante » et « correcte », c'est-à-dire fonctionnelle et ingénieuse. Car l'esprit ne saurait se délecter du jeu des formes pures de l'architecture elle-même et accéder à la spiritualité qui s'y manifeste, si la raison n'est pas d'abord satisfaite en ce qui concerne la résolution des questions utilitaires. De manière symétrique, si la construction apparaît bien comme une condition nécessaire du fait même qu'il puisse y avoir jeu esthétique et plastique, elle n'en reste pas moins insuffisante en elle-même pour produire de l'architecture comme fait d'art. En un mot : si tout architecte véritable est d'abord ingénieur, ce dernier n'est pas encore par lui-même architecte. La distinction est toujours maintenue par Le Corbusier : « la construction, c'est pour faire tenir ; l'architecture, c'est pour émouvoir ». La construction est une condition nécessaire (en même temps que chronologiquement et logiquement première) mais non suffisante de l'architecture. L'architecture comme fait d'art nécessite quelque chose de plus que des compétences techniques, une forme de tact ou de génie dans la mise en rapport des volumes architecturaux, une puissance dans l'intention en même temps qu'une extrême sûreté dans l'intuition. Le rôle de l'architecte est de produire la beauté liée à la richesse d'une émotion plastique ressentie par le récepteur au contact du jeu architectural lui-même, au gré d'un parcours dont chacun doit pouvoir faire l'expérience en première personne.

Le troisième extrait de cette première partie est la reproduction (et la traduction inédite) du premier chapitre de l'ouvrage du philosophe britannique Roger Scruton, *The Aesthetics of Architecture*. Beaucoup plus contemporain que les précédents, il s'agit d'un texte synthétique extrêmement important reprenant à nouveaux frais les débats concernant la possibilité d'une réflexion philosophique concernant l'architecture. Brossant un large panorama des théories architecturales et appuyant son propos sur un grand nombre d'exemples, Scruton renvoie dos à dos les conceptions purement esthétiques (et notamment ce qu'il appelle la conception « expressionniste » ou « sculpturale » de l'architecture) et les conceptions utilitaristes de la nature de l'architecture, en ce qu'elles présupposent toutes deux une distinction artificielle entre l'utilité intéressée et le beau désintéressé. En tentant de reposer le « problème de l'architecture », il se propose ainsi de repenser les critères faisant la spécificité de l'objet architectural sans pour autant exclure l'architecture du champ artistique (tout en permettant de le distinguer des autres formes d'art) et de la réflexion esthétique. L'objectif de Scruton est ici l'affirmation, par-delà les difficultés liées à un concept trop généraliste de l'art, de la nécessité de penser une esthétique architecturale au sens d'une esthétique *spéciale*, cela dans le but d'ancrer le jugement sur les œuvres architecturales dans une véritable connaissance de leur objet et de permettre le développement d'un véritable exercice de la critique. Car, du fait des caractéristiques qui lui sont propres, l'architecture semble « se tenir à part des autres formes artistiques ».

Les critères constituant la singularité de l'art architectural, peu remarqués, sont les suivants :

1. Le caractère *essentiellement* utilitaire ou fonctionnel de l'architecture (ce qui rend la distinction précédente superficielle, puisque les éléments fonctionnels font nécessairement partie des éléments d'appréciation esthétique d'un bâtiment). Contrairement à ce que proposent les tenants d'une conception purement esthétique de l'architecture, l'on ne saurait séparer la forme architecturale des fonctions qu'elle remplit et des besoins humains qu'elle vise à satisfaire. Juger d'une œuvre architecturale sans tenir compte de la manière dont elle remplit sa fonction, *ce n'est pas juger d'une œuvre d'architecture*. La forme n'a ici qu'une autonomie extrêmement relative et limitée. Il est dès lors impossible de juger la valeur d'une œuvre architecturale indépendamment des questions utilitaires. Car le lien entre la forme et la fonction, les propriétés esthétiques et l'utilité, n'est pas un lien accidentel et

l'architecture n'est pas simplement un mixte d'art et de savoir-faire technique, mais « une synthèse presque indescriptible des deux ».

2. Son caractère hautement localisé. À la différence de la peinture, de la sculpture, de la musique ou de la littérature (et en tenant compte de certaines exceptions notables), Scruton attire l'attention sur le fait qu'une œuvre architecturale ne peut pas être conçue n'importe où, ni même déplacée ou reproduite. Le lien entre l'architecture et son site (ou son environnement) est là aussi essentiel et non pas accidentel. L'édifice est extrêmement sensible aux changements dans son environnement, qui est pour une grande part constitutif de son identité même. De manière parallèle, l'œuvre architecturale sert également à définir son environnement immédiat. Là encore, l'exercice d'un jugement d'appréciation proprement architectural implique de tenir compte de cette relation constitutive et essentielle : tout grand architecte construit avec un certain « sens du lieu » (*a sense of place*).

3. L'importance de la question de la technique. Même si la question de la technique est réelle dans toutes les formes artistiques, le lien entre l'architecture et le développement technique est selon Scruton d'une signification autrement plus grande. En architecture plus qu'ailleurs, tout n'est pas toujours possible et certaines découvertes techniques (comme le béton armé) non seulement rendent possible un certain type d'architecture mais, bien plus, semblent lui donner naissance.

4. Son caractère d'objet essentiellement public (par opposition aux formes d'art « privées »). L'architecture est un art qui s'offre à la vue de *tous* d'une manière quasi-implacable, là où il est, au moins en théorie, loisible à chacun de ne pas être exposé à la peinture ou à la musique

s'il ne le souhaite pas. En ce sens, l'architecture, art politique par excellence, est omniprésent dans nos vies (il ne concerne pas uniquement un public hautement spécialisé, mais tous les hommes en tant que membres du corps social). L'art architectural n'est pas tant aux yeux de Scruton le fait d'individus recherchant dans la solitude de leur parcours créatif à objectiver leur idiosyncrasie subjective dans la matière de l'œuvre, mais également une œuvre impersonnelle et collective fortement imprégnée du rapport au passé, à l'histoire et à la tradition.

5. La continuité essentielle entre l'architecture et d'autres domaines (urbanisme, art des jardins, art décoratif, etc.) reliant celle-ci à une esthétique de la vie quotidienne et du vernaculaire. Le jugement spécifiquement architectural doit là aussi prendre en compte le fait que l'œuvre architecturale n'existe pas en une sorte d'isolement sublime à destination de seuls esthètes et initiés de la théorie de l'art. En un sens, dans sa dimension de réalité vernaculaire (trop souvent négligée) et du fait des caractéristiques précédemment mises en avant, l'architecture doit toujours être pensée selon des catégories relevant du sens commun esthétique de l'homme ordinaire et non selon les catégories peut-être inadéquates de l'esthétique philosophique traditionnelle. La principale caractéristique d'une telle esthétique de l'ordinaire réside dans un certain sens de la « convenance » ou de « ce qui convient » (*of what fits*), tel que celui-ci se manifeste quotidiennement dans la mise d'un couvert, la disposition des tables et des chaises, dans l'habillement ou la manière de plier un tissu.

L'ensemble de ces caractéristiques, à la fois distinctes et profondément reliées, est aux yeux de Scruton une manière de dessiner un concept spécifique de l'œuvre architecturale, tout autant qu'une manière de progresser en direction d'un renforcement de notre capacité à en juger.

Enfin, le dernier texte de cette première partie est la traduction inédite d'un article d'Allen Carlson figurant dans l'anthologie *Philosophy and Architecture* éditée par Michael H. Mitias. Ce texte, intitulé « Existence, Lieu et Fonction : l'appréciation de l'architecture » [1], vise, par une comparaison systématique entre l'architecture et d'autres formes artistiques (notamment la peinture et, ce qui est particulièrement intéressant pour nous, des œuvres sculpturales contemporaines, *land art* et installations *in situ*), à penser la singularité de l'appréciation de l'architecture en fonction d'une reconnaissance des caractéristiques spécifiques des œuvres architecturales. C'est à cette articulation entre l'acte d'appréciation et nature de l'art architectural qu'est consacré cet article, en ce que la seconde dimension doit nécessairement déterminer la première. Carlson est particulièrement connu pour ses réflexions dans le champ de l'esthétique environnementale et ce n'est pas un hasard si les trois critères spécifiant l'appréciation de l'architecture s'articulent autour d'une conception de l'architecture dans sa relation avec ce qui l'entoure. L'appréciation de l'architecture doit prendre en compte le fait que les frontières entre l'architecture et le monde ne sont pas aussi nettes et tranchées que dans le cas d'autres formes artistiques. L'expérience esthétique de l'architecture n'est pas de nature « insulaire », mais prend place au milieu du monde social. Les trois critères (ou questions spécifiquement posées par et à l'architecture) mis en avant

1. Le texte sera repris comme treizième chapitre de l'ouvrage d'Allen Carlson *Aesthetics and Environment* paru en 2000 chez Routledge.

par Carlson, et qui sont pour l'œuvre autant de défis ou de tests à réussir, sont les suivants :

1. la question de l'existence. Face à une œuvre architecturale, et très rarement dans le cas d'autres formes artistiques, le jugement d'appréciation se pose d'abord la question radicale du bien-fondé de l'existence ou de la non-existence de l'édifice *en tant que tel*. Aurait-il mieux valu que l'édifice en question n'ait pas été construit du tout ou que l'on ait construit autre chose à sa place ? Cette question implique d'interroger le lien (positif ou négatif) entre le bâtiment et l'environnement en général.

2. la question du lieu (« *location* »). Une fois résolue la question de la légitimité de l'existence de l'édifice en tant que tel, se pose la question de son insertion dans *un lieu* bien spécifique (l'une des spécificités de l'architecture réside bien dans ce que Carlson appelle sa « *site-specificness* »), cela pour évaluer si l'œuvre architecturale « convient », est « bien ajustée » (« *fits* ») à son environnement singulier (rue, ville, quartier, paysage, site, etc.).

3. la question de la fonctionnalité. L'architecture étant un art essentiellement fonctionnel, le fait de savoir si un édifice remplit bien sa ou ses fonction(s) est déterminante dans l'appréciation d'une œuvre architecturale. Carlson réinterprète ici la notion de fonctionnalité dans une double direction : la bonne convenance de la forme extérieure de l'édifice et les fonctions à remplir (en termes de programme et d'usage, mais aussi et surtout de monumentalité symbolique) ; le fait que la satisfaction des fonctions se joue d'abord et avant tout dans la composition et l'arrangement des *espaces intérieurs* du bâtiment (autre spécificité de l'architecture), alors que l'adaptation de la

réalité bâtie à l'environnement immédiat interroge avant
tout la dimension de l'apparence formelle extérieure de
celui-ci.

Les analyses de Carlson, nourries de nombreux exemples
architecturaux et artistiques, permettent ainsi de définir de
manière très contemporaine les contours d'une appréciation
de l'architecture dans le cadre d'une esthétique
environnementale plus générale. De plus, à travers la notion
centrale de « convenance » et d'« ajustement », il devient
possible de penser un fonctionnalisme adaptatif qui vise
à redonner toute sa place à une conception élargie de
l'architecture selon le slogan « *fit follows function* ».

G. W. F. HEGEL

ESTHÉTIQUE [1]

DIVISION

Nous avons à marquer un commencement d'après le concept même de l'art. Le premier problème de l'art consiste à façonner les formes du monde physique, de la nature proprement dite, à disposer le théâtre sur lequel apparaît l'esprit, et en même temps à incorporer à la matière une signification, à lui donner une forme, signification et forme qui restent extérieures à elle, puisqu'elles ne sont ni la forme ni la signification immanentes. L'art à qui s'adresse ce problème est, comme nous l'avons vu, l'architecture, dont le premier développement a précédé celui de la sculpture, de la peinture et de la musique.

Si nous remontons maintenant aux premiers commencements de l'architecture, nous trouvons la cabane comme habitation de l'homme, et le temple comme enceinte consacrée au culte de la divinité, et où se réunissent ses adorateurs. C'est là tout ce que nous pouvons saisir à

1. G. W. F. Hegel, « L'architecture », dans *Esthétique*, t. II, 3ᵉ partie, 1ʳᵉ section, édition complète et illustrée, traduction revue et augmentée, commentaires et notes par B. Timmermans et P. Zaccaria, Paris, Librairie Générale Française, 1997.

l'origine comme point de départ. Pour déterminer ce commencement d'une manière plus précise, on s'est attaché ensuite à la différence des matériaux, et l'on s'est divisé sur la question de savoir si l'architecture avait commencé par les constructions en bois, ainsi que le pense Vitruve (que Hirt a aussi sous les yeux dans beaucoup de ses jugements), ou par des constructions en pierre. Cette différence ne manque pas, sans doute, d'importance ; car elle ne concerne pas seulement, comme on pourrait le croire ici, au premier coup d'œil, les matériaux extérieurs. À ceux-ci sont liées essentiellement des formes architectoniques fondamentales, le mode d'ornementation, par exemple. Nous pouvons cependant négliger cette distinction comme un côté simplement extérieur, qui regarde plutôt l'élément empirique et accidentel. Nous nous attacherons à un point plus important.

Dans la maison, le temple, en effet, et les autres édifices, le point essentiel qui nous intéresse ici c'est que de pareilles constructions ne sont encore que de simples moyens qui supposent un but extérieur. La cabane et le temple supposent des habitants, des hommes, la statue des dieux pour lesquels ils ont été construits. Ainsi d'abord est donné, en dehors de l'art, un besoin dont la satisfaction, conforme à un but positif, n'a rien de commun avec les beaux-arts, et ne produit encore aucun ouvrage qui leur appartienne. De même encore, l'homme aime à danser et chanter ; il éprouve le besoin de communiquer sa pensée par le langage. Mais parler, danser, pousser des cris ou chanter n'est pas encore la poésie, la danse, la musique. Si maintenant dans le cercle de l'utilité architectonique propre à satisfaire des besoins particuliers, soit de la vie journalière, soit du culte religieux, soit de la société civile, perce déjà la tendance à une forme artistique et à la beauté, nous avons encore, dans ce mode d'architecture, à établir une *division*. D'un côté est l'homme, l'image du dieu comme le *but* essentiel, pour lequel, d'autre part, l'architecture ne fournit que le *moyen*; savoir : l'abri, l'enceinte, etc. Nous ne pouvons cependant faire, de cette séparation, le point de départ qui est de sa nature quelque chose d'immédiat, de simple et non une telle relation, un rapport aussi essentiel. Nous devons chercher un point où une pareille distinction n'apparaisse pas encore.

Sous ce rapport, j'ai déjà dit plus haut que l'architecture correspond à la forme symbolique de l'art et réalise le principe de celle-ci de la manière qui lui est la mieux appropriée; parce que l'architecture en général n'est capable de réaliser les significations qui résident dans ses œuvres que par un appareil de formes extérieures matérielles que l'esprit n'anime pas et qui lui sert d'abri ou d'ornement. Or, au commencement de l'art, nous trouvons des monuments où la distinction entre le but et le moyen, entre l'homme, par exemple, ou l'image du dieu, et l'édifice comme destiné à l'accomplissement de ce but n'apparaît pas encore. Nous devons porter notre regard sur ces ouvrages d'architecture qui ont, en quelque sorte, comme ceux de la sculpture, une existence indépendante, et qui ne trouvent pas leur sens dans un autre but ou besoin, mais le portent en eux-mêmes. Ceci est un point de la plus haute importance, que je n'ai encore vu développé nulle part, quoiqu'il réside dans le concept de la chose même, et que seul il puisse donner une explication des formes extérieures si nombreuses et si diverses de l'architecture, et un fil conducteur à travers ce labyrinthe. Cette architecture indépendante ne s'en distinguera pas moins de la sculpture, puisque, comme architecture, ses œuvres ne peuvent représenter aucune signification vraiment spirituelle subjective, rien qui ait en soi le principe de sa manifestation extérieure conforme à sa nature intime. Ce sont des œuvres qui ne peuvent porter l'empreinte d'une signification, dans leur aspect extérieur, que d'une manière symbolique. Par là cette espèce d'architecture, aussi bien par son contenu que par sa représentation extérieure, est, à proprement parler, *symbolique*.

Ce qui a été dit du principe à ce premier degré de l'art s'applique également à son mode matériel de représentation. Ici également la simple différence de la construction en bois de la construction en pierres ne suffit pas, cette différence n'étant relative qu'à la manière de limiter un espace, de former une enceinte destinée à un but religieux ou humain, comme cela a lieu dans les maisons, les palais, les temples, etc. Un pareil espace peut aussi bien s'obtenir en creusant des masses déjà solides ou, *vice versa*, en construisant des murailles et des toits qui forment une enceinte. Or, avec aucun de ces deux genres de travaux ne peut commencer l'architecture indépendante, que nous pouvons, pour cette raison, appeler sculpture inorganique. Car, si l'on élève des représentations indépendantes en elles-mêmes, c'est sans chercher à atteindre le but d'une beauté libre et la manifestation de l'esprit dans sa forme corporelle la plus parfaite ; mais, en général, elle met sous nos yeux une forme symbolique destinée à montrer et à exprimer seulement une idée.

Cependant, l'architecture ne peut pas s'arrêter à ce point de départ. Sa mission consiste précisément à façonner pour l'esprit déjà donné, pour l'homme, ou pour les images visibles de ses dieux, sorties de ses mains, la nature extérieure comme appareil environnant, à la travailler idéalement, artistiquement dans le sens de la beauté. Ce monument, dès lors, ne porte plus en lui-même sa signification, il la trouve dans un autre objet : dans l'homme, ses besoins, les usages de la vie de famille, de la société civile, du culte, etc. ; et, par conséquent, il perd l'indépendance des œuvres de l'architecture symbolique.

Nous pouvons, sous ce rapport, faire consister le progrès de l'architecture en ceci : qu'elle laisse apparaître la différence indiquée plus haut entre le but et le moyen, et leur distinction nette, qu'elle bâtisse dès lors pour l'homme ou pour l'image à forme humaine, façonnée par la sculpture, une demeure architectonique, un palais, un temple conforme à sa signification.

Au troisième et dernier degré se réunissent les deux moments antérieurs. La séparation des deux termes subsiste, et toutefois l'architecture reparaît sous sa forme indépendante.

Ces trois points de vue appliqués à la division de l'architecture en son ensemble nous donnent la classification suivante, qui reproduit les différences essentielles de la chose même, en même temps que son développement historique :

1. L'architecture *symbolique* proprement dite ou *indépendante*.

2. L'architecture *classique* qui, laissant à la sculpture le soin de façonner l'image individuelle de l'esprit, dépouille l'architecture de son indépendance, la réduit à dresser un appareil inorganique, façonné avec art, et approprié à des desseins et à des significations que l'homme réalise de son côté d'une manière indépendante.

3. L'architecture *romantique* (quels que soient les noms qu'on lui donne, mauresque, gothique ou allemande), dans laquelle il est vrai, les maisons, les églises, les palais, ne sont également que des habitations et des lieux de réunion pour des besoins civils ou religieux et des occupations d'un ordre spirituel, mais, d'un autre côté, ne se rapportent

qu'indirectement à ce but, se disposent et s'élèvent, pour eux-mêmes, d'une manière indépendante.

Si donc, l'architecture, d'après son caractère fondamental, reste toujours l'art éminemment symbolique, toutefois les formes symbolique, classique et romantique, qui marquent le développement général de l'art, servent de base à sa division. Elles sont ici d'une plus grande importance que dans les autres arts. Car, dans la sculpture, le caractère classique, et dans la musique, le caractère romantique, pénètrent si profondément le principe même de ces arts qu'il ne conserve plus qu'une place plus ou moins étroite dans leur développement. Dans la poésie, enfin, quoique le cachet de toutes les formes d'art puisse s'empreindre facilement sur ses œuvres, nous ne devons cependant pas établir la division d'après la différence en poésie symbolique, classique et romantique, mais d'après la classification plus propre à la nature de cet art, en poésie épique, lyrique et dramatique. L'architecture, au contraire, est l'art qui s'exerce par excellence dans le domaine du monde physique. De sorte qu'ici, la différence essentielle consiste à savoir si le monument, qui s'adresse aux yeux, renferme en lui-même son propre sens, ou s'il est considéré comme moyen pour un but étranger à lui, ou si enfin, quoiqu'au service de ce but étranger, il conserve en même temps son indépendance. Le premier cas répond au genre symbolique proprement dit ; le second au classique, puisqu'ici la signification parvient à se représenter elle-même d'une manière propre et qu'en même temps l'élément symbolique n'y est adapté que comme simple accompagnement extérieur ; ce qui est conforme au principe de l'art classique. La réunion des deux caractères se manifeste parallèlement avec l'art romantique. Car, si celui-ci se sert de l'élément extérieur comme moyen d'expression, il l'abandonne cependant pour se retirer en lui-même, et, dès lors, il peut le laisser se développer librement et obtenir une forme indépendante.

CHAPITRE PREMIER

DE L'ARCHITECTURE INDÉPENDANTE OU SYMBOLIQUE

Le but de l'art, son besoin originel, c'est de produire aux regards une conception née de l'esprit, de la manifester comme son œuvre propre ; de même que dans le langage, l'homme communique ses pensées et les fait comprendre à ses semblables. Seulement, dans le langage, le moyen de communication est un simple signe, à ce titre, quelque chose de purement extérieur à l'idée et d'arbitraire. L'art, au contraire, ne doit pas simplement se servir de signes, mais donner aux significations une existence sensible qui leur corresponde. Ainsi, d'abord, l'œuvre d'art, offerte aux sens, doit renfermer en soi un contenu. De plus, il faut qu'il le représente de telle sorte que l'on reconnaisse que celui-ci, aussi bien que dans sa forme visible, n'est pas seulement un objet réel de la nature, mais un produit de l'imagination et de l'activité artistique de l'esprit. Si je vois, par exemple, un lion réel et vivant, sa forme individuelle met dans mon esprit une image : celle d'un lion, absolument de la même manière qu'un lion représenté. Dans la représentation, cependant, il y a quelque chose de plus. Celle-ci montre, dans sa forme, qu'elle a été dans l'imagination de l'homme, qu'elle doit son existence à son esprit, à son activité créatrice. De sorte que nous n'avons plus ici l'image immédiate d'un objet réel, mais l'image d'une image qui a été dans l'esprit de l'homme. Mais maintenant, qu'un lion, qu'un arbre, ou tel autre objet

individuel soit ainsi reproduit, il n'y a aucun besoin originel
pour l'art. Loin de là, nous avons vu que l'art, et
principalement les arts du dessin, cessent d'exister, dès
que la représentation de pareils objets a pour but de
manifester l'habileté avec laquelle l'apparence est
reproduite. L'intérêt véritable consiste en ce que ce sont
les conceptions originelles, les pensées universelles de
l'esprit humain qui sont offertes à nos regards. Toutefois,
de pareilles conceptions sont d'abord abstraites et
indéterminées dans l'esprit des peuples. De sorte que
l'homme, pour se les représenter, s'empare des formes
également abstraites que lui offre la nature et ses masses
pesantes, matière capable, il est vrai, de recevoir une forme
déterminée, mais non en elle-même véritablement concrète,
vivante et spirituelle. Dès lors, le rapport entre la signification
et la forme visible par laquelle la signification doit passer
de l'imagination de l'artiste dans celle du spectateur, ne
peut être que d'une nature purement symbolique. De plus,
un ouvrage d'architecture, destiné à représenter ainsi une
idée générale, n'est là pour aucun autre but que celui
d'exprimer en soi cette haute pensée. Il est, par conséquent,
le libre symbole d'une idée qui offre un intérêt général.
C'est un langage qui, tout muet qu'il est, parle à l'esprit.
Les monuments de cette architecture doivent donc, par
eux-mêmes, donner à penser, éveiller des idées générales.
Ils ne sont pas simplement destinés à renfermer, dans leur
enceinte, des choses qui ont leur signification propre et
une forme indépendante. Mais ensuite, pour cette raison
même, la forme qui manifeste de pareils contenus ne peut
plus être un simple signe, comme le sont, par exemple,
chez nous, les croix élevées sur les tombes des morts ou
les pierres entassées sur un champ de bataille. Car des
signes de cette espèce sont bien propres à rappeler des
souvenirs ou à éveiller des idées ; mais une croix, un amas

de pierres n'expriment pas, par eux-mêmes, ces idées; elles peuvent aussi bien servir à rappeler tout autre événement. C'est là ce qui constitue le caractère général de l'architecture symbolique.

On peut dire, sous ce rapport, que des nations entières n'ont su exprimer leurs croyances religieuses, leurs besoins intellectuels les plus profonds, qu'en bâtissant de pareils monuments; au moins les ont-elles principalement exprimés dans la forme architecturale. Ceci, toutefois, ainsi que nous l'avons vu en traitant de l'art symbolique, n'a eu lieu, à proprement parler, que dans l'Orient. Ce sont, en particulier, les antiques constructions des Babyloniens, des Indiens et des Égyptiens, qui nous offrent parfaitement ce caractère. Ainsi, du moins, s'explique, en grande partie, leur origine. La plupart n'existent plus qu'en ruines, mais elles n'en bravent pas moins les siècles et les révolutions. Tant, par leur caractère fantastique, que par leurs formes et leurs masses colossales, elles nous jettent dans l'admiration et l'étonnement. – Ce sont des ouvrages dont la construction absorbe l'activité et la vie entière des nations, à certaines époques.

Si, cependant, nous voulons donner une division plus précise de ce chapitre et des principaux monuments qui s'y rattachent, on ne peut ici, comme dans l'architecture classique ou romantique, partir de formes déterminées, de celle de la maison, par exemple. Aucune signification fixe, et en même temps aucun mode de représentation également déterminé, ne s'offrent comme principe, qui en se développant, s'étende ensuite au cercle entier des divers monuments de cette époque. Suivant le caractère général de l'art symbolique, les significations que représentent, en tant que contenus, ces monuments, sont des conceptions informes sur la nature et la vie des êtres, des notions également élémentaires sur le monde moral; conceptions vagues et incohérentes, sans lien qui les unisse et les coordonne comme développements d'une même idée. Cette absence de liaison et d'enchaînement fait aussi qu'elles sont très variées et très mobiles. Aussi, le but de l'architecture est-il de les représenter tantôt sous un aspect, tantôt sous un autre ; de les manifester aux regards par le travail de l'homme. Au milieu de la multiplicité de ce contenu, on ne peut donc songer à traiter le contenu ni de manière à l'épuiser, ni dans un ordre systématique. Je dois me borner à faire entrer l'essentiel dans une division aussi rationnelle que possible.

Les points de vue qui serviront à nous guider sont les suivants :

Nous nous attacherons, *d'abord*, aux monuments qui représentent des contenus d'un caractère tout à fait général, et où l'esprit des individus et des peuples a trouvé un centre, un point d'unité. Ainsi, le principal but de pareilles constructions, en elles-mêmes indépendantes, n'est autre que d'élever un ouvrage qui soit un point de réunion pour une nation ou pour des nations diverses, un lien autour duquel elles se rassemblent. Un autre but peut s'y ajouter : celui de manifester, par la forme extérieure, le lien principal qui unit les hommes, la pensée religieuse des peuples. Ce qui donne un contenu plus déterminé à ces ouvrages et à leur expression symbolique.

Mais, *en second lieu*, l'architecture ne peut s'arrêter à cette idée vague, élémentaire, dans sa totalité générale. Bientôt les contenus symboliques de significations se *particularisent*, se déterminent, se précisent davantage, et, par là aussi, permettent à leurs formes de se distinguer les unes des autres d'une manière plus positive, comme par exemple, dans les colonnes du Lingam, les obélisques, etc. D'un autre côté, en affectant ainsi des formes particulières, l'architecture, tout en se développant d'une manière libre et indépendante, va jusqu'au point de se confondre en quelque sorte avec la sculpture. Elle accueille des formes du règne organique ou d'animaux, des figures humaines, qu'elle agrandit toutefois dans des proportions colossales et façonne en masses gigantesques. Elle les range régulièrement, y ajoute des murailles, des murs, des portes, des allées, et, par là, traite ce qui appartient ici à la sculpture, d'une manière absolument architectonique. Les Sphinx égyptiens, les Memnons, de grands temples tout entiers offrent ce caractère.

En troisième lieu, l'architecture symbolique commence à montrer sa transition à l'architecture classique, lorsqu'elle repousse de son sein la sculpture et qu'elle commence à se faire une habitation appropriée à d'autres significations, non immédiatement exprimées par les formes architectoniques.

[...]

CHAPITRE II

L'ARCHITECTURE CLASSIQUE

L'architecture, lorsqu'elle occupe sa véritable place, celle qui répond à son idée, doit avoir un sens, servir à un but qui ne sont pas en elle-même. Elle devient alors un simple appareil inorganique, un tout ordonné et construit selon les lois de la pesanteur. En même temps, ses formes affectent la sévère régularité des lignes droites, des angles, du cercle, des rapports, numériques et géométriques ; elles sont soumises à une mesure limitée en soi et à des règles fixes. Sa beauté consiste dans cette régularité même, affranchie de tout mélange immédiat avec les formes organiques, humaines et symboliques. Bien qu'elle serve à une fin étrangère, elle constitue un tout parfait en soi, laisse entrevoir dans toutes les parties son but essentiel, et, dans l'harmonie de ses rapports, transforme l'utile en beau. L'architecture, à ce degré, répond à son idée propre, précisément parce qu'elle n'est pas capable de représenter l'esprit et la pensée dans leur véritable réalité, parce qu'elle ne peut ainsi façonner la matière et les formes de la nature inanimée que de manière à en offrir un simple reflet.

[...]

1. *Caractère général de l'architecture classique*

a. Nous l'avons déjà dit à plusieurs reprises, le caractère fondamental de l'architecture proprement dite consiste en ce que la signification spirituelle qu'elle exprime ne réside pas uniquement dans l'ouvrage d'architecture lui-même, ce qui en ferait un symbole indépendant de sa signification intérieure, mais en ce que celle-ci, au contraire, a déjà trouvé son existence indépendante en dehors de l'architecture. Elle peut s'être réalisée de deux manières : soit qu'un autre art d'une portée plus grande (dans l'art classique c'est principalement la sculpture) ait façonné une image et une représentation de cette signification, soit que l'homme la personnifie lui-même d'une manière vivante dans sa vie et ses actions. En outre, ces deux modes peuvent se trouver réunis. Ainsi, l'architecture des Babyloniens, des Indiens, des Égyptiens, représente symboliquement, dans des images qui ont une signification et une valeur propres, ce que ces peuples regardaient comme l'absolu et le vrai. D'un autre côté, elle sert à protéger l'homme, le conserve, malgré la mort, dans sa forme naturelle. On voit, dès lors, que l'objet spirituel est déjà séparé de l'œuvre d'architecture ; il a une existence indépendante, et l'architecture se met à son service. C'est lui qui donne au monument un sens propre et constitue son véritable but.

Ce but devient aussi déjà le principe régulateur qui s'impose à l'ensemble de l'ouvrage, détermine sa forme fondamentale, son squelette, en quelque sorte, et ne permet ni aux matériaux ni à la fantaisie ou à l'arbitraire de se montrer indépendamment de lui pour leur propre compte, ainsi que cela a lieu dans les architectures symbolique ou romantique. Celles-ci déploient en effet, en dehors de ce qui est conforme au but, un luxe d'accessoires et de formes aussi nombreuses que variées.

b. La première question qui s'élève au sujet d'une œuvre d'architecture de ce genre est précisément celle de son but et de sa destination, ainsi que des circonstances qui président à son élévation. Faire que la construction soit en harmonie avec le climat, l'emplacement, le paysage environnant, et, dans l'observation de toutes ces conditions, se conformer au but principal, produire un ensemble dont toutes les parties concourent à une libre unité, tel est le problème général dont la solution parfaite doit révéler le goût et le talent de l'architecte. Chez les Grecs, des constructions ouvertes, des temples, des colonnades et des portiques où l'on pouvait s'arrêter ou se promener pendant le jour, des avenues, comme le fameux escalier qui conduisait à l'Acropolis, à Athènes, étaient devenus le principal objet de l'architecture. Les habitations privées étaient d'ailleurs très simples. Chez les Romains, au contraire, apparaît le luxe des maisons particulières, des villas surtout ; de même que la magnificence des palais des empereurs, des bains publics, des théâtres, des cirques, des amphithéâtres, des aqueducs, des fontaines, etc. Mais de tels édifices, chez lesquels l'utilité reste le caractère dominant, ne peuvent toujours, plus ou moins, donner lieu à la beauté que comme ornement. Ce qui offre le plus de liberté, dans cette sphère, est donc le but religieux ; c'est le temple, comme servant d'abri à un objet divin, qui appartient déjà aux beaux-arts et a été façonné par la sculpture : à la statue du dieu.

c. Malgré ces fins qui lui sont imposées, l'architecture proprement dite paraît maintenant plus libre que l'architecture symbolique du degré antérieur, qui empruntait à la nature ses formes organiques, plus libre même que la sculpture qui est forcée d'adopter la forme humaine telle qu'elle lui est offerte, de s'attacher à ses proportions essentielles ; tandis que l'architecture classique invente elle-même son plan et sa configuration générale, d'après un but tout intellectuel. Quant à la forme extérieure, elle ne consulte que le bon goût, sans avoir de modèle direct. Cette plus grande liberté doit, en effet, lui être accordée, sous un rapport. Cependant son domaine reste limité, et un traité sur l'architecture classique, à cause de la rigueur mathématique des formes, est en général quelque chose d'abstrait où la sécheresse est inévitable. Friedrich von Schlegel a appelé l'architecture *une musique glacée*. Et, en effet, ces deux arts (l'architecture et la musique) s'appuient sur une harmonie de rapports qui se laissent ramener aux nombres et, par là, sont facilement saisissables à l'entendement par leurs traits essentiels. Le type qui sert de base au plan général et à ses rapports simples, sérieux, grandioses, ou agréables et gracieux, est, ainsi que nous l'avons dit, donné par la maison. Ce sont des murs, des colonnes, des poutres, disposés selon des formes aussi géométriques que celles du cristal. Maintenant, quant à la nature de ces rapports, ils ne se laissent pas ramener à des caractères et à des proportions numériques d'une parfaite précision. Mais un carré long, par exemple, avec des angles droits est plus agréable à l'œil qu'un simple carré ; parce que, dans une figure oblongue, il y a dans l'égalité une inégalité. Par cela seul que l'une des dimensions, la largeur est la moitié de l'autre, la longueur, elle offre déjà un rapport agréable. Une figure étroite et longue, au contraire, est peu gracieuse. Là, en même temps, doivent être conservés les rapports mécaniques entre ce qui supporte et ce qui est supporté, selon leur vraie mesure et leur exacte proportion. Ainsi, une lourde poutre ne doit pas reposer sur une élégante, mais frêle colonne ; et, réciproquement, on ne doit pas faire de grands frais de supports, pour soutenir, en définitive, un poids léger. Dans tous ces rapports, dans celui de la largeur à la longueur et à la hauteur de l'édifice, de la hauteur des colonnes à leur épaisseur, dans les intervalles, le nombre des colonnes, le mode, la multiplicité ou la simplicité des ornements, la grandeur des filets et des bordures, etc., domine chez les anciens une eurythmie naturelle, qu'a su trouver principalement le sens plein de justesse des Grecs. Ils s'en écartent bien, çà et là, dans les détails ; mais, dans l'ensemble, les rapports essentiels sont observés et ne sortent jamais des conditions de la beauté.

[…]

Chapitre III

L'ARCHITECTURE ROMANTIQUE

L'architecture gothique du Moyen Âge, qui forme ici le centre et le type de l'architecture romantique proprement dit, fut regardée pendant longtemps, depuis la propagation du goût français dans les arts, comme quelque chose de grossier et de barbare. Dans ces derniers temps, ce fut surtout Goethe qui, à l'époque de sa jeunesse, lorsque la fraîcheur de son imagination et de son sens du beau lui inspirait de l'antipathie pour les Français et leurs principes, la remit en honneur pour la première fois. Depuis, on a étudié avec une ardeur toujours croissante ses grands monuments; on les a appréciés dans leur rapport avec le culte chrétien; on a saisi l'harmonie de ces formes architectoniques avec l'esprit le plus intime du Christianisme.

1. *Son caractère général*

Quant au caractère général de ces monuments, où l'architecture religieuse frappe nos premiers regards, nous avons déjà vu dans l'introduction qu'ici l'architecture *indépendante* et l'architecture *dépendante*, soumise à un but, se réunissent. Toutefois, cette réunion ne consiste pas dans la fusion des formes architectoniques de l'Orient et de la Grèce. Mais là, plus encore que dans la construction du temple grec, la maison, l'abri, fournit le type fondamental ; tandis que, d'un autre côté, s'effacent d'autant mieux la simple utilité, l'appropriation au but. La maison s'élève indépendante dans ce but, libre pour elle-même. Ainsi, cette maison de Dieu, cet édifice architectural se montre, en général, conforme à sa destination, parfaitement approprié au culte et à d'autres usages ; mais son caractère propre consiste principalement en ce qu'il s'élève au-dessus de toute fin particulière, parfait qu'il est en soi, indépendant et absolu. Le monument est là pour lui-même, inébranlable et éternel. Aussi, aucun rapport purement positif ne donne plus à l'ensemble son caractère. À l'intérieur, rien qui ressemble à cette forme de boîte de nos églises protestantes, qui ne sont construites que pour être remplies d'hommes et ne renferment que des stalles. À l'extérieur, l'édifice monte, s'élance librement dans les airs. De sorte que la conformité au but, quoique s'offrant aux yeux, s'efface néanmoins et laisse à l'ensemble l'apparence d'une existence indépendante. Rien ne le limite et ne l'achève parfaitement ; tout se perd dans la grandeur de l'ensemble. Il a un but déterminé et le montre ; mais dans son aspect grandiose et son calme sublime, il s'élève au-dessus de la simple destination utile, à quelque chose d'infini en soi. Cet affranchissement de l'utile et de la simple solidité constitue un premier caractère. D'un autre côté, c'est ici que pour la première fois, la plus haute *particularisation*, la plus grande diversité et multiplicité trouvent le champ le plus libre, sans que, toutefois, l'ensemble se dissémine en simples particularités et en détails accidentels. Au contraire, la grandeur de l'œuvre d'art ramène cette multiplicité de parties à la plus belle simplicité. La substance du tout se partage et se dissémine dans les divisions infinies d'un monde de formes individuelles ; mais, en même temps, cette immense diversité se classe avec simplicité, se coordonne régulièrement, se distribue avec symétrie. L'idée totale s'affermit, en même temps qu'elle se meut et se déploie avec l'eurythmie la plus satisfaisante pour les yeux ; elle ramène cette infinité de détails à la plus ferme unité, et y introduit la plus haute clarté, sans leur faire violence.

LE CORBUSIER

ARCHITECTURE ET PURISME [1]

L'Architecture est un phénomène organisé dans le cycle
des choses plastiques.

La qualité de l'architecture naît de rapports élevés ;
elle est une jouissance supérieure d'ordre mathématique.
L'architecture émeut. La construction précède l'architecture ;
elle satisfait à des problèmes pratiques d'agencement, à
des solutions techniques de stabilité et de résistances ; elle
fait état des lois physiques du monde qui nous mettent en
contact direct avec notre univers. La construction est affaire
de raison.

L'architecture et la construction sont gérées par la loi
d'économie.

Le style naît de la production générale d'une époque.
Il donne à toutes choses une physionomie commune qui
est maintenant admise et unanimement goûtée. Un style
n'est pas une formule ornementale, c'est un système

1. Le Corbusier-Saugnier, « Architecture et purisme », in *Zivot*,
Prague, 1922, p. 81-85.

plastique dans un état de choses général, né d'un état d'esprit général.

Le purisme est un état d'esprit, une ligne de conduite. Il respecte les exigences de la raison, il recherche les moyens de provoquer les émotions élevées.

Le purisme trouve dans le passé la confirmation des moyens constants de la plastique. Dans le présent, il reconnaît les éléments d'un style dans la production industrielle gérée par le calcul et l'application des lois physiques de notre univers. Il réagit contre la production industrielle gérée par le calcul et l'application des lois physiques de notre univers. Il réagit contre la production d'art née de la fantaisie et de l'arbitraire.

ARCHITECTURE

L'architecture c'est l'assemblage plastique des volumes sous la lumière. Les yeux voient des volumes se dresser sous la lumière, fait brutal, physique ; les surfaces limitent les volumes, les accusant et les détruisant ; un « plan » organise les volumes et les surfaces. Les yeux regardent *un objet* ; la raison s'éclaire sur la destination de cet objet et sur les conditions qui le maintiennent en stabilité ; les sens réagissent, brutalisés ou caressés, sous le choc des masses qui se déploient ; mais une émotion définitive émane des sens et de l'esprit en face d'un phénomène organisé, provocateur de sensations, déclencheur de sentiments à longue percussion et répercussion.

L'architecture est un phénomène organisé dans le cycle des choses plastiques. Ce phénomène naît de formes qui nous apparaissent par le jeu de la lumière, de l'ombre et de la pénombre, de lignes verticales, horizontales, etc.

formes et lignes dont nous ressentons physiologiquement les effets et dont par association d'idées nous poursuivons les effets jusque dans le souvenir, l'évocation, les infinis domaines où a porté notre investigation. Nous mesurons des quantités dans des rapports déterminés. Sensations secondaires multiples et innombrables, appréciations de rapports, de proportions, extension de la signification de masses et de lignes géométriques à des idées purement subjectives. Nous percevons les règles d'un système plastique, nous prenons contact avec des lois, nous trouvons un *ordre* préconçu.

La qualité de l'architecture naît de rapports élevés; elle est une jouissance supérieure, d'ordre mathématique.

LA CONSTRUCTION

L'émotion d'ordre mathématique ne peut être ressentie que dans la sérénité de l'esprit.

L'architecture ordonne des choses en vue d'un but utilitaire primordial : maison ou temple. Des problèmes plastiques d'agencement, des solutions techniques de stabilité et de résistance viennent au premier plan : c'est la construction. Elle est asservie aux lois physiques de la pesanteur : résistance, stabilité, durée; elle doit résoudre au mieux des problèmes pratiques : agencement, lumière, ampleur de dimensions, économie; elle emprunte dans ces combinaisons, des formes nées du progrès scientifique, progrès qui confère à chaque époque, une attitude, une physionomie, une façon d'être. La construction est une chose difficile, complexe, qui fait appel à l'ingéniosité. C'est le domaine du savant, de l'inventeur, de l'ingénieur, le domaine de la raison qui calcule, qui aboutit à toutes dispositions et formes même insolites, imposées par le calcul. Le calcul est le plus sûr fondement de l'art ; par lui les créations de l'homme retrouvent l'harmonie universelle ; la physique de l'univers entre par là dans les œuvres de l'homme et nous sommes sensibles à cette unité. Une fois encore nous percevons l'ordre et l'homme dont tout acte est une tentative d'ordre, ressent une joie à mesurer l'ordre.

Le XIXe et le XXe siècle, période de science, ont apporté à la construction des découvertes dont l'effet a été de désarticuler les usages et les traditions de l'architecture. Le fer, le verre, le ciment, le ciment armé, les expériences et les lois sur la résistance des matériaux ont modifié les outils de l'architecte. Ils ont fourni de nouveaux outils, de meilleurs : ils ont libéré l'architecture de servitudes pénibles, ils lui ont enlevé de lourdes entraves.

Mais enlever des entraves, donner des libertés, c'est, en art, un moment périlleux, c'est provoquer une crise.

L'aboutissement des civilisations conduit toujours à l'établissement de *standards*. Les standards sont des résultats de sélection ; la loi d'économie impose la sélection. Le standard est la chose mise au point par les expériences successives, c'est le *type* auquel on ne peut ajouter ou retrancher. Le standard rejette l'accident ou la fantaisie, rallie les caractères généraux, la grande industrie de cette dernière période fouettée par la concurrence inlassable, a créé chaque jour des standards qui constituent des ouvrages vraiment purs et sur lesquels notre attention a lieu de se fixer. Les nécessités économiques qui poussent au travail en série façonnent notre esprit à une juste discipline, car la série comporte le standard et le standard est une manifestation d'excellence.

Destination, structure, résistance, utilité, économie, sont les questions capitales de la construction.

Le domaine de l'architecture commence là où finit celui de la construction : *quand la raison est tranquille*, alors peuvent intervenir les émotions plastiques. Autre affaire, toute autre affaire !

Mais il n'est pas possible à un homme de vouloir résoudre les problèmes plastiques de l'architecture, s'il n'a pas résolu lui-même le problème de la construction.

Aujourd'hui, il y a des ingénieurs hors pair qui ont poussé au chef d'œuvre d'ingéniosité, la hardiesse et l'économie ; ils ont construit le paquebot, l'avion et le gratte-ciel.

Il y a des plasticiens qui sont partis sur une formule plastique ou des recettes. *Écoles de Beaux-Arts ou moderne architecture*, production sans racines dans les bases primordiales de la construction, production stérile et qui périt bien vite : on ne fait pas de l'architecture sur une formule.

LE STYLE

Notre époque se caractérise par un outillage nouveau et merveilleux. Tous les outils sont là pour les grandes entreprises : chimie et mécanique. Une évolution sociale immense a fixé ou fixera des problèmes nouveaux, vastes et dignes.

Une rupture totale avec les siècles passés et une période intermédiaire grouillante de faits et de conquêtes scientifiques, arrachent l'homme moderne à des habitudes centenaires et lui offrent la possibilité de fixer son attitude. Cette attitude est conditionnée ; science et économie. Un état de culture élevée nous demande de laisser tomber comme des défroques fanées, les « styles ».

L'ingénieur a tout préparé : une production industrielle immense a occupé notre vie et a attaché nos regards. Un aspect unitaire spécifique a animé toutes ces choses ; cet aspect s'est répété assez et avec assez d'unité pour nous donner les certitudes d'un style. Mais cette esthétique naissante n'est encore qu'une conséquence, qu'un résultat *a posteriori*. Un style est un système plastique raciné dans un état de choses général, né d'un état d'esprit général. Un style est la manifestation plastique d'un ordre préconçu. Le style est une question d'esthétique. Il faut tendre à une esthétique basée sur les sens (affection universelle, foncièrement humaine) et aboutissant par la pureté et la sélection des formes et de leur agencement à des émotions intellectuelles supérieures.

LE PURISME

Le purisme est un état d'esprit. Il est né à ce moment précis où des résultats formidables étaient acquis par la science et où la conséquence plastique de ces découvertes faisait craquer toutes les traditions.

Le purisme est une ligne de conduite dans le charroi chaotique d'une tradition surchargée d'éléments et d'une époque apporteuse [sic] de moyens nouveaux et révolutionnaires, d'une époque à sensibilité revivifiée par des transformations profondes.

Le purisme est un concept général basé sur la loi d'économie, fait d'époque qui semble devoir présider au travail contemporain.

En plastique – architecture, sculpture, peinture – le purisme se manifeste :

– par la recherche de l'essentiel, l'éloignement de l'accidentel, par l'emploi de standards, c'est-à-dire des éléments épurés, mis au point, quintessenciés, de rendement maximal avec les moyens minimes ;

– en se basant sur la physiologie des sensations, c'est sur la constance des réactions primaires, l'universalité des réactions des sens à la vue des formes et des lignes ;

– en faisant état des déclenchements d'ordre physico-subjectif provoqués par les lignes et les formes, déclenchements étendant loin dans le subjectif les réactions brutales des sens. (L'horizontale égale repos, équilibre (niveau d'eau) mer, horizon, désert, etc. ; le vertical, effort pénible du flux sanguin, intention, entraînement de l'esprit, rappels divers, roseaux, futaie, cathédrale, élévation de l'esprit, prières, etc. ; lignes à révolutions fermées, carré, circonférence, triangle, certitude, sécurité, pureté ; cube, sphère, pyramide, idem etc. etc.)

– par l'application de systèmes modulaires et régulateurs qui donnent à l'œuvre un rythme unitaire, une cohésion parfaite de tous les détails, une sensation générale d'ordre. Mais de plus, qui confèrent à l'œuvre une règle, un système, une pureté d'ordre mathématique conduisant à des jouissances élevées : appréciation des rapports.

Le purisme choisit les formes les plus parfaites, les plus pures. *Le purisme procède du choix*, en opposition à la fantaisie, à l'arbitraire. Choix raisonné, déterminé par les conditions ci-dessus. Cette prédominance du *choix* est la caractéristique de l'état d'esprit puriste. Notre époque si formidablement remplie de faits souvent déconcertants nécessite le choix.

L'état d'esprit puriste s'étend d'une façon absolue à la construction. Toutes les solutions fournies par la technique moderne auront été exploitées : hardiesse, exactitude, sécurité, rendement maximum, clarté de l'agencement. L'ingéniosité aura réduit le problème complet à une solution claire définitive qui en exclut toute autre.

L'architecte puriste doit être constructeur averti, *savant*, expérimenté. Il doit être sculpteur, gérant des formes sous la lumière.

LE PURISME, LE PASSÉ, LE PRÉSENT

Le passé

Le Parthénon – Le Parthénon est un simple hangar abritant une statue et des trésors.

Le Parthénon est la plus sublime *machine à émouvoir*, tout y est problème plastique, jeux de volume, rigueur admirable. Rapports si puissants et si subtils pour qu'ils obéissent à un système modulateur et régulateur. Perfection parce que les lois de l'optique apportent des déformations spécifiques. Les cylindres, les cubes, les lignes horizontales ne décrivent, n'expliquent aucune légende ; aucune littérature ne peut s'y attacher, ni un dogme, ni une mystique ; ce sont des volumes et des lignes qui actionnent nos sens et ils sont établis de telle manière que notre esprit est ravi et que notre cœur déborde.

Nous ressentons l'harmonie.

Le Colysée – Les Romains ont créé un système constructif, briques et ciment, blocage sur cintres, toute l'œuvre est construite sur ce procédé. Le procédé contraire à l'ouvrage ou unité d'aspect ; l'enveloppe générale de l'ouvrage développe le principe qui gère l'élément. Unité de structure, système de structure et système plastique ; esprit général concordant. Il y a *Unité* et une grande force et de la majesté dans l'ensemble.

La cathédrale – Le Moyen Âge a créé en deux siècles, de l'an 1050 à l'an 1250 un étonnant système constructif. Une clarté de principes absolue développe tous ses effets de la voûte jusqu'à la base ; plan et élévation sont déterminés par le système. Mais la force prépondérante, la croisée d'ogive est une forme de second ordre, donc faible ; la beauté est amoindrie ; mais le système général procède de l'angle aigu (pignon, gâble, pinacle, etc.), sensations physiologiques pénibles, éclosions plastiques attachées à un barbarisme encore récent. La cathédrale est hérissée, les éléments plastiques sont loin des formes pures ; la beauté s'éloigne. La cathédrale dit la souffrance (nos sens souffrent et notre esprit est tortionné [sic]). La cathédrale est le drame de l'homme luttant contre la pesanteur.

LE PRÉSENT

L'ingénieur a préparé la voie : tous les moyens sont là. Une production industrielle immense a permis à notre culture de manifester ses intentions esthétiques : hors de la production artistique, dans la production industrielle, un style s'énonce. Les œuvres du calcul nous le révèlent. Le calcul nous met automatiquement en contact avec les lois de l'univers nous rapprochant de l'harmonie, mais le fait plastique de l'architecture reste étouffé sous des traditions étouffantes.

En France, l'École des Beaux-Arts, ailleurs la « Moderne Architecture ». D'une part, une banalité de forme et d'agencement, pastiche de « style » : paresse et mort.

D'autre part, l'arbitraire, la fantaisie. Tout un vocabulaire mascaradé [sic] des époques antérieures, formes illogiques sans cause, sans racine dans le fait constructif. Grattez le ripolin, vous trouverez les vieilles choses, les vieux

agencements parmi d'anormales adaptations de nouveautés
constructives. Comme système plastique, formes impures.
Esprit médiocre, haïssable, invalide, indigent, ramenant
du reste tout doucement, après vingt ans de sécession (de
« rupture ») aux styles.

    L'architecture est le jeu savant, correct et magnifique
des volumes assemblés sous la lumière, c'est le rythme
harmonieux des espaces, de la lumière et de l'ombre. C'est
le dessin des traits essentiels, la classification des buts
plastiques, leur hiérarchie. C'est l'expression d'une intention
élevée, l'ordre règne sur des bases d'économie.

    L'œuvre d'art c'est l'ordre.

Roger Scruton

LE PROBLÈME DE L'ARCHITECTURE [1]

Le sujet de l'esthétique est aussi vieux que la philosophie elle-même. Néanmoins, il ne prend sa forme moderne qu'avec Kant, qui a été le premier philosophe à suggérer que le sens de la beauté constituait un emploi distinct et autonome de l'esprit humain, comparable à l'entendement moral et scientifique. La division kantienne des facultés mentales en facultés théoriques, pratiques et esthétiques (ou, dans ses termes propres, entre entendement, raison pratique et faculté de juger [2]) a fourni le point de départ

1. R. Scruton, « The problem of architecture », in *The Aesthetics of Architecture*, second printing with corrections, Princeton University Press, 1980, p. 1-36, traduction inédite par J. Allan Hawkins et M. Labbé avec l'autorisation de l'auteur.
2. La division kantienne est exposée dans les trois grandes critiques : la *Critique de la raison pure* (2ᵉ édiéen en 1787) dans laquelle Kant explore la nature et les limites de l'entendement humain, ainsi que les principes fondamentaux de la connaissance empirique ; la *Critique de la raison pratique* (1788) qui présente un système de la moralité ; et la *Critique de la faculté de juger* (1790). Cette dernière, consacrée à l'esthétique, est la moins minutieuse des trois critiques. Néanmoins, elle a posé les bases des principales théories idéalistes et ses thèses réapparaissent sous des formes modifiées et développées du point de vue de la philosophie de l'art chez des auteurs comme Herder, Schiller, Schopenhauer et Hegel. La deuxième partie de la critique, consacrée à

de toute recherche ultérieure et a donné à l'esthétique la position centrale qu'elle occupera en philosophie durant l'ensemble du XIXᵉ siècle et qu'elle devrait occuper encore aujourd'hui, sauf pour les tenants d'une scolastique rigoureuse. Ce que j'avancerai dans cet ouvrage montrera l'influence de Kant ; mais je m'efforcerai de démontrer que la division entre raison pratique et jugement esthétique est en fait intenable et qu'à moins que la relation véritable entre ces deux facultés ne soit rétablie, elles en resteront toutes les deux diminuées.

La première tâche de l'esthétique doit ainsi consister en une compréhension adéquate de certaines capacités mentales – des capacités en vue de l'expérience et du jugement. C'est pourquoi je devrai discuter certaines questions dans le domaine de la philosophie de l'esprit et mon objectif sera de comprendre la nature et la valeur de notre intérêt pour l'architecture. Il est nécessaire de distinguer ici la philosophie de l'esprit de la psychologie empirique. L'objectif premier d'un philosophe concerne la *nature* de notre intérêt pour l'architecture et, s'il s'exprime quelquefois comme un psychologue le ferait en ce qui concerne les causes de cet intérêt, c'est uniquement parce qu'il pense que de telles causes psychologiques apportent quelque lumière sur la nature de l'expérience esthétique.

Pour le philosophe, la question n'est pas celle de savoir ce qui cause en nous le fait de préférer la cathédrale de Lincoln à la cathédrale d'York, mais bien plutôt de savoir *ce qu'est* la préférence esthétique – ce que c'est que de

la question de la pensée téléologique (la capacité générale à saisir et à concevoir la *finalité* dans les choses, comme lorsque je juge des ailes d'un oiseau par rapport à la capacité de voler), contient des passages indiquant que Kant souhaitait réaffirmer le lien entre le jugement esthétique et la raison pratique.

préférer une cathédrale à une autre, quelle est la signification pour nous d'une telle préférence. Le philosophe cherche à décrire l'expérience esthétique dans les termes les plus généraux, de sorte qu'il puisse découvrir sa localisation précise dans l'esprit humain, ainsi que ses relations, avec la sensation, l'émotion ou le jugement par exemple. Il conçoit une telle tâche comme un préliminaire nécessaire à toute discussion ayant une quelconque importance et une quelconque valeur dans le domaine de l'art. Supposons, par exemple, qu'il soit démontré que les gens préfèrent les pierres douces aux pierres brutes, les lignes droites aux lignes sinueuses, les formes symétriques aux formes irrégulières. Il s'agit là d'observations psychologiques n'ayant aucune pertinence en esthétique. De telles explications n'auraient pas non plus d'importance pour notre enquête. Cela n'a aucune importance que la préférence pour le doux plutôt que pour le brut puisse être « expliquée » en termes de psychologie kleinienne [1] ou que la préférence

---

1. On trouve une telle explication chez Adrian Stokes, dont nous discuterons en détail les théories au chapitre 6. Voir tout particulièrement son texte *Smooth and Rough* (London, 1951), reproduit dans le deuxième volume des *Critical Writings of Adrian Stokes* aux éditions L. Gowing (London, 1978).

Pour un exemple d'explication psychologique dans le champ de l'esthétique architecturale (et qui cherche à se fonder sur les prétentions scientifiques de la psychologie empirique), voir M. Borissavlievitch, *Les Théories de l'architecture* et *Esthétique de l'architecture* (Paris, 1926). Ces deux ouvrages contiennent d'utiles résumés des théories psychologiques de la fin du XIXᵉ siècle, en particulier celles de psychologues introspectionnistes comme Lipps, Volkelt et Wundt. Malheureusement, aucun d'entre eux n'apporte de contribution majeure à la science ou à la philosophie du design, du fait qu'ils partent du principe erroné selon lequel il y aurait quelque chose comme une « sensation » esthétique clairement identifiable que l'esthétique scientifique aurait pour seule tâche d'analyser en sa nature et en ses causes. Pour d'autres travaux, sans lien spécifique à la question de l'architecture, voir T. Munro, *Scientific*

pour les formes symétriques puisse être expliquée par l'organisation des nerfs optiques. De tels faits présentent sans aucun doute un intérêt en eux-mêmes, mais leur compréhension adéquate présuppose précisément le type de recherches que je vais engager ici. Si donc je me réfère à des hypothèses psychologiques dans les chapitres à venir, cela sera par conséquent uniquement du fait que certaines d'entre elles sont particulièrement pertinentes en ce qui concerne la nature et la validité du jugement esthétique.

On pourrait m'objecter que la psychologie est également concernée par la question de la nature de l'expérience et pas seulement par la question des causes de celle-ci. Comment donc distinguer entre la psychologie et la « philosophie de l'esprit » que je me propose de pratiquer ici ? Une réponse simple à cette question pourrait être la suivante : la psychologie étudie des faits, alors que la philosophie étudie des concepts. Mais, comme l'ont montré récemment un certain nombre de philosophes [1], une telle

---

Methods in Aesthetics (London, 1928) ; J. Bullough, « Psychical Distance », *British Journal of Psychology* (1928), dans lequel une doctrine philosophique importante est grossièrement présentée comme une observation psychologique ; R. M. Ogden, *The Psychology of Art* (London, 1937) ; K. Koffka, *Problems in the Psychology of Art* (New York, 1940), qui est une application au jugement esthétique de la question de la « Gestalt ». Aucun de ces ouvrages ne contient de contribution décisive à la science ou à la philosophie. En effet, je pense qu'il est juste de remarquer que l'esthétique empirique doit encore trouver une formulation convenable de son propre objet de recherche. Les « résultats » les plus intéressants – comme la découverte supposée de l'empathie ou de l'*Einfühlung* par Volkelt et Lipps – ne sont que des positions philosophiques déguisées en observations empiriques, qui doivent être testées de manière conceptuelle et non pas empirique.

1. Le doute quant à la légitimité de la distinction entre science et philosophie a commencé à émerger dans la tradition du pragmatisme américain avec C. S. Peirce au XIXᵉ siècle et a reçu sa forme la plus forte dans *Du point de vue logique* et *Le Mot et la chose* de W. V. Quine.

réponse serait bien trop simpliste. La philosophie ne se contente pas de décrire les concepts du sens commun, pas plus que nous ne pouvons dire qu'elle ne s'occupe que de concepts, s'il fallait comprendre par là que ses conclusions ne regardent absolument pas le domaine des faits. En même temps, il n'y a pas de question plus troublante que celle de la nature de la philosophie et le lecteur devra ici se satisfaire d'une réponse partielle. La philosophie telle qu'elle sera exemplifiée dans ces pages cherche à donner la description la plus générale possible du phénomène auquel elle est appliquée. Une telle description, dit simplement, cherche à nous dire « ce dont nous parlons » lorsque nous nous référons à quelque chose. Car si nous ne savons pas de quoi nous parlons, toute enquête scientifique plus approfondie sera futile. La plupart du temps, un tel savoir concernant « ce dont nous parlons » reste tacite et inarticulé ; la tâche de la philosophie, c'est de rendre un tel savoir explicite. Et il ne s'agit pas d'une tâche aisée. Comme nous le verrons, de nombreux auteurs dans le domaine de l'architecture ont ou bien échoué à rendre un tel savoir explicite, ou bien ils n'ont même pas été capables d'acquérir une quelconque connaissance de la chose dont ils prétendaient discuter.

Il affirme que la distinction entre vérité scientifique et vérité philosophique ne repose sur aucune base satisfaisante et que le fait de parler de « concepts » est vague et dispensable. Bien qu'il y ait eu de nombreuses tentatives pour répondre aux arguments de Quine (notamment H. P. Grice et P. F. Strawson, « In Defence of a Dogma », *The Philosophical Review*, vol. 65, N° 2 1956 ; M. Dummett, *Frege, Philosophy of language*, London, 1973, chap. 13), ceux-ci résistent encore. Il n'est plus possible d'affirmer avec une pleine confiance que la sphère propre de la philosophie peut être définie sans controverse. Les attaques de Quine contre les « concepts » du philosophe analytique vaudraient également pour le « contenu noématique » qui est considéré par les phénoménologues comme le véritable objet de l'activité philosophique.

De plus, la philosophie ne s'intéresse à aucune conception particulière de l'architecture, de l'esthétique ou de quoi que ce soit d'autre. Elle ne s'intéresse qu'au concept auquel elle cherche à attribuer une signification générale. Car la philosophie aspire également à la découverte de jugements de valeur. La seule manière intéressante de rendre compte philosophiquement de l'expérience esthétique, c'est celle qui en montre l'importance, et c'est ce que j'espère pouvoir faire ici.

Voici le type de questions qui m'intéresseront dans ce qui suit : qu'est-ce qu'apprécier un édifice ? À quel type d'expériences la contemplation de l'architecture donne-t-elle lieu ? Qu'est-ce que le goût ? Y a-t-il des règles gouvernant l'exercice du jugement de goût ? Et ainsi de suite. Et alors même que ce genre de questions concerne des phénomènes mentaux – la compréhension, l'expérience, le goût – elles assignent également à ces phénomènes un certain type d'objet tout à fait caractéristique. Car il est impossible de comprendre ou de décrire un état mental en isolant celui-ci de son objet. On pourrait même dire que l'objet, ou à tout le moins une certaine conception de l'objet, constitue l'essence de l'état mental[1]. Que l'on

---

1. Les arguments en faveur de la théorie selon laquelle il existe une connexion essentielle entre un état mental et son objet ont été récemment réaffirmés par A. J. Kenny dans *Action, Emotion and Will* (London, 1963). Une telle doctrine n'est pas neuve, elle a été finement élaborée par saint Thomas d'Aquin (*Somme théologique*, 1a, 2ᵃᵉ) en une pensée qui reste l'étude philosophique la plus systématique et la plus convaincante concernant la nature de l'émotion. Sur ces questions, voir également l'exposé (désormais classique) de F. Brentano dans *La psychologie d'un point de vue empirique* (1874-1911), qui est l'une des sources d'inspiration de la phénoménologie moderne. L'idée selon laquelle l'état mental a un objet propre est parfois rapprochée de l'idée d'une intentionnalité du mental et de la notion d'« objet intentionnel », cela afin de montrer que sa nature ne dépend pas du monde, mais de la manière dont le monde

considère par exemple une émotion telle que la jalousie. Il serait tout à fait impossible de décrire la nature de la jalousie sans chercher à explorer la nature de l'objet sur lequel elle porte. Un homme ne ressent pas la jalousie de la même manière qu'il ressent une sensation passagère dans son orteil. S'il est jaloux, il est jaloux *de* ou *à propos* de quelque chose ; sa jalousie est orientée en direction de quelque chose, elle a un objet et pas uniquement une cause. Par conséquent, la jalousie implique une certaine conception de son objet spécifique et décrire la jalousie, c'est également décrire cette conception (par exemple la conception d'une rivalité amoureuse). De la même manière, une théorie de l'appréciation architecturale ne peut pas faire l'économie d'une réflexion sur son propre objet. C'est pourquoi, à chaque moment de notre réflexion, nous serons conduits à nous interroger quant à la nature et à la signification de l'architecture elle-même.

En regard des éléments précédents, il n'est pas très étonnant de constater que les théories de l'appréciation architecturale aient jusqu'ici tendance à se concentrer davantage sur l'objet du jugement que sur sa forme. Ces théories ont cherché à dire ce qu'est l'appréciation architecturale par la description de ce à quoi nous sommes sensibles dans un édifice. Le fonctionnalisme, dans l'une de ses multiples formes, affirme que nous apprécions la correspondance de la forme et de la fonction. D'autres théories mettent en avant le fait que ce que nous apprécions

---

est vu (le sujet peut se tromper sur lui-même ; sa jalousie peut se diriger vers quelque chose d'imaginaire ou d'irréel). Le mot « intentionnalité » – du latin *intendere*, viser – marque le fait que la plupart (certains diraient tous) des actes mentaux sont dirigés *vers l'extérieur*, du sujet en direction de l'objet, et ne sont pas simplement les « impressions » passives pour lesquelles ils ont parfois été pris.

avant tout est la symétrie et l'harmonie, l'ornementation
et la qualité d'exécution, ou en encore la masse. On peut
également penser à cette manière de voir assez courante,
associée aux travaux de Frankl et de ses disciples, selon
laquelle l'objet de l'appréciation serait l'espace ou le jeu
de la composition des espaces. Il apparaît cependant de
manière assez claire que si nous pensons que l'analyse de
l'objet de l'intérêt architectural doit pouvoir apporter
quelque lumière sur la nature de l'appréciation, alors nous
ne devons prendre en compte que la description la plus
générale possible de son objet. Comme je tenterai de le
montrer, aucune des théories que je viens de mentionner
ne nous en fournit une description satisfaisante, car chacune
d'elles ignore certaines caractéristiques de l'architecture
qui sont pourtant de la plus grande importance. La prétention
de telles théories à fournir des fondements *a priori* au
jugement architectural est par conséquent peu consistante.
En lieu et place de telles théories, je vais essayer d'approcher
cette question de manière plus formelle, en me concentrant
sur l'appréciation architecturale elle-même, en faisant
abstraction de son objet. C'est seulement dans un second
temps que j'essaierai de dire ce que cet objet doit être si
l'appréciation doit avoir l'importance que nous semblons
lui accorder[1].

1. Ma méthode implique de faire abstraction des objets présents ou
« matériels » de l'expérience esthétique et s'efforce de découvrir ce qui
est formellement requis par l'expérience esthétique. Un tel acte
d'abstraction a été désigné par Husserl (le fondateur de la phénoménologie
moderne) comme la « mise entre parenthèse » (*épochè*) de l'objet (voir
E. Husserl, *Ideas, General Introduction to Phenomenology*, 1913, trad.
W. R. Boyce Gibson, London, 1931). Mais ma propre méthode d'argumentation dans cet ouvrage ne sera pas phénoménologique. Comme j'essaie
de le montrer dans le premier chapitre mon ouvrage *Art and Imagination*
(London, 1974), je ne crois pas qu'il puisse y avoir quelque chose comme

Il est essentiel de distinguer l'esthétique architecturale telle que je la conçois de quelque chose d'autre, qui porte parfois le même nom mais que l'on pourrait appeler, par souci de clarté, la théorie architecturale. La théorie architecturale vise à formuler les maximes, les règles et les préceptes qui gouvernent, ou qui devraient gouverner, la pratique du constructeur. Par exemple, la théorie classique des ordres, telle qu'on peut la trouver dans les grands traités de Vitruve, Alberti, Serlio ou Vignole, et qui formule les règles systématiques pour la composition et l'ornementation de toutes les parties des édifices, appartient au domaine de la théorie architecturale. Les préceptes contenus dans les *Pierres de Venise* ou les *Sept Lampes* de Ruskin également. De tels préceptes présupposent que nous savons déjà ce que nous cherchons à atteindre; la *nature* de ce qu'est la réussite architecturale n'entre pas ici en discussion. La question est bien plutôt de savoir comment réussir au mieux. Une théorie architecturale ne rejoint le domaine de l'esthétique que si elle prétend posséder une validité *universelle*, car, de cette manière, elle doit chercher à atteindre l'essence de la beauté architecturale, et pas simplement ses manifestations accidentelles. Mais une telle théorie est implicitement philosophique et doit être jugée en conséquence. Nous devons chercher à évaluer si elle réussit à établir ses prétentions *a priori* en considérant les phénomènes d'un point de vue aussi universel et abstrait que possible. Il est manifeste que, de Vitruve à Le Corbusier, les théoriciens de l'architecture ont toujours prétendu que leurs lois possédaient une validité universelle. Et aucune

la phénoménologie, bien qu'il y ait ce que nous pourrions appeler des « énigmes phénoménologiques ». Je discute l'une de ces énigmes dans le chapitre 4.

esthétique architecturale ne peut se désintéresser de telles prétentions. Car Vitruve, Alberti, Ruskin et Le Corbusier ne peuvent pas tous être dans le vrai lorsqu'ils considèrent que leurs formes architecturales favorites sont uniquement le fruit d'une recherche rationnelle. Comme nous le verrons, ils ont en réalité tous torts.

On pourrait pourtant être tenté de considérer que l'idée d'une esthétique spécifiquement *architecturale*, par opposition à une esthétique générale, ne possède pas de réelle légitimité. Car si la philosophie doit être aussi abstraite que je le prétends, ne devrions-nous pas prendre en compte l'expérience esthétique dans toute sa généralité, en faisant fi des contraintes accidentelles qui lui sont imposées par des formes artistiques particulières et des conceptions particulières ? Pourquoi aurions-nous besoin d'une philosophie de l'architecture, autre que purement circonstancielle, alors même que l'architecture semble incomprise par la plupart de ceux qui la pratiquent ? Le même concept du beau n'est-il pas employé dans les discussions relatives à la poésie, la musique, la peinture ou l'art de bâtir ? N'y a-t-il pas qu'une seule et même faculté humaine permettant d'apprécier l'ensemble de ces arts ? Une fois distingué entre esthétique architecturale et théorie architecturale, il semble par ailleurs qu'il ne reste rien d'autre à la première que la manipulation d'abstractions sans application possible à la pratique réelle des architectes. Et il est certainement exact de dire que la majorité des philosophes ont une approche de l'esthétique réduisant celle-ci à l'expression de telles abstractions généralisantes, faisant l'impasse ou ne se référant que de manière inessentielle aux formes d'art individuelles [1].

---

1. La grande exception à cette règle est Hegel dans ses *Leçons sur l'esthétique*. Parmi les auteurs contemporains ayant cherché à développer

Mais il est également manifeste que l'architecture représente un problème immédiat pour toutes ces théories philosophiques et esthétiques générales. Du fait de ses caractéristiques impersonnelles et fonctionnelles, l'architecture se tient à part des autres formes artistiques et semble requérir des attitudes d'esprit assez particulières, non seulement en ce qui concerne sa création, mais également pour le fait d'y prendre plaisir. Les théories esthétiques générales, comme celles de Kant ou de Schopenhauer [1], ont tendance à rendre compte de l'architecture de manière étrange et les philosophes qui ont traité sérieusement de ce problème – Hegel en est certainement l'exemple le plus éminent [2] – ont souvent décrit l'architecture en des termes inappropriés aux autres formes d'art. Pour Hegel, par exemple, l'architecture n'était qu'un médium à moitié articulé, incapable d'exprimer pleinement l'Idée et, par conséquent, relégué au niveau du pur symbolisme, dont seuls la statuaire et l'ornement pouvaient le sauver.

Il n'est pas de difficile de comprendre pourquoi Hegel pensait cela. Car il est naturel de supposer que les arts qui représentent quelque chose, comme la peinture, le drame, la poésie et la sculpture, suscitent un intérêt bien différent de celui qui peut provenir d'arts aussi abstraits que la musique ou l'architecture. Mais il semble tout aussi naturel de penser que la musique a un pouvoir expressif, sensuel

une esthétique philosophique qui soit également une esthétique appliquée, citons S. Cavell (*Must we mean what we say?*, 2ᵉ éd., London, Updated ed., 1976, réimpression, Cambridge University Press, 2002).

1. Voir ce que dit Kant au sujet de la beauté adhérente dans la *Critique de la faculté de juger*, ainsi que l'appendice consacré à l'architecture par Schopenhauer dans le second volume du *Monde comme volonté et comme représentation*.

2. G.W.F. Hegel, *Esthétique*.

et dramatique, qu'elle partage avec les arts représentatifs. Seule l'architecture semble tenir une place complètement à part, du fait qu'elle soit distinguée des autres arts par certaines caractéristiques ne pouvant manquer de déterminer notre attitude à son égard. Je vais maintenant discuter de telles caractéristiques, car celles-ci seront essentielles à la compréhension de futurs arguments. Nous verrons à quel point le concept d'«art» dont nous avons hérité est en réalité chose fragile et partielle.

La première de ces caractéristiques est l'utilité ou la fonction. Les bâtiments sont des lieux où les êtres humains vivent, travaillent et vénèrent, et la forme des édifices est contrainte de l'extérieur par les besoins et les désirs qu'un bâtiment est chargé de combler. Et alors qu'il semble impossible de composer une pièce de musique sans prendre en compte le fait qu'elle sera écoutée et jugée du point de vue esthétique, il est certainement possible de concevoir un bâtiment en se désintéressant du fait qu'il sera vu, c'est-à-dire sans avoir l'intention de créer un objet ayant un quelconque intérêt esthétique. Même lorsqu'on cherche à appliquer des standards esthétiques à l'architecture, il y a toujours une forte dissymétrie avec les autres formes artistiques. Car on ne peut dire d'aucune œuvre musicale ou littéraire que celle-ci possède des caractéristiques inévitables, du fait de la fonction de la musique ou de la littérature. Un morceau de musique ou une œuvre littéraire peuvent bien entendu avoir une fonction, comme c'est le cas des valses, des marches ou des odes de Pindare. Mais ces fonctions ne découlent pas de l'essence de l'art littéraire ou musical. Une ode de Pindare est de la poésie dont *on fait* un certain usage; la poésie en elle-même n'est reliée que de manière accidentelle à de tels usages.

Le « fonctionnalisme » a de multiples formes. La plus populaire est la théorie esthétique selon laquelle la beauté véritable en architecture consiste dans l'adaptation de la forme à la fonction. Pour les besoins de l'argumentation, nous n'envisagerons toutefois la théorie fonctionnaliste que dans sa forme la plus extrême, celle qui avance qu'étant donné que l'architecture n'est qu'un moyen servant une fin, nous n'apprécions les bâtiments qu'en tant que purs *moyens*. Par conséquent, la valeur d'une architecture est déterminée par la manière dont elle remplit sa fonction et non par des considérations purement « esthétiques ». Une telle théorie semble naturellement avoir pour conséquence que l'appréciation de l'architecture est totalement différente de l'appréciation des autres formes artistiques, celles-ci n'étant pas jugées en tant que moyens, mais en elles-mêmes, en tant que fins. Toutefois, une telle présentation peut nous faire encourir le risque d'obscurcir les choses. Car que signifierait le fait de distinguer le fait de juger de quelque chose comme simple moyen ou bien comme fin en soi ? Car si la signification de l'un des termes d'une telle distinction peut nous sembler tout à fait évidente (ce que cela veut dire de juger de quelque chose comme moyen), celle de l'autre terme peut éveiller en nous un certain nombre de doutes. Qu'est-ce que juger de quelque chose comme fin ? Considérons l'une des plus célèbres tentatives de clarification de ce concept, celle du philosophe anglais R. G. Collingwood [1]. Collingwood a commencé son

---

1. R. G. Collingwood, *The Principles of Art* (Oxford, 1938). La théorie de Collingwood a été appliquée à l'architecture par Bruce Allsop dans l'intention (largement non réalisée à mon sens) de distinguer dans l'architecture entre ce qui relève de l'art et ce qui relève de l'artisanat (*Art and the Nature of Architecture*, London, 1952). Les théories de Collingwood sont issues de celles de Benedetto Croce, le père de

exploration du domaine de l'art et de l'esthétique à partir d'une distinction entre l'art et l'artisanat. À première vue, il semble en effet tout à fait raisonnable de considérer l'attitude de l'artisan (qui vise à produire un certain résultat et fait ce qu'il peut pour l'atteindre) de celle de l'artiste, qui ne sait réellement ce qu'il est en train de faire qu'au moment où il le fait. Mais c'est précisément le cas de l'architecture qui peut nous amener à mettre en doute une telle distinction. Car, quoiqu'elle soit par ailleurs, l'architecture est certainement une forme d'artisanat au sens de Collingwood. L'utilité d'un édifice n'est pas une propriété accidentelle ; elle définit l'effort même de l'architecte. Le fait de maintenir cette distinction rigide entre art et artisanat revient simplement à ignorer la réalité de l'architecture, non pas parce que l'architecture serait un mixte d'art et d'artisanat (car, comme le reconnaît Collingwood, cela est vrai de toute activité esthétique), mais parce que l'architecture représente une synthèse presque indescriptible des deux. Les qualités fonctionnelles d'un édifice font partie de son essence et elles qualifient toutes les tâches que l'architecte s'adresse à lui-même. Il est impossible de comprendre les éléments artistiques et artisanaux de manière indépendante et, à l'aune d'une telle difficulté, les deux concepts semblent soudainement posséder une forme d'indistinction que leur application aux beaux-arts sert généralement à passer sous silence.

Bien plus, la tentative visant à traiter l'architecture comme une forme d'« art » au sens de Collingwood

l'expressionnisme, dont l'*Esthétique* représente l'ouvrage de philosophie esthétique le plus influent des temps modernes. La théorie de Croce de l'art comme « intuition » pure a été appliquée à l'architecture (avec des résultats grossiers, ce qui était prévisible) par S. Vitale, *L'Estetica dell'Architettura* (Bari, 1928).

implique de faire un pas en direction d'une conception expressionniste, en direction d'une manière de comprendre l'architecture de la même manière que la sculpture ou la peinture, c'est-à-dire comme une activité expressive, dont la nature et la valeur seraient dérivées d'un objectif artistique particulier. Car pour Collingwood, l'« expression » est le but premier de l'art, précisément du fait qu'il ne peut y avoir un *artisanat* de l'expression. Dans le cas de l'expression, il ne saurait y avoir aucune règle ou aucune procédure analogue à celles suivies par l'artisan, avec une vision claire de la fin à atteindre et des moyens à mettre en œuvre pour cela. C'est pourtant par l'appel au concept d'« expression » que Collingwood entend clarifier la distinction entre art et artisanat. Son argumentation est présentée de la manière suivante : l'expression n'est pas tant la recherche d'un symbole pour un sentiment subjectif qu'une manière d'arriver à connaître ce qu'est le sentiment lui-même à travers l'acte expressif. L'expression fait partie du processus de réalisation de la vie intérieure, elle est une manière de rendre intelligible ce qui autrement resterait ineffable et confus. Un artiste qui identifierait d'emblée le sentiment qu'il cherche à exprimer pour approcher son art procéderait à la manière de l'artisan, en appliquant un ensemble de techniques qui lui diraient ce qu'il convient de faire afin d'exprimer ce sentiment particulier. Mais il n'aurait en réalité aucunement besoin de telles techniques car, s'il peut identifier le sentiment en question, c'est uniquement du fait qu'il l'a déjà exprimé. Par conséquent, l'expression n'est pas une activité dont la finalité pourrait être définie antérieurement à son achèvement. Il ne s'agit pas d'une activité qui puisse être décrite en termes de moyens et de fins. Dès lors, si l'art est expression, il *ne peut pas* être une forme d'artisanat (bien que sa réalisation puisse impliquer la maîtrise de nombreux savoir-faire subsidiaires).

Ces réflexions sont complexes et nous aurons certainement à y faire retour par la suite. Mais pour dire les choses clairement, ce serait une grossière déformation que de considérer que l'architecture est un médium « expressif » au même titre que peut l'être la sculpture, ou que la distinction entre art et artisanat s'applique à l'architecture avec une netteté aussi grande que cette manière de voir les choses semble le présupposer. En dépit de toutes les absurdités auxquelles conduit notre fonctionnalisme extrême (une théorie qui, comme l'a souligné Théophile Gautier, a pour conséquence que la perfection des toilettes est celle à laquelle aspire toute architecture), il est faux de voir les choses de cette manière. La valeur d'un édifice ne peut simplement pas être conçue indépendamment de son utilité. Il est bien entendu *possible* de porter un regard simplement « sculptural » sur l'architecture ; mais cela revient à traiter les bâtiments comme de pures formes dont la nature esthétique n'est qu'accidentellement conjointe à une certaine fonction. La texture, la surface, la forme, la représentation et l'expression prennent ainsi le pas sur les buts esthétiques que nous aurions tendance à considérer comme spécifiquement architecturaux. La dimension « décorative » de l'architecture se voit revêtue d'une autonomie inhabituelle et, en même temps, devient quelque chose de bien plus personnel que ne le serait un quelconque acte de pure décoration. Considérons, par exemple, la chapelle de la Colonia Güell de Gaudì à Santa Coloma de Cervelló. Un tel édifice vise à se représenter lui-même comme quelque chose d'autre que de l'architecture, comme une sorte d'excroissance semblable à un arbre plutôt que comme le résultat d'un acte d'ingénierie rationnelle. L'étrangeté de l'édifice provient de cette tentative de traduction d'une tradition décorative dans un principe structurel. Dans la fenêtre portugaise du XVIᵉ siècle de J. Castilho, la nature de cette tradition apparaît nettement. Du point de vue architectural et structurel, la fenêtre *n'est pas* une telle excroissance organique ; mais son charme réside dans le fait d'apparaître comme telle. Chez Gaudì, du reste, l'accidentel devient l'essentiel et ce qui vise à devenir architecture ne peut plus être compris de cette manière, mais uniquement comme faisant partie d'une sculpture expressionniste extrêmement élaborée, vue en quelque sorte de l'intérieur. C'est peut-être la même vision sculpturale de l'architecture qui trouve son importance dans la géométrie polie d'une pyramide égyptienne. C'était la pyramide que Hegel considérait comme le paradigme de l'architecture, car sa qualité monumentale, sa solidité et ce qu'il considérait comme sa suprême inutilité l'autorisaient à penser que sa seule fonction était de nature symbolique, à l'exclusion de tout autre usage actuel ou potentiel.

Mais il y eu d'autres tentatives que celle si spectaculaire de Gaudì pour mettre à bas la distinction entre architecture et sculpture. André Bloc, par exemple, a construit des « sculptures inhabitables », conçues pour répondre aux usages traditionnels en même temps qu'obéissant uniquement à des principes d'organisation « sculpturaux ». Mais une telle entreprise est caractérisée par une singulière confusion d'esprit. Si l'édifice doit réellement être compris comme une sculpture, alors son excellence et sa beauté doivent dépendre de facteurs tels que l'équilibre et l'expressivité des formes employées. La réussite de l'œuvre

n'a ici rien à voir avec l'efficacité de la sculpture en tant
que lieu d'habitation, ou avec les sentiments résultant
naturellement du fait de vivre, de manger et de travailler
en elle, au lieu que de déambuler en elle comme s'il
s'agissait d'un petit musée privé. En d'autres termes, les
normes de la réussite ne sont aucunement de nature
architecturale et le fait que la structure soit inhabitable
constitue une caractéristique étrange mais non pertinente,
de la même manière que la colonne Nelson fournit un lieu
de nidation tout à fait convenable pour les oiseaux. À
l'inverse, nous devrions juger que la sculpture est réussie
seulement, ou prioritairement, en référence aux sentiments
nés du fait de l'habiter ou du fait de l'imaginer comme
lieu d'habitation. S'il en allait ainsi, alors notre réponse à
la « sculpture » serait clairement très dissemblable à celle
que nous adressons aux œuvres que nous appelons
normalement des œuvres d'art et nous devrions nous
attendre à une obéissance à des contraintes esthétiques non
réductibles aux canons sculpturaux de la beauté. Nous
serions ainsi enclins à ne pas être satisfaits, par exemple,
par les murs bruts et ondulants de l'*habitacle* de Bloc, de
la même manière qu'en ce qui concerne l'étrange aspect
de racine de la chapelle de Gaudì. La conception sculpturale
de l'architecture implique l'idée erronée selon laquelle il
serait possible de juger de la beauté d'une chose *in abstracto*,
sans savoir de quel *type* de choses il s'agit. C'est exactement
comme si, vous présentant un objet qui pourrait aussi bien
être une pierre, une sculpture, une boîte, un fruit ou même
un animal, je m'attendais à ce que vous me disiez si vous
le trouvez beau ou non avant même de savoir de quoi il
s'agit. Nous devrions dire en général – par opposition avec
une certaine tradition en esthétique (la tradition qui trouve
son origine dans l'empirisme du XVIIIe siècle et encore plus

chez Kant[1]) – que notre sens de la beauté d'un objet dépend toujours d'une conception de cet objet, de la même manière que notre sens de la beauté d'un visage humain dépend d'une conception de ce même visage. Des choses qui nous sembleraient magnifiques chez un cheval – des hanches développées, un dos incurvé, etc. – seraient vues comme laides chez un homme et un tel jugement esthétique serait déterminé par notre conception de ce que sont les hommes, de la manière dont ils se meuvent et de ce qu'ils font par leurs mouvements. D'une manière similaire, notre sens de la beauté dans le domaine des formes architecturales ne peut pas être séparé de notre conception des bâtiments et des fonctions qu'ils remplissent.

Le fonctionnalisme peut être envisagé comme un mouvement visant à réaffirmer les valeurs architecturales contre les valeurs sculpturales. Mais c'est par le biais de présupposés trop subtils et trop vagues qu'il a cherché à étendre son pouvoir d'explication. On nous dit qu'en architecture la forme « suit », « exprime » ou « incarne » la fonction. De telles idées sont associées à Viollet-le-Duc, au pragmatisme américain de Sullivan, ainsi qu'à certains aspects du mouvement moderne[2]. Il y aurait également

---

1. Je me réfère ici à l'idée, développée par Kant dans la *Critique de la faculté de juger*, selon laquelle la *pure* expérience du beau n'est médiatisée par aucun concept.

2. Voir tout particulièrement L. H. Sullivan, *Kindergarten Chats* (New York, 1901) et H. Morrison, *L. Sullivan, Prophet of Modern Architecture* (New York, 1952). Les intérieurs de Sullivan sont tout aussi éloignés de l'idéal fonctionnaliste que le sont les œuvres Art nouveau qui ont constitué sa principale inspiration (quoique non reconnue comme telle). La cause fonctionnaliste a été plaidée par Viollet-le-Duc dans ses *Entretiens sur l'architecture*, particulièrement dans le deuxième volume. Il s'agit de l'un des ouvrages de référence pour ceux qui véhiculent les mythes nécessaires pour persuader les gens qu'il existe une architecture authentiquement moderne.

une forme de fonctionnalisme plus difficile à discerner chez Pugin et les médiévalistes. Selon une telle manière de voir les choses, la référence à la fonction est nécessaire pour établir une norme du goût et pour distinguer entre l'ornement authentique et des excroissances superflues[1]. Dans des versions aussi édulcorées, le fonctionnalisme n'incarne plus un discours de vérité nécessaire. De plus, tant que nous n'aurons pas pris davantage connaissance des caractéristiques essentielles de l'appréciation architecturale, nous ne saurons pas exactement comment la théorie du fonctionnalisme devrait être formulée, et encore moins comment elle pourrait être corroborée.

Une autre caractéristique distinctive de l'architecture consiste en sa qualité d'être hautement localisée. Les œuvres littéraires, musicales ou picturales peuvent être réalisées dans une infinité de lieux, soit en étant réalisées sur place ou en les déplaçant, voire, à la limite, en étant reproduites. Mis à part certaines exceptions notables – les fresques, par exemple, et la sculpture monumentale – un tel changement de lieu n'implique aucune modification des caractéristiques esthétiques de l'œuvre. On ne saurait dire la même chose de l'architecture. Les édifices constituent des composantes importantes de leur propre environnement, tout comme leur environnement représente l'une de leurs caractéristiques importantes. Ils ne peuvent pas du tout être reproduits sans conséquences absurdes et désastreuses. Les bâtiments sont également profondément affectés par tout changement de ce qui les environne. Ainsi, le *coup de théâtre* architectural planifié par Bernini pour la place

---

1. Voir A. W. Pugin, *The True Principles of Christian Architecture* (London, 1841) et Viollet-le-Duc, *L'architecture raisonnée*, Paris, Hermann, 1978.

Saint-Pierre a-t-il été partiellement détruit par l'ouverture de la Via Della Conciliazione [1], de même que l'effet du clocher de Saint-Bride pour le pont de la Tamise a été détruit par les angles en dents de scie du Barbican. Nous connaissons de nombreux bâtiments dont les effets dépendent pour partie de leur localisation, soit parce qu'ils représentent des solutions ingénieuses à des problèmes spatiaux – pensons par exemple à l'église San Carlo alle Quattro Fontane de Borromini – soit parce qu'ils sont construits dans un positionnement remarquable ou dominant, essentiel à leur impact – c'est le cas du temple d'Agrigento en Sicile – soit encore parce qu'ils impliquent une grandeur de conception embrassant la totalité de leur environnement, à la manière de Versailles, où l'influence architecturale du jardin de Le Nôtre est d'une ambition infinie. Ceci n'implique pas que les bâtiments ne puissent être reproduits. Il existe de nombreux contre-exemples néo-classiques, comme par exemple le souvenir composite d'Athènes dans l'église de Saint-Pancras [2]. Toutefois, nous devons reconnaître que la pertinence de la reproduction d'un édifice n'est en rien comparable à celle de la reproduction de peintures, de même qu'elle n'est en rien comparable au fait de rejouer une pièce musicale encore et encore. Il s'agit d'un exercice scolaire, ne jouant aucun rôle quant à la distribution naturelle ou au plaisir que nous pouvons prendre à une œuvre d'art. Il n'en reste pas moins que nous ressentons souvent une forme d'hostilité quant au fait de chercher à traduire ou à déplacer ainsi un édifice d'une

1. Pour une description brillante de la place et de ses effets spatiaux, voir R. Wittkower, *Art and Architecture in Italy 1600-1750* (London, 1958), p. 128.

2. Voir les réserves émises par Sir John Summerson dans sa description de cette église (*Georgian London*, London, 1963, p. 216-219).

partie du monde à une autre. Nous attendons d'un architecte qu'il construise dans le souci d'un certain sens du lieu et non pas –comme cela est le cas de la conception de nombreux bâtiments modernes – comme si l'édifice pouvait être placé n'importe où. Il est vrai que l'instinct architectural peut être trouvé jusque dans l'habitat des tribus nomades, mais l'impulsion décisive manifestée dans la majeure partie de la grande architecture dont nous avons héritée semble fondée dans ce sens du lieu – le désir de distinguer un certain endroit comme sacré ou comme lieu de martyre, de construire quelque chose comme un monument, qu'il s'agisse d'une église ou d'un repère dans le paysage, d'affirmer la possession ou la domination d'un territoire. On trouve une telle impulsion en toute grande architecture, du temple antique à la Chapelle de Ronchamp et à l'opéra de Sydney. Il s'agit d'une impulsion qui nous pousse à séparer l'architecture de la nature avec une forme de répugnance teintée de considération.

Ce sens du lieu et l'impression résultante d'une certaine immobilité de l'architecture exerce une véritable contrainte sur le travail du constructeur, cela d'innombrables manières. L'architecture devient un art de l'ensemble. C'est de manière intrinsèque que l'architecture est infiniment vulnérable aux changements dans son environnement. Il s'agit là d'une caractéristique que l'architecture partage avec la décoration d'intérieur, l'art de se vêtir, ainsi qu'avec toutes les activités, mi-morales, mi-esthétiques, qui tombent sous le concept de bon goût. C'est en partie cet intérêt pour la question de l'ensemble qui est responsable de l'importance des notions de style et de forme répétable dans la théorie architecturale. Toute architecture sérieuse vise la production d'une certaine unité et c'est pourquoi il est tentant de penser avec Schopenhauer [1] qu'une telle unité n'est rien d'autre qu'un effet du style architectural. Car la notion d'unité qui donne sa forme à notre intérêt pour les édifices ne peut pas être comprise indépendamment d'un tel sens du style. D'un côté, il serait tout à fait faux de suggérer que l'harmonie ne résulte que de l'unité stylistique. Car, s'il en allait ainsi, l'harmonie se dégageant du square de Saint-Marc serait inexplicable, de même que l'unité structurale qui se dégage de l'église Saint-Eustache à Paris, avec son incroyable combinaison de parties classiques et gothiques [2]. Mais, à tout le moins, ceci nous indique une manière supplémentaire dont l'architecture semble contrainte par des influences externes. Les choses doivent parfaitement s'accorder entre elles et, bien souvent, l'ambition de l'architecte ne réside pas tant dans l'individualité de la forme, mais bien plutôt dans la préservation d'un ordre qui préexiste à sa propre activité. En effet, il ne me semble pas que nous devions parler de l'architecture comme d'une forme d'art autosuffisante, indépendante de la planification urbaine, de l'art des jardins, de la décoration et de l'ameublement. C'est pourquoi nous semblons avoir encore une fois découvert un facteur nous incitant à prendre nos distances avec la manière dont nous jugeons ordinairement de l'art, imposant du même geste une certaine limitation dans notre attitude à l'égard des édifices.

Il nous faut mentionner encore une autre caractéristique distinctive de l'architecture, à savoir celle de la technique. Ce qu'il est possible de faire en architecture dépend

---

1. A. Schopenhauer, *Le Monde comme volonté et comme représentation, op. cit.*

2. L'effet de cette église, auparavant difficile à apprécier, a été rendu plus saisissant par le dégagement du site des Halles.

étroitement du niveau de développement des compétences humaines. En architecture, certains changements sont initiés d'une manière relativement indépendante d'un quelconque changement dans la conscience artistique. La nature de l'évolution des styles est comme rejetée, interrompue par des découvertes n'ayant aucune origine ou visée esthétiques. Que l'on considère, par exemple, la découverte du béton armé, ainsi que l'usage qui en a été fait par Maillart dans ses célèbres ponts, qui dessinent une courbe à travers les airs, franchissant des ravins où aucun chemin direct ne serait envisageable ou même possible[1]. Les conséquences esthétiques d'une telle découverte technique ont été immenses et personne n'aurait même pu les envisager ou les anticiper. En musique, en littérature ou en peinture, l'évolution semble avoir suivi plus exactement la courbe des changements d'*attitude* vis-à-vis de l'art, des changements spirituels dans la création artistique. Et même s'il est vrai qu'il peut y avoir d'importantes découvertes techniques dans ces domaines également, comme celle du piano, qui représente une véritable rupture dans la conscience esthétique (de même que celle du violon, de la clarinette, du saxophone ou du tuba) et qu'il existe de même des améliorations en termes d'ingénierie (comme dans le cas du dôme de Brunelleschi) qui résultent de véritables aspirations esthétiques, de telles similitudes ne font que souligner davantage la différence fondamentale entre l'architecture et les autres arts. C'est donc avec un certain scepticisme qu'il faut regarder les

---

1. Ces ponts ont été décrits dans les termes les plus enthousiastes et les plus élogieux par S. Giedion dans un article originellement paru dans *Circle*.

critiques [1] qui saluent le mouvement moderne en tant que création de formes architecturales plus adéquates à l'« esprit du temps », comme si ces changements dans la forme n'étaient qu'un produit de l'entreprise artistique et non des capacités techniques.

Le fait que l'architecture existe comme un objet public nous fournit une autre caractéristique distinctive majeure. Une œuvre architecturale s'impose à nous quoi qu'il advienne, et retire à chaque membre du public la possibilité de choisir entre l'observer ou l'ignorer. Par conséquent, cela n'a pas vraiment de sens de dire que l'architecte crée son propre public. Le cas est ici tout à fait dissemblable de celui de la musique, de la littérature ou de la peinture, qui sont ou sont devenus les objets d'un libre choix critique. La poésie et la musique, par exemple, sont devenues plus « modernes » dès lors précisément qu'elles ont été en mesure de créer pour elles-mêmes un public recherchant activement la nouveauté. L'architecte peut bien modifier le goût d'un public, mais il ne peut faire cela qu'en s'adressant à la totalité de ce même public et non en s'adressant uniquement à la partie éduquée ou semi-éduquée de celui-ci. C'est pourquoi le « modernisme » en architecture fait naître des problèmes spécifiques, qui ne se posent pas comme tels dans d'autres formes artistiques.

Dans ce contexte, il peut être pertinent de faire retour à l'idée confuse mais fondamentale d'« expression » en

1. Parmi ces critiques, les principaux idéologues et maîtres intellectuels sont sans conteste N. Pevsner dans son *Pioneers of the Modern Movement* (London, 1936) et S. Giedion dans *Space, Time, Architecture* (Cambridge, 1967). Quant au point de vue selon lequel le changement stylistique est en réalité toujours le prolongement du changement dans la technique, voir A. Choisy, *Histoire de l'architecture* (Paris, 1899).

tant que caractéristique ou but principal de l'art. Peu importe
ce que signifie ce terme en réalité (je tenterai plus tard de
dire ce qu'il recouvre réellement), l'expression ne peut
pas avoir la même signification dans le cas des arts publics
comme l'architecture que dans celui des arts privés de la
poésie, de la musique ou de la peinture. Les arts privés
reçoivent une grande partie de leur caractère expressif de
la manière « personnelle » avec laquelle nous les approchons,
ainsi que de la capacité de tels arts à s'adresser à un public
spécifique, souvent hautement spécialisé. Supposons que
quelqu'un nous dise que *Lycidas* est l'expression d'un
tendre chagrin ou que l'ouverture du *Hollandais volant*
exprime un désir démoniaque. Bien entendu, nous
n'attribuons pas nécessairement de telles émotions à Milton
ou à Wagner. Mais il n'en reste pas moins que nous
considérons leurs œuvres comme l'expression directe de
sentiments personnels, comme si nous avions affaire à une
pièce de poésie dramatique. Les caractéristiques expressives
de l'architecture ne sont pas, et ne peuvent pas être, d'une
telle nature privée. Elles consistent bien plutôt dans la
représentation objective du style et de la manière, en un
ensemble de significations impersonnelles non spécifiques
qui nous parlent tel un discours lointain prononcé par une
voix publique. C'est l'agitation de la librairie laurentienne
elle-même que nous remarquons et non le sentiment
personnel dont on pourrait penser qu'il la sous-tend. Et si
nous sommes tout de même saisis par la relation du bâtiment
avec un certain état d'esprit, c'est à un état d'esprit général,
impersonnel, comme l'« esprit du temps » qui semble avoir
envahi la critique contemporaine des arts décoratifs.

Comme je l'ai déjà fait remarquer, le modernisme en
architecture soulève des problèmes qui ne sont pas posés
par les formes privées de l'art. Car le modernisme dans

ces dernières formes artistiques a avant tout été dépendant de certaines conceptions subjectives, ce par quoi j'entends que le modernisme a été à la fois conscient de lui-même dans sa recherche d'un public spécifique et déterminé individuellement dans ses visées expressives. Considérons l'art si remarquable de Schoenberg, qui affirmait qu'il avait fourni des canons formels et structurels qui étaient équivalents du point de vue du public à ceux de la tradition classique[1]. À l'oreille éduquée, le thème schönbergien devait être aussi intelligible et aussi plein de sens musical qu'une mélodie de Mozart. On peut bien entendu douter du fait que même le plus mélodieux des thèmes de Schoenberg (par exemple l'ouverture du concerto pour piano) puisse atteindre à l'intelligibilité immédiate de ceux de Mozart. On peut même douter de ce que nous *devrions* entendre un thème de Schoenberg sur le schème d'une mélodie classique (comme *progressant* en direction d'une conclusion). Mais il semble indubitable que la transformation de l'expérience musicale envisagée par Schoenberg était une entreprise consciente d'elle-même, cela d'une manière dont l'expérience architecturale semble normalement privée. Pour Schoenberg, la musique se place dans la continuité de sa propre tradition – cette tradition contre laquelle le style moderne se définit et sans laquelle l'idée même de modernisme serait dénuée de sens – par une transformation consciente des procédures traditionnelles. Cela reste vrai même si aucune compréhension *intellectuelle* de la notation musicale n'est présupposée de l'auditeur. D'une certaine manière, l'auditeur ne doit pas seulement s'immerger dans la musique, mais également et en même temps reconstruire en imagination la tradition qui la sous-

---

1. Voir tout particulièrement le recueil d'articles *Style and Idea.*

tend. La tradition était aux yeux de Schoenberg ce qu'elle était pour T. S. Eliot, un idéal à redécouvrir par la conscience moderne et non pas une donnée toujours disponible pour chaque être humain, quel que soit l'état de développement de son entendement créatif[1]. Bien plus, je doute que l'idéal schönbergien d'une musique authentiquement moderne puisse être pleinement compris en faisant l'économie de la notion subjective d'expression. Car considérons la manière dont un individu pourrait formuler cette pensée – vitale pour la conception même de la musique moderne – selon laquelle le style classique ne serait plus *disponible* pour la conscience moderne, qu'il n'est en somme plus *possible* de composer comme Beethoven ou Brahms (cela en dépit des nobles efforts de Sir Donald Tovey dans une telle direction). Sans doute, une telle pensée présuppose que l'on puisse se représenter les formes et les méthodes musicales existantes comme étant en un certain sens dépassées. Elles sont tombées en désuétude, non parce que nous nous serions lassés d'elles (car nous n'en aurons jamais assez de Mozart), mais parce qu'elles ne permettent pas au compositeur moderne d'exprimer ce qu'il a à exprimer. Elles ne sont plus adaptées à la complexité de la conscience moderne, elles ne permettent pas de porter à l'expression les sentiments véritables de l'homme moderne. Et c'est en partie du fait que la musique, la poésie et la peinture sont vues dans une telle optique expressionniste que leur auto-reconstruction consciente devient intelligible. La capacité de l'artiste à créer son public, à exiger de lui un sens permanent de sa propre modernité, est une

---

1. T. S. Eliot, « Tradition and the Individual Talent », reproduit dans *Selected Essays* (London, 1932). *Cf.* aussi *Faust*, 1.1 : « *Was du ererbt von deinen Vätern hast / Erwirb es, um es zu besitzen* ».

pré-condition nécessaire non seulement au succès d'une telle entreprise mais à la possibilité même de sa formulation. C'est en ce sens que la peinture, la musique et la littérature continuent à survivre même dans un état de chaos culturel, cela à travers l'invention de ce qui ne sont d'abord (avant l'adoption réussie d'un style) que des choix et des contraintes arbitraires.

Mais je doute fortement que nous puissions adopter une telle attitude à l'égard de l'architecture. Car je ne crois pas que nous puissions sérieusement considérer l'architecture comme une forme d'expression personnelle ou un geste conscient de lui-même en direction de la seule « conscience moderne ». L'architecture est publique. Elle s'impose à nous quels que soient nos désirs ou nos représentations de ce que nous sommes. Bien plus, elle occupe l'espace : soit qu'elle prenne la place de ce qui existait auparavant, soit qu'elle cherche à s'y insérer de manière harmonieuse. Comme le soulignait Ruskin[1], l'architecture est l'art le plus politique de tous en ce qu'elle impose une vision de l'homme et de ses objectifs, indépendamment de tout consentement personnel de la part de ceux qui vivent en elle. Bien entendu, tous les arts ont servi et continuent à servir des buts politiques. Mais ce sont uniquement les amoureux de littérature qui sont exposés à la vision des

1. Voir J. Ruskin, *Seven Lamps of architecture* (London, 1849), introduction et premier chapitre. La doctrine de l'architecture comme « art politique », constamment répétée au cours du xxᵉ siècle, a conduit à un utopisme architectural très particulier, qui peut être le plus clairement étudié dans les œuvres de Lewis Mumford (*The Culture of the Cities*, London, 1938), Le Corbusier (*Vers une architecture*, Paris, 1923) et Bruno Taut (*Die Neue Baukunst*, Berlin, 1922). Voir également Charles Jencks, *Modern Movements in Architecture* (London, Penguin Books, 1973), dans lequel on peut voir un grand nombre de théories politiques confuses appliquées aux problèmes de l'esthétique architecturale.

histoires de Shakespeare ou à celle des *Illusions perdues*, tandis que tout homme, quels que soient ses goûts et ses aptitudes, est contraint de se confronter aux édifices qui l'entourent et d'absorber pour ainsi dire ce qu'ils contiennent de signification politique. Un bâtiment peut tout aussi bien tenir lieu de symbole visible de la continuité historique que de l'annonce persistante de demandes non encore formulées. Comme nous l'avons vu, en abandonnant ses formes traditionnelles, l'architecture ne peut pas simplement trouver refuge, comme ce fut le cas pour la musique, dans une sorte de subjectivité confortable. L'architecture peut faire peau neuve, mais elle ne peut pas être « moderne » au sens où ce terme a été appliqué à la musique occidentale récente. L'architecte se renouvelle en suscitant de nouvelles attentes et, en général, ceci repose sur la modification d'un style préexistant (comme cela fut le cas du gothique, peu importe à quel point l'Abbé de Suger a été un être inventif), ou encore au travers de l'imitation d'une manière antérieure. Il est vrai, bien entendu, que chaque forme d'art connaît ses « revivals » et, d'une certaine manière, on peut considérer l'avènement du style gothique au XVIIIe siècle comme la manifestation d'un médiévalisme romantique traversant simultanément l'ensemble des arts. De plus, la littérature, comme l'architecture, a connu de nombreuses périodes de « revivals » classiques : dans le théâtre français ou dans la satire par exemple. Mais la tendance de l'architecture au « revival » est encore plus profondément ancrée. Un « revival » en littérature est une espèce d'imitation dans laquelle la pensée, le sentiment et la diction restent entièrement modernes. En effet, on ne peut pas envisager, en littérature ou en peinture, de retour total à un style antérieur qui ne soit en même temps teinté d'une forme d'ironie, à la manière du néo-classicisme de Stravinski ou du culte du Moyen Âge d'un William Morris. En architecture, d'un autre côté, on rencontre tout au long de l'histoire de semblables « revivals » qui ont non seulement été radicaux dans leurs intentions, mais qui ont également changé entièrement l'évolution de la construction elle-même. En fait, de tels « revivals » ont été entrepris avec une telle conscience que le terme de « revival » semble presque inapproprié. Il n'est certainement pas dénué de sens de suggérer que notre attitude à l'égard de l'art de construire est empreinte d'une telle forme de respect à l'égard du passé qu'elle semble permettre un retour pur de toute ironie. Pour l'architecte véritable, le passé n'existe pas uniquement comme un héritage dont on pourrait entrer en possession par un acte conscient d'affirmation de la volonté moderne, mais comme un fait persistant, une part non négociable du présent élargi. De Vitruve au « revival » gothique, en passant par la Renaissance, les propositions architecturales ont été tout à la fois de nature pratique et les yeux rivés sur le passé. Même l'architecture futuriste de Ledoux [1] était basée sur des conceptions du symbolisme architectural et du détail architectural qui sont d'inspiration profondément classiques. Cette persistance du respect pour le passé est d'autant plus confirmée par le caractère hystérique des tentatives récentes pour rompre avec lui.

Mais la caractéristique peut être la plus importante de l'architecture, celle qui plus que toutes les autres peut servir à lui assigner un statut particulier et nous permettre de comprendre la place qu'elle occupe dans nos vies, est

---

1. Voir Claude-Nicolas Ledoux, *L'Architecture considérée sous le rapport de l'art, des mœurs et de la législation* (1804), ainsi que la discussion de cet ouvrage dans E. Kaufmann, *Architecture in the Age of Reason* (Cambridge, 1955).

sa continuité avec les arts décoratifs, ainsi que la multiplicité des buts qu'elle poursuit de ce fait même. Même lorsque certains architectes ont des objectifs esthétiques tout à fait définis, cela ne représente jamais plus que le désir que leur œuvre soit telle qu'elle doit être, à la manière dont des tables et des chaises, la mise du couvert sur une table, un pli dans un torchon ou un arrangement de livres apparaissent comme parfaitement naturels et convenables à l'observateur ordinaire. L'architecture est d'abord et premièrement un art vernaculaire. Elle existe d'abord et avant tout comme un processus d'adaptation dans lequel tout homme normal a sa place et auquel il participe, dans la mesure où il construit, décore ou arrange les pièces dans lesquelles il vit. Il ne cherche habituellement pas à atteindre les significations assignées à l'architecture par les praticiens de la *Kunstgeschichte*, de même qu'il ne se représente pas ses activités comme relevant du domaine de l'art. Il s'agit d'une extension naturelle des activités humaines ordinaires, n'obéissant à aucune contrainte forcée, qui n'est pas soumise au poids d'une « conception artistique », ni à rien qui puisse correspondre au romantisme du *Kunstwollen* ou à l'« Idée » hégélienne.

Des exemples du vernaculaire architectural peuvent se trouver partout. Et il ne faut pas être surpris de voir une colonne dorique supporter une table sur laquelle est posé un verre de vin, une moulure sur une armoire, un porte-manteau gothique, un placard d'angle *Bauhaus*, ou une boîte de thé obéissant aux lois de la section d'or. En employant le terme « vernaculaire », je ne donne aucune *explication* de la persistance de ces formes populaires. Je ne suggère pas non plus qu'il existerait une sorte de style vernaculaire que le constructeur devrait se proposer d'atteindre. (Comme cela a été montré de manière convaincante par Sir John Summerson, le vernaculaire n'est qu'une chimère si on le conçoit comme un objectif à atteindre et non comme un résumé des pratiques existantes [1]). Mais je souhaite suggérer que l'existence et le caractère prédominant d'une architecture vernaculaire est une conséquence inévitable de la distance qui sépare l'architecture des autres formes d'art, de l'absence relative dans l'art de bâtir d'une véritable autonomie artistique, du fait que, pour une grande part, le constructeur doit insérer son œuvre dans un enchevêtrement préexistant de formes non modifiables, qu'il ressent sans cesse la contrainte d'influences qui le privent du luxe consistant à poursuivre consciemment un quelconque but artistique. L'architecture est simplement une application du sens de « ce qui convient » qui gouverne chaque aspect de notre existence quotidienne. On pourrait même dire, qu'en proposant une esthétique de l'architecture, le moins que l'on puisse faire, c'est de proposer une esthétique de l'existence quotidienne. On est passé du royaume des arts supérieurs à celui de la sagesse pratique commune. C'est ici que l'on commence à se rendre compte de ce que notre conception de l'art post-romantique est totalement inappropriée dès lors qu'il s'agit de décrire les jugements esthétiques quotidiens de l'homme de tous les jours, et à quel point les concepts dont nous nous servons pour en rendre compte, comme le concept d'expression, sont en réalité parfaitement obscurs.

1. Voir Sir John Summerson, *Heavenly Mansions* (London, 1949), p. 122. Certains objecteront peut-être que les mérites du vernaculaire sont si grands que les architectes devraient être dispensés de construire dans la majorité des cas. Pour quelques arguments visuels convaincants en faveur de cette idée, voir B. Rudofsky, *Architecture without Architects* (London, 1964).

Ayant ces éléments bien présents à l'esprit, il nous fait reconnaître que le fait de chercher à formuler une théorie de l'architecture consistante et articulée représente une immense difficulté. À côté des succès de la critique littéraire ou même musicale, les travaux de la critique architecturale sont en effet bien peu de choses. Aux quelques rares occasions où les critiques ont réussi à établir un certain nombre de discriminations, en affirmant par exemple qu'un style ou un édifice déterminés sont laids ou qu'ils sont des échecs, ils l'ont fait avec un tel dogmatisme (comme dans le cas de Pugin, de Ruskin ou des fonctionnalistes) et en des termes d'une telle généralité, que cela a le plus souvent servi a jeté le discrédit sur leurs conclusions. Le jugement masquait souvent un moralisme sous-jacent et il était rarement fondé sur une compréhension individuelle d'édifices eux-mêmes individuels. L'idéal de la critique récemment réaffirmé avec tant de puissance par I. A. Richards et F. R. Leavis – l'idéal d'une critique pensée comme articulation et justification de réponses individuelles, non pas comme l'expression d'une impulsion purement « esthétique » mais comme expression d'émotions ancrées au cœur même de la vie individuelle – un tel idéal n'a eu que peu d'avocats dans le champ de la critique architecturale. Les questions de valeurs sont souvent introduites d'une manière purement extérieure à travers une forme particulière de moralisme que nous aurons à analyser dans un chapitre ultérieur, ou par l'appel à une vague notion généralisée de « signification » qui pourrait être appliquée indifféremment à n'importe quel édifice de n'importe quel style. Car, dans la plupart des cas, il est presque impossible pour quelqu'un qui ne possède aucune éducation spécialisée de porter à l'expression les beautés de l'architecture. Si des termes comme ceux de « proportion », d'« harmonie », d'« espace » et d'« atmosphère » viennent à l'esprit, cela ne peut faire office de véritable règle pour le jugement, car aucune idée générale et claire n'y est attachée. Le spectateur en reste presque toujours à ce niveau de stupéfaction décrit par Sir Henry Wotton lorsque celui-ci cherche à décrire Santa Giustina de Padoue comme « un sain exemple de bon art, dans lequel les matériaux sont des pierres ordinaires, sans aucune décoration ou sculpture, qui ravit pourtant celui qui la contemple (et il ne sait pas même comment), par une harmonie secrète dans les proportions »[1].

J'ai décrit les caractéristiques de l'architecture d'une manière quelque peu extrême et sans faire de compromis, car il est nécessaire de rappeler une difficulté qui peut facilement être perdue de vue. L'esthétique prend pour point de départ une certaine notion de l'« art » et de l'intérêt esthétique, souvent sans même se demander s'il y une quelconque unité derrière ce terme. Les considérations qui ont été les miennes ici sont en vérité encore en quête de prolongements interprétatifs. Il est manifeste que des caractéristiques analogues à celles dont j'ai fait mention peuvent parfois être reconnues dans d'autres arts. La *Tafelmusik* a une fonction principale, comme c'est le cas de certains types de vers ; les fresques ne peuvent pas toujours être déplacées sans perdre une partie de leur caractère propre, de même que d'une manière plus subtile, la première musique d'église ne peut pas préserver sa spiritualité dans une salle de concert moderne. La peinture, présentant elle aussi une forme de continuité avec de nombreux arts décoratifs, tend également vers cet aspect public que j'ai attribué à l'architecture. De plus, il sera toujours possible de trouver des aspects suivant lesquels

1. Sir Henry Wotton, *Elements of Architecture* (London, 1624).

les formes d'art diffèrent : le fait de mentionner le caractère public ou utilitaire de l'architecture ne revient pas encore à avancer une preuve de son essence distincte. D'un autre côté, il faut avoir à l'esprit que les philosophes ont souvent tendance à écrire comme s'il était possible de traiter n'importe quel sujet d'un point de vue esthétique, qu'il s'agisse d'un traité philosophique, d'une démonstration mathématique ou d'un *objet trouvé*. Par conséquent, même si nous avons raison de penser que nous traitons parfois les bâtiments en tant qu'objets esthétiques, il ne suit pas de là que lorsque nous les apprécions en tant que *bâtiments*, nous les apprécions du point de vue esthétique. Quand nous considérons une démonstration d'un point de vue esthétique, nous ne la considérons pas uniquement en tant que mathématique, et nous pourrions pleinement saisir sa validité mathématique sans prendre en compte sa puissance esthétique. L'attitude esthétique devrait ainsi n'être reliée que de manière périphérique avec l'art de bâtir. Il se pourrait que les exigences esthétiques ne représentent qu'un aspect mineur dans la pratique de l'architecte, en un sens non fondamental, quant à ses objectifs propres.

Bien sûr, nous ne savons pas encore bien ce que sont ces exigences esthétiques. Mais nous pouvons peut-être gagner une compréhension négative de celles-ci si nous prenons en compte le point de vue que nous venons de défendre, à savoir l'idée selon laquelle un édifice doit prioritairement être compris en fonction de son utilité et que les contraintes esthétiques, si elles sont possibles, ne sont nullement nécessaires à l'entreprise du constructeur.

ALLEN CARLSON

EXISTENCE, LIEU ET FONCTION : L'APPRÉCIATION DE L'ARCHITECTURE[1]

ARCHITECTURE ET ART

Que peut-on dire sur l'appréciation de l'architecture qui puisse avoir un intérêt et une valeur pour l'esthétique en général ? La question se pose dans la mesure où l'architecture est un art dont l'histoire est marquée par des œuvres, des mouvements, des traditions, des théories d'une diversité probablement plus grande que celle que l'on peut trouver dans n'importe quelle autre grande forme artistique. Le meilleur moyen de faire quelques avancées dans cette direction est peut-être encore de relever certaines des façons les plus frappantes par lesquelles l'architecture, en tant que forme artistique, se distingue des autres formes. Ces différences signifient que l'appréciation esthétique de l'architecture pose certains défis dont est en général exempte l'appréciation des autres arts. De tels défis permettent non seulement de nous informer quant à la nature d'une appréciation appropriée des œuvres architecturales, mais offrent encore de rendre de telles appréciations particulièrement enrichissantes.

1. Allen Carlson, « Existence, Location and Function : The Appreciation of Architecture », *in* Michael H. Mitias (ed.), *Philosophy and Architecture*, Amsterdam-Atlanta, Rodopi, 1994, p. 141-164, traduction inédite par Alexis Anne-Braun.

Tout d'abord, il est important de remarquer que l'appréciation esthétique implique autre chose que de contempler passivement des formes agréables ou que de se délecter sans plus de façons de surfaces voluptueuses. Essentiel à l'appréciation esthétique, est l'engagement actif, impliquant des interactions cognitives et émotionnelles entre celui qui apprécie et l'objet apprécié. Un aspect important de cet engagement est une espèce de dialogue entre celui qui apprécie et l'objet, lorsque ce dernier explicitement ou implicitement formule certaines questions ou problèmes pour lesquels le premier trouve des réponses et des solutions. Une telle recherche de réponses et de solutions prend en général la forme d'un processus au cours duquel celui qui apprécie en vient à prendre conscience de la nature de l'objet apprécié. Ce procès de réalisation est au cœur de l'appréciation esthétique ; il fait usage de l'imagination de telle façon à produire cette combinaison unique d'admiration et de stupeur qui est centrale dans l'expérience esthétique [1].

Les questions soulevées par une œuvre d'art varient en fonction de son type, puisque différentes formes artistiques présentent des problèmes différents à résoudre. Prenons une peinture figurative, par exemple une petite ébauche de l'artiste Tom Thomson, membre du *Groupe des Sept* ; disons *Feuillage d'Automne* [2]. Il s'agit là d'un cas de figure assez simple, puisqu'avec une œuvre figurative, les problèmes élémentaires et les plus évidents à résoudre concernent, en général, ce qui est représenté. Dans *Feuillage*

1. Je ne veux pas ici défendre cette notion d'appréciation esthétique, mais vous pouvez vous référer à « Appreciating Art and appreciating nature », *in* S. Kemal, I. Gaskell (eds) *Landscape, Natural Beauty and the Arts*, Cambridge, Cambridge University Press, 1993, p. 199-227.

2. Tom Thomson, *Automne Folliage* (1916), 26 cm x 21 cm, The National Gallery of Canada, Ottawa, Canada.

d'Automne nous sommes confrontés à une petite portion, quoique vibrante, de couleurs vives. Pourtant, même en l'absence de l'indication donnée par le titre, nous faisons aisément l'expérience de l'œuvre en tant que paysage. Nous voyons l'œuvre comme le feuillage rouge et jaune des arbres d'automne, sur un fond d'eau bleu encre ; à distance des bosquets de sombres conifères et un ciel pluvieux presque turquoise. Pour quiconque est familier des peintures du début du XXᵉ siècle, ce genre de prise de conscience ne demande presque aucun effort. Cependant, même des peintures figuratives relativement simples posent des problèmes plus conséquents qui offrent à l'imagination un terrain sur lequel s'exercer ; des questions qui sont en général relatives au fait de savoir comment et pourquoi l'œuvre est exécutée comme elle l'est, et quelles sont les conséquences de la singularité de l'exécution pour l'appréciation de l'œuvre. Par exemple, si l'on examine le problème de l'importance des dimensions de l'œuvre de Thomson, la contemplation imaginative est enrichie si elle parvient à nous faire prendre conscience que la petite taille de l'œuvre contribue à un certain degré à son pouvoir. Les bords de la toile referment sur elle-même la portion de couleurs vives de telle sorte à ce que cette dernière paraisse lutter pour sortir hors de la surface. Et nous faisons ainsi l'expérience d'une œuvre qui scintille et flamboie comme des braises enfermée dans une chambre pressurisée.

ÊTRE OU NE PAS ÊTRE : HAMLET ET TOLSTOÏ

En contraste avec les formes artistiques telles que la peinture figurative, les œuvres architecturales posent en général de plus amples questions, si ce ne sont de plus profondes. Peut-être la plus fondamentale de ces questions est celle contenue dans les vers qui ouvrent le plus célèbre

des monologues d'Hamlet : « Etre ou ne pas être, c'est là
la question ». La question d'Hamlet peut se reformuler
comme suit : n'aurait-il pas mieux valu – n'eût-il pas été
plus noble en esprit – de n'avoir jamais existé ? C'est là
une question que l'on se pose rarement quand on admire
des œuvres d'art conventionnelles. Il est difficile d'imaginer
une œuvre telle que *Feuillage d'Automne* se posant pareille
question concernant sa propre existence. Bien sûr, dans ce
cas précis, c'est parce *que Feuillage d'Automne* est un
petit chef-d'œuvre et en tant que tel, il justifie pleinement
sa propre existence. Pourtant même lorsque ce n'est pas
le cas, de telles œuvres se posent rarement une telle question.
Peut-être est-ce pour des raisons similaires que celles qui
poussent Hamlet à la conclusion qu'il vaut mieux exister.
L'alternative, mourir, ce n'est pas être davantage, ou pire,
là où le bât blesse, c'est souffrir d'autres maux « que nous
ne connaissons pas ». Le fait que l'alternative soit inconnue
« fait de nous tous des lâches ». De la même façon, alors
que nous contemplons *Feuillage d'Automne*, quand bien
même ce ne serait pas un chef d'œuvre, l'œuvre ne serait-
elle pas là, que nous ne contemplerions rien de plus que
le mur blanc de la galerie ou pire quelque autre œuvre,
que nous ne connaissons pas. Apparemment, avec de telles
formes artistiques, la question de l'existence ne se pose
que si l'œuvre est à ce point mauvaise, qu'à peu près tout,
même un mur blanc, tiendrait lieu d'une meilleure
expérience esthétique.

En ce qui concerne l'architecture pourtant, la question
d'Hamlet est tout à fait d'actualité. Prenons le bâtiment
AT&T (*American Telephon and Telegraph*) de Philip
Johnson [1], monumental, recouvert de granite, se tenant

---

1. Philip Johnson, the *American Telephon and Telegraph Building*
(« AT&T », 1980-1983, New York). Je pense qu'en général les œuvres

fièrement sur le bord de la rue, et terminé par un toit en forme de commode « Chippendale »[1]. Lorsque nous le contemplons, quand bien même on le tiendrait pour un chef-d'œuvre, on ne peut manquer de se poser la question de son existence. Nous nous demandons : N'eût-il pas mieux valu pour cette chose de n'avoir jamais existé? N'eût-ce été mieux pour l'endroit, pour la *skyline*, pour la ville, pour le monde? Nous sommes contraints par le bâtiment lui-même à nous poser de telles questions; pourtant ce n'est pas uniquement en raison de sa taille monumentale et de son style post-moderne sujet à controverse. En architecture, on se pose de telles questions en partie parce que, contrairement à ce qui se passe pour *Feuillage d'Automne* ou *Hamlet*, les alternatives à l'existence de l'œuvre ne sont pas, en général, ou bien le néant ou bien l'inconnu. Si le bâtiment de Johnson n'avait pas été construit, il n'y aurait pas rien eu, il n'y aurait pas eu un espace vide, analogue au mur blanc. Bien au contraire, il y aurait eu une autre œuvre, ou bien le bâtiment qui se trouvait là auparavant ou bien une autre œuvre architecturale encore, ou si ce n'est cela, il y aurait eu au moins la parcelle de terrain ou le bloc urbain, avec les traits esthétiques qui leur sont propres. Plus encore, de telles alternatives ne sont pas l'inconnu; en les contemplant nous ne sommes pas dans une position analogue à celle qui consisterait à contempler ce que la mort pourrait nous réserver ou ce qui pourrait être accroché en lieu et place du mur vide de la

architecturales sont peut-être moins connues que les œuvres des nombreuses autres formes d'art majeur. Par conséquent, tout le long de ce chapitre j'essayerai d'avoir recours à des exemples qui, en raison de leur emplacement, de leur importance historique, ou de leur notoriété, ont bénéficié d'une reconnaissance grandissante.

1. Thomas Chippendale, fabricant de meuble du XVIIIe siècle. Le toit du AT&T rappelle la forme en circonvolution de ses armoires. [NdT]

galerie. Nous pouvons exactement savoir à quoi le bâtiment précédent ressemblait, connaitre approximativement ce à quoi un bloc urbain ressemblerait, et avoir une bonne idée de quel type d'œuvre architecturale nous aurions pu avoir si celle qui se trouve devant nous n'avait pas existée.

Que la question de sa propre existence puisse ou non se poser pour une œuvre d'art, a des conséquences importantes sur son appréciation. Une fois que la question est mise sur la table, essayer d'y répondre entraîne des prises de conscience qui sont centrales pour notre expérience esthétique de l'œuvre. En revanche, si une œuvre ne pose pas cette question, alors de telles prises de conscience ne peuvent avoir lieu. En appréciant *Feuillage d'Automne*, il est approprié de se demander si l'œuvre aurait gagné ou non à présenter un ciel moins turquoise. De telles considérations peuvent nous amener à prendre conscience que ce turquoise est précisément ce qui était attendu de l'œuvre. Non seulement, un bleu plus foncé aurait été moins réaliste pour un ciel d'automne du Nord, mais encore, ce bleu aurait par trop contrasté avec la vivacité des rouges et jaunes, et il en aurait ainsi résulté une œuvre moins subtile. De telles prises de conscience améliorent notre appréciation de l'œuvre et en sont une part centrale. Par contraste, se demander s'il n'eût pas mieux valu pour *Feuillage d'Automne* ne pas exister, et ainsi s'il n'eût pas mieux valu contempler le mur vide d'une galerie ou, que la place sur le mur soit occupée, disons, par *Guernica*, est relativement peu pertinent pour notre appréciation de l'œuvre ; pour ne pas dire absurde ou du moins la marque d'une perversité esthétique. De telles considérations n'entrent pas en ligne de compte dans une appréciation correcte de l'œuvre ; ce serait bien plutôt une des formes possibles d'un manque d'attention à son égard. Comme relevé plus haut, une œuvre telle *Feuillage d'Automne* ne soulèverait la question de sa propre existence que si elle était atrocement mauvaise, et dans ce cas peut-être un manque d'attention serait la réponse appropriée ; mais cela relève encore du domaine du manque d'attention et non une part de son appréciation.

Nous pouvons bien sûr examiner le toit en forme « Chippendale » du bâtiment AT&T de la même façon que nous examinons le turquoise du ciel dans *Feuillage d'Automne*, nous demandant par exemple si une coupole ou un toit plat n'auraient pas mieux fait l'affaire. Alors certaines prises de conscience s'en seraient suivies qui auraient augmenté notre appréciation de l'œuvre et qui entrent en compte dans une appréciation correcte. Pourtant, contrairement à *Feuillage d'Automne*, le bâtiment AT&T nous contraint à nous poser la question d'Hamlet et ainsi ouvre la voie à des considérations esthétiques qui sont, à un autre niveau, tout aussi pertinentes. Alors que nous contemplons le bâtiment, nous nous demandons par exemple ce qu'il serait advenu, si Johnson n'avait pas érigé celui-ci, mais à sa place un autre gratte-ciel moderniste, tel que le classique Seagram Building, auquel il avait lui-même collaboré plus tôt avec Mies van der Rohe. En imagination nous considérons le tout autre effet esthétique qu'aurait pu avoir une pareille construction de métal et de verre, nette et tranchante, et les façons que celle-ci aurait pu avoir de se fondre plutôt que de contraster avec la *skyline* composée de constructions similaires. Puisque le bâtiment AT&T soulève la question de sa propre existence, considérer ainsi d'autres alternatives à son existence entre comme une part centrale et correcte dans son appréciation esthétique. Plus encore, cela vaut, non seulement de considérations à propos de l'existence d'autres alternatives, mais encore de considérations à propos de sa simple inexistence. Cela est plus facile à voir lorsqu'il s'agit d'*œuvres* dans leur paysage naturel. Pensons aux fameuses maisons de Frank Lloyd Wright telles que Falling Water et Taliesin West[1]. La première s'élève au-dessus d'un ravin rocheux de Pennsylvanie, planté de peupliers et de bouleaux, alors que la seconde s'étale sur une portion du désert d'Arizona parsemée d'arbustes de sauge et de cactus. A chaque fois, l'œuvre nous enjoint candidement d'examiner le fait de son existence, et ainsi notre expérience de l'œuvre implique à raison une contemplation en imagination du paysage vierge. Et cette contemplation entre en compte de manière centrale dans notre appréciation correcte de l'œuvre ; une pareille appréciation est en général approfondie et enrichie par les prises de conscience qu'elle initie.

La question de l'existence occupe une place centrale dans l'appréciation de l'architecture et soulève ainsi quelques difficultés concernant la manière de la formuler. Comme il a été remarqué plus haut, essayer de répondre à cette question, entraîne certaines prises de conscience, comparables à celles que nous pouvons gagner en répondant à des questions concernant des traits plus proprement internes à l'œuvre elle-même. Des questions qui concernent par exemple la justesse du turquoise dans le ciel de *Feuillage d'Automne* ou du toit de style Chippendale du bâtiment AT&T. Ces remarques suggèrent ainsi que l'appréciation de l'architecture est une expérience nécessairement plus englobante et moins étriquée que l'appréciation de certaines autres formes artistiques. Les frontières entre l'architecture et le monde en général, entre l'architecture et les enjeux esthétiques, éthiques, sociaux, politiques et même économiques du monde, sont moins étanches et fixes que ne le sont les frontières entre, disons, une peinture de

---

1. Frank Lloyd Wright, *Falling Water* (The Kaufmann House, 1935-1937, Bear Run, Pennsylvania) ; *Taliesin West* (1934-38, Phoenix, Arizona).

paysage et de tels enjeux. Plus encore, étant donnée la place centrale occupée par la question de l'existence dans l'appréciation de l'architecture, il semble qu'il faille attendre quelque idée essentielle de la réponse que l'on pourra y apporter. Pourtant, à l'aune du manque d'étanchéité et de fixité des frontières entre l'architecture et les problèmes du monde en général, saisir cette idée apparait au premier abord comme une tâche excessivement difficile. En bref, beaucoup de considérations, d'espèces très différentes, semblent être pertinentes eu égard à la question de la légitimité de l'existence d'AT&T. Beaucoup plus qu'il n'y en a, eu égard à la question de la justesse du turquoise du ciel de *Feuillage d'Automne*. Pourtant, en répondant à la première question on ne peut tenir compte d'absolument toutes ces considérations, et il est difficile de voir lesquelles sont vraiment essentielles.

A ce sujet, nous pouvons recevoir quelque éclaircissement d'une fameuse discussion au cours de laquelle la question d'Hamlet fût posée à l'art en général. Dans l'un des passages les plus remarquables de l'histoire de l'esthétique, Tolstoï se lance dans une diatribe contre l'art, le sommant de justifier sa propre existence[1]. Une œuvre à plusieurs titres comparable au bâtiment AT&T en raison de sa taille monumentale et des moyens employés pour sa réalisation, en est le meilleur exemple. C'est un opéra que Tolstoï décrit comme « l'une des plus gigantesques absurdités qui eût pu jamais être inventée »[2]. Il conteste l'existence de telles œuvres, se demandant pour quelles fins et pour quel public elles ont été érigées. Plus encore, son discours n'est pas dirigé contre les seules œuvres qui seraient massives

---

1. Leon N. Tolstoï, *What is art?* [1896], Indianapolis, Bobbs-Merrill, 1960, voir en particulier le chapitre 1.

2. *Ibid.*, p. 13.

et imposantes, mais contre l'art en général. Son discours souligne le fait que « la production de n'importe quel ballet, cirque, opéra, opérette, exposition, image, concert, livre imprimé, implique le travail difficile et forcé de milliers de personnes, dans des conditions souvent humiliantes et dangereuses » [1]. Bien sûr, de nos jours, dessiner, s'éduquer et s'initier à un art et à un métier, n'est pas comparable au labeur du prolétariat de la Russie de Tolstoï. Pourtant l'on peut bien imaginer poser cette question existentielle à l'architecture, pour des raisons qui ne seraient pas si éloignées de celles de Tolstoï. Et cela ne va pas nous surprendre à l'aune de la perméabilité, déjà remarquée, des frontières entre l'architecture et le monde en son ensemble.

Ce qui est particulièrement pertinent pour l'architecture, dans l'approche de Tolstoï, c'est la façon qu'il a de répondre au problème de l'existence. Tolstoï reconnait que ce qu'il faut, comme on l'a déjà remarqué, c'est une idée essentielle qui puisse déterminer, suivant ses préoccupations de Tolstoï, « ce qui est un art réussi, utile – un art pour lequel on puisse consentir à de tels sacrifices, comme offerts sur un autel » [2]. Et de façon significative, Tolstoï trouve une réponse en formulant la question en termes fonctionnels, demandant « pour quoi et pour qui » cet art existe, et fournissant ainsi une théorie de l'art qui lui assigne une certaine fonction dans la vie humaine. Comme il est bien connu, dans la théorie tolstoïenne de l'art, l'art authentique, non contrefait – le seul art qui mérite d'exister – reçoit comme fonction de communiquer des sentiments parmi les hommes, et « l'art réussi et utile » est celui qui unit l'humanité en communiquant le sentiment de l'amour. Nous n'avons pas

1. Leon N. Tolstoï, *What is art?*, *op. cit.*, p. 15.
2. *Ibid.*, p. 150.

besoin, bien sûr, d'accepter d'un seul bloc la théorie
tolstoïenne de l'art pour trouver pertinente, en ses grandes
lignes, la manière qu'il a de problématiser la question de
l'existence. Est pertinent le fait de prendre conscience qu'il
est nécessaire de reformuler notre question et sa réponse
en des termes fonctionnels. Faire cela exigerait d'adopter
la théorie fonctionnelle de Tolstoï comme une théorie de
l'art en général. Mais puisque nous ne nous préoccupons
que de l'architecture, nous n'en avons pas besoin. C'est
parce que, contrairement à bien d'autres formes artistiques,
l'architecture est par nature un art fonctionnel. Ainsi, quand
la question d'Hamlet est posée à des œuvres architecturales,
la réponse bien comprise de Tolstoï, consiste à accentuer,
plutôt qu'à ignorer, leur fonctionnalité. Je reviendrai sur
cette réponse plus tard, mais en premier lieu il serait utile
d'élargir et d'approfondir la question elle-même.

« ICI JE ME TIENS »[1]
S'AJUSTER OU NON, TELLE EST LA QUESTION

Si la question d'Hamlet est un bon moyen de relever
un premier défi posé par les œuvres architecturales, la
célèbre déclaration de foi de Martin Luther pourrait peut-être
emporter avec elle un second défi. On rapporte qu'en 1521,
à sa son seconde convocation lors de la diète de Worms,
Luther accusé d'hérésie, menacé d'excommunication et
de mort, aurait achevé sa défense par ces mots : « Ici je
me tiens, je ne peux faire autrement, que Dieu me vienne
en aide. Amen ». Certes Luther défendait une position

---

1. Nous traduisons ainsi la fameuse déclaration de Luther, que l'on
traduit souvent en français par « Me voici en ce jour ». Toutefois « Ici
je me tiens » (« Here I stand »), rend davantage la signification spatiale
de l'affirmation sur laquelle joue le texte de Carlson. [NdT]

théologique. On peut pourtant en tirer quelque chose d'intéressant pour notre problème. La fermeté et le caractère déterminé de sa position morale rappellent la fermeté et le caractère déterminé avec lesquels les œuvres architecturales, en particulier les bâtiments larges et massifs tels que le AT&T, occupent une position physique. Le AT&T Building, comme il a déjà été remarqué, a une taille monumentale, est taillé dans le granit, se tient fièrement sur le bord extrême de la rue. Il n'est pas en retrait, et n'est pas lumineux ; il est imposant et solide. Avec un petit peu d'imagination, il n'est pas difficile de percevoir le bâtiment comme une exemplification du « Ici je me tiens, je ne peux faire autrement », comme si le bâtiment affirmait avec détermination sa position physique. Par contre, une affirmation d'une telle force pose aussi le défi de savoir si, oui ou non, une chose est comment elle devrait être, et, dans ce genre de cas, où elle devrait être. Ainsi la seconde question posée par les œuvres architecturales rejoint-elle, en la continuant, la première. Les œuvres architecturales ne se contentent pas de poser la question « être ou ne pas être ? » mais demandent encore « être ou ne pas être *ici* ? ».

Les œuvres de grande taille et d'une nature imposante, telles que le AT&T, soulèvent avec la plus grande urgence cette question. En particulier les gratte-ciel, les tours de bureaux, et les grands hôtels de luxe. Par exemple, les tours modernistes comme le Seagram Building, l'Union Carbide Building, et la Chase Manhattan Bank, interrogent toutes, la *skyline* de New York [1]. De la même façon, la déclaration de Luther vaut pour des cathédrales, des temples,

---

1. Ludwig Mies van der Rohe avec la collaboration de Philip Johnson, *Seagram Building* (1958, New York) ; Gordon Bunshaft (Skidmore, Owings et Merill), *Union Carbide Building* et *Chase Manhattan Bank* (1960, New York).

des châteaux, et des bâtiments publics. Notre-Dame de Paris, le Parthénon, le monastère du Mont Saint-Michel, et n'importe quel capitole d'État américain digne de ce nom, chacun à sa manière, proclame « Ici je me tiens ». Il serait en revanche trompeur de penser que ce problème n'est soulevé que par des constructions considérables proclamant leur « pure présence ». La maison de Wright, Falling Water, pose cette même question, eu égard à la manière dont elle s'insère en son site, intégrant une forme entièrement dépendante de ce site. De manière similaire pour Taliesin West, des traits qui sont relevés comme autant de marques du style *organique* de Wright – ainsi de l'utilisation de matériaux naturels, l'aspect brut des charpentes, et la manière dont la construction épouse la forme en terrasses du site – font chacun ressortir la relation de dépendance de l'œuvre à son site ; une relation qui souligne l'importance de cet emplacement. D'autres types d'œuvres posent différemment la question de leur emplacement. La Villa Savoye de Le Corbusier s'élève dans le paysage, digne et alerte, comme un objet étranger. En raison de la ténuité de la relation à son site, la Villa fait moins une proclamation qu'elle ne pose directement la question. Plutôt que de dire « Ici, je me tiens », elle semble dire quelque chose comme « Pourquoi suis-je ici ? » [1].

En ce qui concerne l'emplacement d'une œuvre, la comparaison avec d'autres formes artistiques est encore une fois éclairante. Une peinture telle que *Feuillage d'Automne* a bien sûr un emplacement. En tant qu'objet physique, elle doit être quelque part. Mais en tant qu'œuvre artistique, il n'y a pas de problème concernant son emplacement, elle ne proclame pas, ni ne pose la question

---

1. Le Corbusier [Charles Edouard Jeanneret], *Villa Savoye* (1929-1931, Poissy, France).

de où elle se trouve. Appeler son emplacement un site serait au mieux égarant, et considérer l'œuvre en son emplacement, quel qu'il soit, n'entre pas au titre de son appréciation esthétique. Bien sûr, en essayant d'apprécier une telle œuvre nous serons peut-être forcé de considérer son emplacement, si, par exemple, il détourne l'attention de l'œuvre en raison d'un faible éclairage, d'un mauvais contraste de couleurs ou de quelque bruit. Mais de telles considérations, et les prises de conscience qui l'accompagnent, ne sont pas des parts essentielles de notre appréciation de l'œuvre. Elles sont plutôt des façons de nous détourner d'elle. La seule pertinence que de telles considérations puissent avoir pour l'appréciation de l'œuvre serait qu'elles nous conduisent à déplacer l'œuvre dans un endroit neutre propice à une véritable appréciation. Il y a tout de même un sens à dire que les œuvres comme *Feuillage d'Automne* ont une place qui leur est propre ou un site. Cette œuvre particulière est située sur un mur du Musée national de Canada, dans l'une des pièces consacrées au jeune Groupe des Sept, et les peintures qui leur sont attachées, placée à côté d'autres petits paysages de Tom Thompson. Et c'est là une place convenable, si ce n'est la seule, pour cette œuvre. Pourtant, bien que cet emplacement pour *Feuillage d'Automne* puisse être approprié, et puisse même contribuer à son appréciation, cela n'en rend pas davantage sa localisation physique réelle directement pertinente pour son appréciation. La localisation physique de l'œuvre indique la place théorique qui lui revient ainsi que sa place dans une histoire de l'art, et c'est une prise de conscience de ces dernières seulement, qui entrent au titre de son appréciation correcte.

Ce ne sont pourtant pas toutes les œuvres d'art qui sont ainsi indépendantes de leur emplacement, à la manière dont le sont des peintures telles que *Feuillage d'Automne*, et il est éclairant pour l'architecture d'examiner des formes artistiques dites « *site specific* » [1]. C'est un trait de quelques grandes sculptures, de la plupart des œuvres de Land Art, et de ce qui est appelé « *Placement Pieces* » [2], d'être ainsi attachées à un site. Prenons le controversé *"Tilted Arc"* de Richard Serra, un morceau incurvé de 3 mètres sur 30 de métal oxydé découpant une place [3]. L'émotion suscitée par l'œuvre donna lieu à une audience publique où l'on discuta de la possibilité de sa re-localisation. Pour défendre son installation, Serra déclara : « Je ne fais pas des œuvres susceptibles d'être déplacés, ou modifiés. Je fais des œuvres qui prennent en charge les éléments environnementaux d'endroits donnés. L'échelle, la taille, et l'emplacement de mes œuvres sont déterminés par la topographie du lieu, elles sont *site-specific* ». Il concluait : « Mes œuvres sont construites dans la structure du site et finissent par en faire partie…Déplacer *Tilted Arc*, signifierait ainsi la détruire » [4]. Et en effet, durant l'audience, la relation de l'Arc à la place fut comparée à celle de la peinture par rapport, non à son mur, mais à son canevas de toile. Comme il a été relevé au chapitre 10, des déclarations similaires peuvent être faites au sujet du Land Art et d'autres « *Placements Pieces* ».

1. Nous avons laissé l'expression anglaise « site specific », qui signifie dépendante du site. [NdT]

2. Nous avons gardé l'expression « *Placement Pieces* », forme artistique dont le travail de Richard Serra est un exemple, et qui consiste à disposer des matériaux dans un environnement déterminé. [NdT]

3. Richard Serra, *Tilted Arc* (1983) ; Jacob Javits, *Federal Building Plaza* (1963-1969, New York).

4. Richard Serra, retranscription de l'audience de New York [1985], réimprimé dans *Harper's*, Juillet 1985, cité dans M. Battin, J. Fisher, R. Moore, A. Silvers (eds), *Puzzles about Art : an Aesthetics Casebook*, New York, St Martin's, 1989, p. 182.

En faisant un compte rendu de l'œuvre de Robert Smithson *Spiral Jetty*, et de *Double Negativ* et *Complex One* de Michael Heizer, Elisabeth Baker, l'éditrice de *Art in America*, remarque par exemple que les sites de telles œuvres « deviennent des lieux aussi vivants que les œuvres elles-mêmes – ils deviennent des lieux réfléchis, identifiables et uniques », et qu'ainsi « l'apparence du lieu devient une partie du contenu de l'œuvre », à un point tel que les œuvres « ne sont plus seulement inséparables de leur site – elles ne sont plus mêmes définissables en dehors d'eux »[1].

Si de telles œuvres « font parties de la structure du site » et si le site « est une partie du contenu de l'œuvre », on peut en tirer des conséquences décisives quant à leur appréciation esthétique. Cela signifie qu'apprécier l'œuvre en tant que telle, c'est aussi apprécier son emplacement, c'est-à-dire, parvenir à certaines prises de conscience concernant la relation, l'ajustement pour ainsi dire, entre la partie de l'œuvre qui est le fait de l'artiste et la partie de l'œuvre qui précède ce travail, et qui est son site. En bref, apprécier de telles œuvres, c'est apprécier leur ajustement, prendre conscience du fait qu'elles s'ajustent correctement ou non, et si elles s'ajustent correctement, de comment elles y parviennent. Par exemple, au sujet de l'œuvre monumentale de Heizer qui se trouve dans le

---

1. Elizabeth C. Barker, « Artworks on the Land », *Art in America*, 1976, vol. 64, p. 92-96, réimprimé dans A. Sonfist (ed.), *Art in the Land : A critical anthology of Environmental Art*, New York, Dutton, 1983, p. 75. Les trois œuvres sont : Robert Smithson, *Spiral Jetty*, 1970, Great Salt Lake, Utah ; Michael Heizer, *Double Negative*, 1969-1971, Virgin River Mesa, Nevada ; *Complex One*, 1972-1976, South-Central Nevada. J'ai examiné d'autres ramifications de la relation de telles œuvres à leur site dans « Is Environmental Art an Aesthetic Affront to Nature ? », *Canadian Journal of Philosophy*, 1986, vol. 16, p. 635-50.

désert, *Complex One*, Baker rapporte l'effet produit par ces différentes prises de conscience :

> La frontalité de *Complex One* peut être perçue comme projetant sur une portion du paysage un curieux effet de pictorialisation. Ce n'est pas que la présence de l'installation re-présente juste ou individualise cet endroit particulier. C'est aussi qu'en tant qu'entité quasi picturale, plane et à distance, l'œuvre tend à se matérialiser en faisant d'une certaine étendue latérale de terrain un panorama. Ce terrain contextualise l'œuvre et l'œuvre en retour l'encadre [1].

De manière quelque peu analogue, la prise de conscience du fait que les ajouts intégrés dans les œuvres de Serra « restructurent souvent, tout à la fois conceptuellement et perceptuellement, l'organisation du site » [2], fut largement invoquée lors de la discussion sur *Tilted Arc*. En appréciant *Tilted Arc*, les spectateurs vinrent à réaliser qu'une part importante de ce que l'œuvre produit comme effet est « d'altérer et défaire la fonction décorative de la place, de redéfinir l'espace, de modifier le rapport du spectateur à cette place » [3]. En fait, la plupart des critiques adressées à l'œuvre étaient dues à cette prise de conscience et à l'opinion selon laquelle, c'était par là, de façon essentielle, « détruire le concept artistique originel de la place » [4]. En bref, quelques spectateurs apprécièrent l'œuvre, incluant dans cette appréciation des considérations sur l'ajustement de

---

1. Elizabeth C. Barker, « Artworks on the Land », *op. cit.*, p. 79.
2. R. Serra, retranscription de l'audience de New York [1985], *op. cit.*, p. 182.
3. Juge D. DiCarlo, retranscription de l'audience de New York, *op. cit.*, p. 183.
4. *Ibid.*

l'Arc à son emplacement. Ils ne trouvèrent pas cet ajustement à leur gout.

Il n'est pas évident que le rapport des œuvres architecturales à leur emplacement soit aussi fort qu'il ne l'est pour des œuvres telles que *Tilted Arc* et *Complex One*. Il semble que l'emplacement d'une œuvre architecturale ne soit pas toujours, en tous cas, une « partie du contenu de l'œuvre ». Cela n'empêche pas les œuvres architecturales d'être plus proches de ce genre d'œuvres que ne le sont des œuvres telles que *Feuillage d'Automne*. Dès lors, la manière dont ces œuvres sont correctement appréciées est éclairant pour l'architecture. Ainsi, lorsque nous apprécions des œuvres architecturales, nous devons apprécier le rapport de la construction à son site comme faisant partie de l'expérience esthétique en sa totalité. Le fait que les œuvres architecturales posent un problème particulier, que nous avons rapporté à la déclaration de Luther – « Ici je me tiens » – est suffisant pour faire de l'ajustement d'une œuvre à son site un trait central de sa propre appréciation. Nulle part cela n'apparait-il plus clairement qu'avec les maisons de style « organique » de Wright. Taliesin West « individualise », « re-présente », et « matérialise » le paysage désertique où elle située, d'une manière étrangement semblable à celle que Baker rapporte en évoquant l'œuvre de Heizer, *Complex One*. Et le rapport entre Falling Water et son ravin est aussi intime que ne l'est celui de n'importe quelle œuvre de Land Art avec son site. L'architecte et historien Kenneth Frampton parle en ces termes de Falling Water : « Sa fusion avec le paysage est totale [...] car partout la nature se mêle à la construction »[1]. Ici on serait

---

1. K. Frampton, *Modern Architecture : A Critical History*, New York, Oxford University Press, 1980, p. 189.

tenté de déclarer que le ravin est bien en effet une partie de l'œuvre. Et quand bien même cela ne résisterait pas longtemps à un regard attentif, il est tout de même évident, que nous ne pouvons pas apprécier pleinement, si ce n'est l'apprécier du tout, l'œuvre d'art appelé Falling Water, sans apprécier aussi le ravin rocheux envahi par la végétation, et la façon avec laquelle la construction est conçue dans et pour ce ravin. Ici l'ajustement du bâtiment à son site est une dimension essentielle, si ce n'est la dimension essentielle, de l'œuvre.

Il y a une différence importante cependant entre Falling Water et des tours modernistes comme le Seagram Building, l'Union Carbide Building, et la Chase Manhattan Bank. Bien que de telles constructions posent explicitement la question de leur emplacement, il est pourtant moins clair que leur appréciation implique d'emblée une appréciation de l'ajustement à leur site. Peut-être sont-ils, après tout, davantage comparable à *Feuillage d'Automne* qu'à Falling Water ? Pourtant, pousser un peu plus loin la comparaison avec d'autres exemples tels que *Complex One* ou *Tilted Arc* fait ressortir le caractère approximatif d'une telle vue. Chacun, à sa façon, dévoile une facette différente de l'appréciation correcte de telles constructions. D'une part, comme le fait exemplairement *Complex One*, et pour cette raison, Taliesin West, une tour telle que le Seagram Building, « individualise », « re-présente », et « matérialise » son site. Cela apparut très clairement quand cette œuvre fut érigée en 1958 : c'était le premier immeuble de Mies van der Rohe à New York, et avec ses 38 étages de bronze luisant, ses vitres teintées, et le plus grand en son genre dans le monde. Il était reculé de 90 pieds par rapport à la rue, à la fois afin d'aménager une place sur le site et ainsi, dit-on, qu'un pendant au Racquets Club de 1817 de McKim,

Mead et White, de l'autre côté de Park Avenue [1]. D'autre part, encore que la « matérialisation » et l'« individualisation » de son site puissent être ainsi jugées positives pour le Seagram Building, il n'est pas essentiel à un ajustement d'être réussi, pour entrer tout de même à part entière dans l'appréciation de l'œuvre. Certaines formes d'ajustement peuvent être, ou du moins peuvent être jugées par beaucoup de spectateurs, déplacées et même catastrophiques. Certains diront que c'est le genre de rapport que beaucoup de tours modernistes entretiennent à leur site.

Maintenant, si l'on veut aborder le problème du rapport moins positif, ou en tous cas plus polémique qui peut exister entre une œuvre et son site, il est plus éclairant de considérer l'architecture postmoderne. Bien que le soi-disant courant postmoderne semble embrasser en fait n'importe quelle déviation par rapport à la tradition moderniste, Robert A. M. Stern en distingue trois traits essentiels : l'allusion historique, l'ornementation et le contextualisme [2]. Une attention exclusive accordée à ces deux premiers traits est parfois caractérisée comme un postmodernisme de réaction, et une focalisation sur le dernier trait un postmodernisme de résistance [3]. Frampton appelle ce denier un « régionalisme critique » dans la mesure où, de toute évidence, il met l'accent non seulement sur le contexte immédiat, le site, mais encore sur la

---

1. K. Frampton, *Modern Architecture : A Critical History*, op. cit., p. 237.

2. Robert A. M. Stern, cité dans A. L. Huxtable, « The troubled State of Modern Architecture », *New York Review of Books*, 1ᵉʳ Mai, 1980, p. 22-29.

3. Voir par exemple Steven C. Bourassa, *The Aesthetic of Landscape*, London, Belhaven, 1991, p. 136-139, ou H. Forster, « Postmodernisme : une Préface », *in* H. Forster (ed.), *The Anti-Aesthetic : Essays on Postmodern Culture*, Port Townsend, Bay Press, 1983, p. XII.

topographie, les formes architecturales et les techniques de construction locales, et même sur certains autres facteurs pertinents qu'ils soient culturels, sociaux ou politiques[1]. Par contraste, le postmodernisme de réaction, de toute évidence, porte l'essentiel de son attention à des allusions historiques et à l'ornementation, au dépend de presque tout le reste. Le New England Life Building sur Boylston Street à Boston, de Johnson et Burgee, illustre ces deux aspects du postmodernisme. La construction, un exemple de postmodernisme de réaction, a été décrite comme « un bâtiment qui se tape l'incruste dans le bloc », un « intrus qui prend les autres bâtiments de haut », et une tour « en forme de Jukebox » avec des « fenêtres en arcs, des fontaines, des colonnades, un parvis en bonne et due forme, et toutes sortes d'éléments, qui montrent que ses architectes ont feuilleté les pages de livres d'histoire »[2]. L'émotion publique suscitée par la forme extérieure du bâtiment fut telle, que le projet d'un bâtiment similaire fut abandonné, et que son emplacement fut attribué à l'architecte Stern. En contraste avec le bâtiment de Johnson et Burgee, la tour de Stern est dite être « conçue pour ce site, et pour ce seul site, ses détails rappellent les éléments qui rendent si particuliers les autres bâtiments du quartier, et sa forme d'ensemble prend en considération le dessin urbain plus général de tout le quartier »[3]. Le bâtiment de Stern, un exemple de postmodernisme de résistance, est « modelé

1. Voir K. Frampton, « Toward a Critical Regionalism : Six Points for Architecture of Resistance », *in* H. Forster (ed.), *The Anti-Aesthetic : Essays on Postmodern Culture, op. cit.*, p. 16-30.
2. P. Goldberger, « A tale of Two Towers on Boston's Boylston Street », *New York Times*, 24 janvier 1988, p. 31. C. Bourassa attira mon attention sur cet excellent exemple et son traitement par P. Goldberger.
3. *Ibid.*, p. 31.

de façon si spécifique sur les contraintes de ce site en particulier », et « ondule si harmonieusement dans le paysage urbain de Boston », qu'on a déclaré qu'il « rachetait » le site en son ensemble [1]. A la lumière de la distinction entre postmodernisme de résistance et postmodernisme de réaction, il semble clair que le premier, en plus d'offrir peut-être la direction la plus prometteuse que puisse prendre le postmodernisme en architecture, ne présente aucune difficulté nouvelle relative à l'appréciation de l'ajustement entre l'œuvre et son site, comme forme de l'appréciation de l'architecture en général. L'attention scrupuleuse accordée à leur site par des œuvres telles que le bâtiment de Stern à Boston, les rendent comparables en termes d'appréciation à des œuvres telles que Taliesin West ou Falling Water. Par contraste, cependant, le postmodernisme de réaction, comme il a déjà été noté, accentue de manière significative les allusions historiques et l'ornementation, à l'exclusion de toute autre chose et remet ainsi sérieusement en cause l'importance de l'ajustement dans l'appréciation de l'architecture. Des exemples moins caricaturaux de cette mouvance, comme la tour AT&T, peuvent peut-être être traités sur le modèle de *Tilted Arc*. On a par exemple dit de Johnson, imaginant AT&T, qu'il essayait de contrebalancer « l'anonymat et le l'ennui » du site, que l'on peut attribuer aux tours modernistes avoisinantes, ce qui inclut le Seagram Building, auquel il fut d'ailleurs associé. Le rapport entre l'œuvre et son site peut être ainsi perçu, en tant qu'il implique « ironie, frivolité, et un pouvoir de choc calculé » [2]. C'est de façon certaine, au même titre

1. P. Goldberger, « A tale of Two Towers on Boston's Boylston Street », *op. cit.*, p. 31
2. M. McLeod, « Architecture », *in* S. Trachtenberg (ed.), *The Postmodern Moment*, London, Greenwood, 1985, p. 34.

que *Tilted Arc*, un essai visant à « restructurer, tout à la fois conceptuellement et perceptuellement, l'organisation du site ». Bien que cette tentative soit peut être encore davantage humoristique que destructrice. Un auteur s'est d'ailleurs référé au AT&T comme à une « blague de *standup* » [1].

D'autres œuvres plus éclectiques et plus imposantes du postmodernisme de réaction, comme certaines créations classiques de Robert Venturi et Michael Graves, interpellent davantage. Des exemples caricaturaux, tels que le bâtiment de Johnson and Burgee, ont été taxés d'« enfantillages historicistes », d'« histoire fait-maison » et de « classicisme Disney » qui font « osciller entre le kitsch […] et la nostalgie d'une grandeur passée ». [2] Dans de tels exemples, quel sens trouver à l'appréciation esthétique en termes d'ajustement de l'œuvre à son site ? Il semble y avoir deux alternatives. D'un côté, comme suggéré plus haut avec le AT&T, nous pouvons pousser l'analogie avec *Tilted Arc* le plus loin possible, en observant exactement comment de telles construction « restructurent », « déplacent », « déconstruisent », et même « détruisent » *leur* site, autant de relations qui entrent dans notre appréciation des œuvres. Après tout, les « incrustes » et les « intrus qui prennent les gens de haut » ont tout de même des relations, et souvent des relations très intéressantes, avec ceux qu'ils viennent

1. A. L. Huxtable, « The troubled State of Modern Architecture », art. cit., p. 26. Nous n'avons pas traduit l'expression anglaise *standup* qui signifie un genre de comédie américaine. C'était aussi afin de faire ressortir le jeu de mots entre « standup » et la déclaration de Luther « Here I stand ». [NdT]

2. P. Goldberger, « A tale of Two Towers on Boston's Boylston Street », *op. cit.*, p. 34 ; A. L. Huxtable, « The troubled State of Modern Architecture », art. cit., p. 26 ; M. McLeod, « Architecture », *op. cit.*, p. 42.

ainsi importuner. D'un autre côté, si une œuvre qui relève du postmodernisme de réaction n'a vraiment *aucun* ajustement avec son site, positif ou négatif, si son ajustement à l'endroit où elle se trouve est vraiment comparable à l'indifférence de *Feuillage d'Automne* pour son accrochage, alors une alternative plus radicale se dessine d'elle-même. Il s'agirait alors de priver de telles œuvres du statut de forme d'art architectural, pour les qualifier, pour ainsi dire, de simple bâtiment décoratif. Certains l'ont d'ailleurs suggéré. Romaldo Giurgola parle ainsi d'œuvres « s'imposant à leur site ». Il affirme que « faire des connections claires avec un passé et un présent culturels » est très différent de « l'enfantillage sophistiqué », qui « se fait passer pour de l'architecture aujourd'hui ». La première activité seulement fait « d'un bâtiment une véritable œuvre d'architecture » [1]. D'autres font écho à un tel sentiment, concluant que pour faire « d'un bâtiment une œuvre, il faut quelque acte créateur, et non un cannibalisme éclairé » [2]. Je suggère pourtant que, plutôt que d'adopter cette alternative radicale, il est plus porteur de s'interroger sur l'ajustement des œuvres d'architecture selon d'autres modalités encore.

LA FORME ET L'AJUSTEMENT DÉCOULENT DE LA FONCTION

En ce qui concerne les deux problèmes précédemment discutés de l'existence et de l'emplacement, en rapport

---

1. R. Guirgola, « Architecture : More Than a Building », *Architecture Australia*, 1987, vol. 76, p. 43-46, cité dans C. Bourassa, *The Aesthetic of Landscape, op. cit.*, p. 144.
2. A. L. Huxtable, « The troubled State of Modern Architecture », art. cit., p. 26.

avec la question de l'ajustement, nous avons utilisé jusqu'ici des exemples ou bien modernistes ou bien post-modernes de tours de bureaux et certaines réalisations de Frank Lloyd Wright. Aussi il tombe à pic qu'un troisième problème soit introduit en référence à Louis Sullivan dans la mesure où on crédite parfois Sullivan d'être l'un des premiers grands architectes, si ce n'est l'inventeur, des grands immeubles de bureaux, et dans la mesure où Wright était son plus célèbre élève. Dans *De l'immeuble de grande hauteur considéré d'un point de vue artistique*, Sullivan écrit que « la silhouette des grands immeubles de bureaux, leur forme, leur figure extérieure, leur design, ou ce que l'on voudra, doit selon l'exacte nature des choses, découler de la fonction de ces bureaux ». C'est parce que

> C'est la loi immuable des choses [...] de toutes les manifestations vraies de l'esprit, du cœur, de l'âme, que la vie soit reconnaissable à son expression, que la forme toujours découle de la fonction. Ainsi est la loi [...]. Dès lors, quand l'instinct inné et la sensibilité pourront gouverner l'exercice de notre vénéré art, quand la loi connue, respectée, affirmera que la forme découle toujours de la fonction ; alors il pourra être proclamé que nous sommes sur la voie royale d'un art naturel et satisfaisant, l'architecture, qui prochainement sera érigé au rang des beaux arts, dans le meilleur sens du terme, un art qui sera vivant parce qu'il sera l'art du peuple, pour le peuple, et par le peuple [1].

1. L. Sullivan, « The Tall Building Artistically Considered » [1896], réimprimé dans T. and C. Benton (eds), *Form and Function : A Source Book for the History of Architecture and Design 1890-1939*, London, Open University Press, 1975, p. 13-14. J'applique les idées de Sullivan à d'autres sujets dans « On appreciating Agricultural Landscapes », *Journal of Aesthetic and Art Criticism*, 1985, vol. 43, p. 301-312.

Ces remarques de Sullivan proclament avec brio que l'architecture est en vertu de sa nature un art fonctionnel, et ainsi, elles nous rappellent la plus urgente question posée par n'importe quelle œuvre architecturale, la question de sa fonction, de ce qu'elle fait. Plus encore, le slogan « la forme suit la fonction » résume la portée de cette question, ainsi que l'a formulée Sullivan : « la silhouette, la forme, l'expression extérieure, le design, ou ce que l'on voudra » dans une œuvre architecturale doit découler de ses fonctions. Ainsi, bien que Sullivan lui-même fut en apparence de peu d'influence sur le mouvement architectural qui l'a suivi, ses mots n'en ont pas moins saisi tout à la fois la nature de l'architecture en tant que forme artistique, et les idées qui ont dominé cet art durant tout le xxᵉ siècle. Ces idées ne sont pas seulement à l'œuvre dans des réalisations comme celles de Wright ou d'autres architectes directement influencés par Sullivan, mais elles jettent une lumière sur le courant moderniste en son ensemble, remarqué pour ses bâtiments fonctionnalistes, comme on les a ainsi nommés. Mies van der Rohe a par exemple fournit une expression concrète à ces idées :

> L'immeuble de bureau est un espace de travail [...] d'organisation, de clarté, d'économie. Des pièces de travail, larges et lumineuses, faciles à dominer du regard, non divisées, sauf si le travail est lui-même divisé. Le maximum d'effet pour le minimum de moyens dépensés. Les matériaux sont concrets, le métal et le verre[1].

---

1. Ludwig Mies van der Rohe, cité dans K. Frampton, *Modern Architecture*, *op. cit.*, p. 163. De la même façon Gropius déclara : « Nous voulons [...] une architecture dont la fonction est clairement reconnaissable aux relations qu'elle entretient avec sa forme ». Voir aussi « The First Proclamation of the Weimar Bauhaus », *in* H. Bayer (ed.), *Bauhaus*

Et bien que Le Corbusier affirmât que l'architecture ne s'arrête pas aux seules nécessités, il est encore plus étroitement associé à l'idée que la maison est une « machine à habiter »[1]. Même le postmodernisme n'échappe pas aux thèmes auxquels Sullivan a donné voix. Pour le dessin de AT&T, Johnson revient à la division tripartite de la base, de la colonne, et du chapiteau pour laquelle Sullivan milita le premier, au motif que la forme extérieure doit refléter la fonction intérieure[2].

Comme il en est pour les autres problèmes relatifs aux œuvres architecturales, une comparaison avec différentes formes artistiques clarifie ce problème de la fonction. Quand nous observons *Feuillage d'Automne* nous ne nous posons pas la question de la fonction de l'œuvre, pas plus que l'œuvre ne se la pose, puisque en un sens non négligable, une telle œuvre n'en a pas. Bien sûr, si nous défendons une théorie de l'art à la Tolstoï, alors nous pourrions poser une question concernant la fonction spécifique dévolue à une œuvre, comme une manière de poser la question de la fonction, s'il y en a une, de l'art en général. Par ailleurs, si nous ne sommes pas au clair à propos de la nature exacte du type d'art auquel nous sommes confrontés, alors nous pourrions nous poser une question à propos de la fonction de l'œuvre comme un moyen de nous demander ce que

1919-1928, New York, Museum of Modern Art, 1938 ; réimprimé dans Larry L. Ligo, *The Concept of Function in Twentieth-Century Architectural Criticism*, Ann Arbor, University of Michigan, Research Press, 1984, p. 12.

1. Le Corbusier, « The New Spirit in Architecture » [1924], réimprimé dans T. and C. Benton (eds), *Form and Function...*, *op. cit.*, p. 132-133.

2. L. Sullivan, « The Tall Building Artistically Considered », *op. cit.*, p. 11-13.

fait cette œuvre en tant qu'œuvre d'art – par exemple, est-elle ou non figurative, et si oui, ce qu'elle représente. Mais en dehors de ce genre de questions, le problème de la fonction spécifique de *Feuillage d'Automne* ne joue aucun rôle dans notre appréciation de l'œuvre. Par contraste, la question de la fonction spécifique remplie par des œuvres telles que Falling Water ou AT&T est directement formulée par ces œuvres elles-mêmes, et pertinente dans notre appréciation de celles-ci. Il est essentiel à notre appréciation d'une œuvre architecturale que nous en venions à une prise de conscience à propos de ce qu'elle fait – de savoir si c'est un immeuble de bureaux ou un temple, une forteresse ou une cathédrale, une maison ou un mausolée. Ce sont là toutes, cela mérite d'être relevé, des catégories fonctionnelles. Plus encore, ici l'architecture ne diffère pas seulement d'œuvres telles que *Feuillage d'Automne*, mais aussi du Land Art et des « *Placements Pieces* » avec lesquelles l'architecture a de toute évidence, beaucoup en commun. Bien que des œuvres telles que *Complex One* et *Tilted Arc* puissent poser la question de l'existence et posent de façon certaine des questions concernant leur emplacement et ajustement à leur lieu, pas davantage que *Feuillage d'Autmone*, n'ont-ils de fonction spécifique.

Il y a cependant d'autres formes artistiques qui sont par nature plus fonctionnelles. Particulièrement pertinent pour l'architecture est ce que l'on peut penser de son parent pauvre : les monuments publics. Pensons par exemple aux statues de généraux, ou aux mémoriaux des Première et Seconde Guerres mondiales à Washington [1]. Nous pourrions être tentés de retirer le qualificatif d'art à quelques-unes

---

1. Maya Ying Lin and Jan Scruggs, *Vietnam Veterans Memorial* (1982, Washington, DC).

de ces œuvres, mais dans beaucoup de cas ce serait une erreur, et ce le serait certainement pour les mémoriaux. Pour beaucoup de ces œuvres, et en particulier certains des monuments très abstraits en souvenir de la Première Guerre mondiale, nous nous posons à juste titre des questions concernant leur fonction, de la même manière que nous posons à *Feuillage d'Automne* des questions par exemple, sur son caractère figuratif ou non, et sur ce que l'œuvre représente. Pourtant, contrairement à *Feuillage d'Automne*, et contrairement même à des œuvres de Land Art ou de « *Placement Pieces* », un monument pose une autre question encore concernant sa fonction, une question qui ne concerne pas ce que fait l'œuvre en tant qu'œuvre d'art, mais ce qu'elle fait en plus d'être de l'art et d'agir en tant tel. En formulant de telles questions, de toute évidence, nous considérons quelle guerre, bataille, action, ou quels personnages de tels monuments commémorent, pourquoi ils le font, etc. ; en bref, nous nous intéressons aux fonctions culturelles, sociales et politiques du monument. Et la prise de conscience de ce type de fonctions est une part indispensable de notre appréciation de l'œuvre. Si nous apprécions par exemple le Mémorial des vétérans du Vietnam, en l'absence de telles prises de conscience, nous ne faisons que l'expérience d'un mur sombre recouvert de milliers de noms. Et notre appréciation en est par là tout à la fois appauvrie et inappropriée. Ici il est également utile de mettre en avant les points communs et les différences entre les monuments publics et l'architecture. Ces œuvres nous montrent clairement de quelle façon une expérience complète des œuvres architecturales est sous la dépendance de notre appréciation des fonctions qui sont les leurs, indépendamment du fait d'être de l'art ou d'agir en tant que tel, ou ce qu'on pourrait encore appeler leurs fonctions non-artistiques. Cela n'est pour nous surprendre, à l'aune de la perméabilité des frontières entre l'architecture et le reste du monde.

Plus éclairantes encore sont les différences existant entre les monuments publics et mémoriaux d'avec les œuvres architecturales. La différence principale concerne la nature des fonctions non-artistiques et les moyens avec lesquels elles sont remplies. Les monuments publics et les mémoriaux remplissent des fonctions de commémoration, de célébration, de vénération, de glorification. Leur but est d'informer, de rappeler à la mémoire, de provoquer et d'inspirer des émotions. Par suite, de telles œuvres remplissent leur fonction sans détour, à même leur surface, en général, de manière explicitement figurative ou symbolique. La statue équestre de général, sabre à la main, ou la plaque de granite noire gravée de ses 58 132 noms du Mémorial des vétérans du Vietnam, dénotent chacune à sa manière directe une guerre déterminée et ceux qui y ont combattu et se sont sacrifiés. Il n'y a là rien qui ne soit caché, aucune autre façon par laquelle, ou aucun autre endroit où la fonction ne pût effectivement être remplie, pas de mécanisme alternatif ou d'endroit caché à l'intérieur duquel le véritable travail ne fût accompli. Aussi, avec de telles œuvres, n'y a-t-il même pas besoin de rappeler que la forme doit découler de la fonction. En général, la forme elle-même est ce qui remplit la fonction – la fonction est incorporée à la forme. En revanche, aux œuvres architecturales sont assignées d'autres genres de fonctions non-artistiques ; elles protègent, abritent, consolent, offrent des lieux où vivre, travailler, et prier. Etant donnée la nature de telles fonctions, les œuvres architecturales doivent en général les remplir littéralement plutôt que symboliquement. Même si une cathédrale symbolise la gloire et la puissance de Dieu, elle n'en doit pas moins être une maison de prière, et fournir un endroit où l'on puisse prier. Ce fait relatif à la nature des fonctions dévolues à l'architecture explique en retour l'importance du rappel suivant lequel, lorsqu'il s'agit d'architecture, la forme doit découler de la fonction. Car lorsque la forme n'incorpore pas directement la fonction, contrairement à ce qui passe pour les formes symboliques, alors il apparait possible pour la forme de ne pas découler de la fonction, en suivant, pourrait-on dire, son propre chemin. Et cette possibilité est accentuée par un second trait important de la nature fonctionnelle de l'architecture, qui est en rapport avec la façon dont en général les œuvres architecturales, à la différence des monuments, remplissent leur fonction : elles ont un intérieur.

Le fait que les œuvres architecturales, contrairement à la plupart des autres œuvres d'art, aient, de par leur nature, un espace intérieur aussi bien qu'un lieu extérieur, découle de toute évidence, de leur fonctionnalité et des types particuliers de fonctions qu'elles accomplissent, car de telles fonctions sont en général accomplies à l'intérieur des œuvres. Dans les faits, si une construction n'a pas d'intérieur, soit parce qu'elle ne remplit aucune fonction importante, comme cela est vrai de la plupart des œuvres de Land Art, soit parce que sa fonction est remplie exclusivement à l'extérieur, comme cela est vrai des Temples Monticules méso-américains, il est même en un sens difficile de voir ces constructions en tant qu'œuvres architecturales. Les œuvres architecturales posent la question, auxiliaire à celle de leur fonction, de la nature de leur espace intérieur : c'est ce que signifie « l'intériorité » de l'architecture. Et contrairement à ce qui se passe pour toutes les formes artistiques précédemment évoquées, les prises de conscience relatives à l'intérieur des œuvres architecturales sont une dimension importante de leur appréciation. Nous pouvons toujours spéculer sur ce que pourrait être l'intérieur de *Complex One*, ou avec plus de difficulté encore de *Feuillage d'Automne*, ou à quoi ces intérieurs ressembleraient, mais de telles spéculations n'entreront pas en compte de façon essentielle, si déjà elles entrent en compte dans notre appréciation correcte de telles œuvres. En revanche, parvenir à des prises de conscience à propos de l'intérieur d'une œuvre comme Falling Water, et si possible faire l'expérience directe de cet intérieur, entrent en compte de façon essentielle dans l'appréciation correcte de l'œuvre. Il n'est pas étonnant que les livres sur l'architecture présentent des schémas et des illustrations aussi bien de l'intérieur des constructions, que de leur extérieur. Il n'est pas étonnant non plus qu'il y ait quelque chose d'extrêmement frustrant dans l'appréciation extérieure, d'une cathédrale par exemple, ou d'une petite église rurale, si nous découvrons ensuite qu'elle est fermée, et que nous ne pourrons pas en apprécier l'intérieur.

De l'importance de l'intérieur dans l'appréciation des œuvres architecturales, s'en suivent deux ramifications. Tout d'abord, est développée plus avant l'importance du motif « la forme suit la fonction ». Il apparait que ce slogan contient en général l'idée d'un pont, pour ainsi dire jeté entre l'intérieur et l'extérieur. Et en effet, comme il a déjà été remarqué, bien que la fonction soit en général accomplie à l'intérieur de l'œuvre, la partie la plus appréciable de sa forme est extérieure. L'importance de l'intérieur soulève ensuite une nouvelle question relative à l'ajustement dans l'appréciation de l'architecture. En plus du problème de l'ajustement de l'œuvre à son site, il y a aussi celle de l'ajustement entre l'intérieur et l'extérieur. Il résulte de ces deux ramifications que la question de l'ajustement est véritablement une question à trois variables qui comprend l'intérieur, l'extérieur, et le site, et puisqu'une grande part de l'ajustement est accompli par la forme, cette question plus générale de l'ajustement peut être ainsi caractérisée comme celle de savoir si oui ou non *l'ajustement découle de la fonction*[1]. Quelques exemples peuvent éclairer certains aspects de cette question plus générale. Nous avons précédemment considéré des cas de défaut d'ajustement entre l'extérieur d'une œuvre architecturale et son site, comme c'est le cas pour certains immeubles post-modernes. Il y a des exemples analogues de défaut d'ajustement entre l'extérieur d'un bâtiment et les fonctions qu'il remplit à l'intérieur. Les types de défaut d'ajustement les plus frappants sont les plus révélateurs. Pensons à l'expérience déconcertante de rentrer dans un centre des postes d'une vieille ville, ou une grande gare ferroviaire, et de découvrir que le bâtiment a été vidé et remplacé par de toutes nouvelles boutiques et des restaurants branchés. De tels expédients ont pu être nécessaires afin de sauvegarder le « bâtiment », mais ce qui en est ainsi sauvegardé n'est plus que la coquille vide, la moitié d'une œuvre architecturale qui ne peut plus être tout à fait appréciée, en raison du défaut d'un quelconque ajustement entre l'extérieur du bâtiment et les fonctions qu'il remplit à l'intérieur. On peut faire une expérience tout aussi déconcertante, quoique inversée, dans le Musée National du Canada, où en ses profondeurs, entouré par des salles consacrées aux peintures canadiennes et internationales, on peut entrer dans et apprécier pleinement l'intérieur entièrement intact de la Chapelle du couvent de la vieille Rideau Street d'Ottawa. C'est l'œuf sans la coquille.

---

1. Je développe une notion apparentée, d'un ajustement mutuel dans « Reconsidering the Aesthetics of Architecture », *The Journal of Aesthetic Eductation*, 1986, vol. 20, p. 21-27.

FONCTION, LOCATION, EXISTENCE :
LE PARCOURS DE L'APPRÉCIATION

Dans les trois sections précédentes, nous avons considérés trois défis posés par les œuvres architecturales, et qui ne le sont pas en général pour les autres formes d'art : la question de l'existence, la question du lieu, et la question de la fonction. Chacune requière de nous que nous en venions à certaines prises de conscience, en rendant ainsi appréciables certaines dimensions des œuvres architecturales : la première, l'existence même de l'œuvre ; la seconde, l'ajustement de l'œuvre avec son site ; et la troisième, l'ajustement du site et de l'extérieur de l'œuvre avec les fonctions qui se trouvent à l'intérieur. Les conclusions de ces trois sections peuvent maintenant être rapportées les unes aux autres afin d'exposer dans ses grandes lignes une façon générale de relever ces défis. Dans la première section, la discussion des thèses de Tolstoï sur l'art suggère que l'idée centrale qui permette de répondre au problème de son existence, engage la nature fonctionnelle de l'architecture. Cette suggestion est développée et confortée dans les deux sections suivantes. Dans la seconde section, la question de l'existence – être ou ne pas être – est élargie et approfondie en cette autre question : être ou ne pas être ici. Elle est ainsi alignée sur la question de l'ajustement. Dans la troisième section, le problème de l'ajustement est de façon analogue élargie et approfondie par la mise au jour d'un ajustement à trois variables. L'idée que la forme doit découler de la fonction est développée de telle façon à suggérer que l'ajustement également doit découler de la fonction. Il en résulte une proposition que Tolstoï, Sullivan, et d'autres encore auraient pu soutenir :

la fonctionnalité des œuvres architecturales est la clé de tous ces problèmes. En bref, prendre conscience de la fonction remplie par une œuvre architecturale est parmi les moyens les plus efficaces si nous voulons rendre appréciables, tout d'abord l'ajustement de l'intérieur de l'œuvre à son extérieur, ensuite, l'ajustement de l'œuvre à son site, et enfin l'existence même de l'œuvre.

Recourir à la fonction d'une œuvre architecturale pour une meilleure appréciation de son ajustement à trois variables, ainsi que de son existence se justifie assez facilement pour des œuvres telles que Falling Water. Peut-être est-ce parce que Falling Water est une création de Wright, qui, en tant que disciple de Sullivan, semble avoir dessiné l'œuvre de telle manière que, d'après les mots de Sullivan, « la silhouette, la forme, l'expression extérieure, le design ou ce qu'on voudra » découle de la fonction du bâtiment. Ainsi, l'œuvre est aisément et directement appréciable à la lumière de sa fonction. Après tout, *Falling Water* est une maison de villégiature, un lieu d'agréable retraite, de retour à la nature. De cette fonction découlent sans heurts l'intrication des espaces intérieurs et extérieurs, « la fusion presque totale » avec le site naturel rocheux et boisé, et pour commencer l'existence même de la maison en ce site. Plus encore, il n'est pas étonnant, que de nombreuses œuvres modernistes du XXᵉ siècle se prêtent à un pareil traitement, comme s'y prêtent aussi des œuvres classiques plus anciennes, en particulier les bâtiments publics et religieux qui composent la quasi-totalité de l'histoire de l'architecture. En revanche, les œuvres qui nous confrontent violemment à leur existence et à leur défaut apparent d'ajustement, ainsi de quelques-unes des tours postmodernistes que nous avons précédemment évoquées, sont des cas plus difficiles. Comme il a déjà été remarqué, le bâtiment de Johnson, AT&T, nous laisse perplexe quant à la légitimité de son existence. Comme nous l'avons vu à la fin de la troisième section de ce chapitre, les bâtiments qui relèvent d'un postmodernisme de réaction, tel que le New England Life Building de Johnson et Burgee, en laissent beaucoup plus encore perplexes quant à la question de savoir s'ils sont des exemples ou non de l'art architectural.

Il peut alors s'avérer utile d'examiner une autre œuvre postmoderne, si l'on veut mettre en avant l'importance de la fonction pour des cas si délicats. Le bâtiment-forteresse de Michael Graves à Portland [1] est à cet égard particulièrement éclairant. Encore davantage que pour d'autres constructions postmodernes, l'existence de cette œuvre et son statut en tant qu'exemple d'art architectural ont été très discutés [2]. Au premier regard, le bâtiment frappe beaucoup d'observateurs par son aspect fantastique, si ce n'est grotesque. A côté d'autres traits hauts en couleurs, le bâtiment a été conçu de telle sorte à présenter deux fausses colonnes rectangulaires sur plusieurs niveaux le long des façades principales, une sculpture figurative, Portlandia, au-dessus de l'entrée principale, et de nombreuses guirlandes ornant les façades latérales. Dans pareil cas, recourir à la fonction ne semble d'aucune façon rendre l'œuvre plus

---

1. Michael Graves, *City of Portland Public Services Building* (1980-1983, Portland, Oregon).
2. Voir par exemple la critique architecturale d'Alain Colquhoun. « Ce que le bâtiment affirme, avec une force et une intensité peu banales et d'une manière presque inédite, c'est que l'architecture, que l'histoire nous a léguée, est maintenant impossible ». Voir aussi K. Forster, A. Drexler, V. Scully, A. Colquhoun, A. Greenberg, P. Johnson, J. Burgee, « The Portland Building », *Skyline*, Janvier 1983, p. 19.

appréciable. Pourtant, savoir que le bâtiment est celui des Services Publics et de la Ville de Portland améliore quelque part notre appréciation de l'œuvre. Cette prise de conscience nous aide à apprécier, à la lumière de la fonction d'ensemble du bâtiment, le rôle des traits en apparence licencieux, tout juste mentionnés. Ainsi, par exemple, nous en venons à apprécier les colonnes comme une invocation des Portes à l'entrée des villes, la sculpture comme une réinterprétation du motif de l'emblème d'une ville, et les guirlandes comme de traditionnels symboles de bienvenue. En bref, bien que dans ce type de cas, une prise de conscience de la fonction remplie par le bâtiment puisse ne pas répondre à toutes nos questions, il apparait pourtant que cette prise de conscience approfondit et enrichit notre appréciation y compris des exemples les plus délicats. Et en dernière analyse, aborder des œuvres de cette façon est peut-être plus porteur que de s'attacher à les exclure du champ de l'architecture.

A la lumière de ces observations, il est maintenant possible de tirer quelques conclusions très générales à propos de l'appréciation esthétique appropriée aux œuvres architecturales ; souligner d'une façon très générale ce qui peut être appelé le parcours de l'appréciation pour une œuvre architecturale et, faisant cela, essayer de jeter quelque lumière sur certaines de ces choses qui sont particulièrement enrichissantes dans l'appréciation de l'architecture. Prenons le scénario suivant. Nous sommes devant une œuvre particulière ; elle affirme « Ici je me tiens », nous posant par là trois défis concernant son existence, son lieu, sa fonction. Elle nous enjoint en quelque sorte d'examiner, tout d'abord pourquoi elle existe, ensuite pourquoi elle se tient ici en particulier, et ce qu'elle fabrique, quasi-littéralement, ici. Une part importante et correcte de notre appréciation appropriée de l'œuvre, doit ainsi engager de notre part certaines prises de conscience qui vont répondre à ces questions, et résoudre ces problèmes. En revanche, nous ne pouvons pas formuler ces questions comme nous pouvons formuler des questions relatives à *Feuillage d'Automne*, c'est-à-dire, en relevant le défi posé par la déclaration « Ici je me tiens », avec la naïveté d'une question telle que « Où est-ce que je me tiens? », et après avoir ensuite déterminé l'endroit approprié pour contempler l'œuvre. Tout simplement parce que, si ce que nous avons déjà relevé est correct, la clé des trois problèmes soulevés par une œuvre architecturale est la solution apportée au dernier, le problème de sa fonction. Or, nous ne pouvons pas tout de suite et sans détour en venir à une prise de conscience au sujet de la fonction d'une œuvre architecturale, si d'ailleurs on peut jamais y parvenir de cette façon, en se contentant de la contempler depuis un endroit particulier, en face d'elle.

Qu'on ne puisse pas, en général, en venir aisément à une prise de conscience au sujet de la fonction d'une œuvre architecturale par une contemplation statique, doit être rapporté à un certains nombre des traits architecturaux que nous avons mis en évidence dans les sections précédentes. Par exemple, étant donné que l'appréciation de l'architecture n'est pas une expérience coupée du monde, et que la fonction d'une œuvre est en général non-artistique, il y a peu de chances que la fonction d'une œuvre puisse se dégager de la seule contemplation. A cet égard, la fonction de l'architecture est inassimilable à la fonction que Tolstoï attribue à l'art en général. Ce n'est pas une fonction qui agit directement sur l'appréciateur, et ainsi ce dernier ne peut en venir à une prise de conscience par une contemplation simplement statique. C'est plutôt le type de fonction dont l'appréciateur en vient à prendre conscience en faisant l'expérience de la fonction elle-même. Plus encore, il n'est pas tout à fait adéquat de connaitre tout d'abord la fonction d'une œuvre, puis de contempler l'œuvre à la lumière de ce savoir. L'appréciation esthétique implique que les prises de conscience aient lieu en faisant l'expérience de l'œuvre. Pour apprécier de façon appropriée *Feuillage d'Automne* on ne saurait se contenter de savoir que c'est là une œuvre figurative et de savoir ce qu'elle représente ; c'est bien plutôt ce savoir qui doit être essentiellement engagé dans notre expérience de l'œuvre. De manière analogue avec l'architecture, nos prises de conscience au sujet de la fonction d'une œuvre doivent être engagées dans notre expérience de l'œuvre. Aussi n'est-il en fait pas suffisant d'en rester au seul savoir qu'une certaine construction est une cathédrale, pour que la mise au jour de cette fonctionnalité puisse véritablement nous en faciliter l'appréciation en tant qu'œuvre architecturale. Idéalement, une appréciation appropriée devrait engager la prise de conscience de sa fonction religieuse par une expérience directe de cette fonction en action. En faisant par exemple l'expérience, quoi qu'on n'y prenne pas forcément part, d'une messe à l'intérieur même de la cathédrale.

Que la fonction d'une œuvre architecturale soit par nature non-artistique ou encore qu'on doive en faire l'expérience en action, ne sont pourtant pas les raisons principales qui expliquent que nous ne puissions en venir facilement à une prise de conscience au sujet de la fonction d'une œuvre architecturale par une contemplation statique. C'est plutôt parce que cette fonction non-artistique se produit normalement à l'intérieur de la construction. La fonction d'une œuvre est en général remplie à l'intérieur de l'œuvre, partant, nous en faisons l'expérience également à l'intérieur de l'œuvre. En ce sens, une telle appréciation est en quelque sorte analogue à l'appréciation d'un *thriller*, d'une pièce à suspense, ou d'une symphonie, qui chacune mène à un climax. Peut-être est-ce la raison pour laquelle l'architecture est parfois qualifiée de musique figée. Avec l'architecture pourtant, le parcours de l'appréciation n'est pas entièrement déterminé par l'œuvre elle-même. Ceux qui apprécient une œuvre architecturale doivent plutôt parcourir leur propre chemin, de la confrontation initiale à l'œuvre jusqu'à l'expérience de sa fonction interne. En général, apprécier l'œuvre architecturale signifie se déplacer de l'extérieur à l'intérieur; l'appréhender d'abord depuis une certaine distance, puis s'en rapprocher et peut-être en faire le tour, et, finir par entrer dans l'œuvre. Et en un sens, c'est là le parcours naturel de l'appréciation, en ceci qu'en se confrontant à une œuvre les questions de l'existence, du lieu, et de la fonction sont ainsi posées selon cette succession logique. Ainsi, en appréhendant l'œuvre à distance, nous faisons l'expérience de l'existence de l'œuvre; en s'en rapprochant et en en faisant le tour, nous faisons l'expérience de sa forme extérieure, et de l'ajustement à son site; et enfin, en y entrant nous faisons l'expérience de l'ajustement de son espace extérieur et intérieur, et en venons par notre expérience de l'œuvre à prendre conscience de sa fonction. De même que pour le thriller ou la symphonie, le climax surgit presque à la fin du parcours de l'appréciation.

Il y a cependant une dernière complication concernant le parcours de l'appréciation en architecture, quelque chose qui relève du paradoxe, qui participe de la richesse et du caractère singulier de l'expérience esthétique des œuvres architecturales. C'est que, alors même que, se confrontant à une œuvre, les questions de l'existence, du lieu et de la fonction, sont soulevées dans cet ordre particulier, dans notre expérience de l'œuvre, les prises de conscience décisives pour répondre à ces questions – c'est-à-dire les prises de conscience relatives à la fonction – arrivent en général à la fin. Comme nous l'avons relevé, le parcours physique de l'appréciation est en général orienté de l'extérieur vers l'intérieur. Ainsi, alors que le parcours physique suit une certaine direction, le parcours appréciatif indexé sur les prises de conscience obtenues lors de ce parcours physique, suit une direction opposée. Ce dernier parcours, en un sens le véritable parcours de l'appréciation, engage une série de prises de conscience courant dans une direction opposée : de la fonction de l'œuvre à, dans l'ordre, une prise de conscience de l'ajustement de ses espaces intérieurs et extérieurs, de l'ajustement de l'œuvre à son site, et enfin au sujet de l'existence même de l'œuvre. En bref, l'appréciation esthétique d'une œuvre architecturale est un processus expérimental qui, non seulement n'est pas achevé avant que la fin ne soit atteinte, mais qui n'est pas même achevé avant que la fin soit interprétée et projetée de manière rétrospective sur tout le processus, de sorte que l'expérience en sa totalité en soit par là approfondie, enrichie, et achevée. Ce mode d'appréciation esthétique, contourné et en un sens auto-réflexif, encore qu'il ne soit pas limité à l'expérience de l'architecture, est l'un des aspects qui contribuent à rendre de telles expériences particulièrement enrichissantes.

FORME ET FONCTION

PRÉSENTATION

Dans cette deuxième partie, nous donnons à lire trois textes émanant de certains des architectes les plus importants du mouvement moderne à trois époques distinctes de son développement : origine et fondation du mouvement ; première génération d'architectes au moment de l'hégémonie du modernisme ; moment d'héritage des acquis des pionniers de l'architecture moderne et début de l'exercice d'un regard plus distancié et critique. Ce n'est pas un hasard si, dans l'examen du débat entre forme et fonction, nous avons choisi de présenter des textes écrits par des architectes théoriciens. Car, si dans notre première partie, il s'agissait d'interroger différentes conceptions de la nature de l'architecture (et il est apparu très clairement que la question des rapports entre la dimension formelle et le domaine fonctionnel était l'un des enjeux majeurs d'une telle interrogation), une telle réflexion sur l'essence de l'architecture engage toujours déjà la dimension *de la conception du projet architectural*, c'est-à-dire la question de la création en architecture. Le regard que portent les architectes sur leur propre pratique est ici indispensable à la bonne intelligence de ces questions et il offre un éclairage nécessaire à qui entend opérer un retour réflexif sur le processus de conception d'un édifice. Si les fonctionnalistes les plus stricts affirment sans ambages que l'architecture est une discipline strictement fonctionnelle (technique et scientifique) dans laquelle les questions formelles sont ou bien superfétatoires et étrangères au domaine architectural ou bien entièrement déterminées par des considérations fonctionnelles (il y a pour ainsi dire autant de versions du fonctionnalisme que d'architectes fonctionnalistes), d'autres architectes privilégient une sorte d'autonomie formelle irréductible aux questions de structure, d'usage ou de programme.

Si l'étude de la fonction apparaît bien comme absolument nécessaire en architecture, ni l'extension à donner à ce concept, ni la nature des rapports de détermination et d'antériorité avec les questions formelles ne sont encore résolues. Si l'on associe couramment le champ du fonctionnel à la résolution des problèmes techniques et utilitaires de structure, de résistance, d'adaptation aux contraintes du site et du budget, de choix des matériaux ou encore de satisfaction du programme, on pourrait tout aussi bien considérer que la question de la satisfaction esthétique (notamment en termes d'expérience et d'usage du bâtiment), foncièrement liée à la forme, devrait également faire partie des critères permettant de juger si un bâtiment « fonctionne bien » ou non. Les frontières entre forme et fonction sont parfois imprécises et l'approfondissement de la réflexion sur les critères de la satisfaction fonctionnelle fait apparaître que les oppositions trop catégoriques entre fonction et forme (pratique contre esthétique ; technique contre artistique ; matériel contre spirituel) sont des freins à notre appréhension des qualités architecturales. De plus, face à cette imbrication des questions formelles et fonctionnelles, les liens de priorité ou d'antériorité à donner à l'une de ces deux dimensions dans la genèse du projet semblent plus difficiles à trancher que ce qu'une première approche du phénomène pouvait indiquer. L'idée d'un lien causal direct entre résolution des problèmes fonctionnels et genèse de la forme est également à remettre en question, ce qui revient à poser la question de l'autonomie relative de la forme et de la fonction au sein de l'acte synthétique de projection d'un édifice.

Nous commencerons par présenter un texte fondamental concernant ces questions, le fameux texte « L'immeuble de grande hauteur envisagé d'un point de vue artistique », écrit par l'architecte Louis Sullivan (1856-1924), dans lequel il énonce et définit le principe premier du fonctionnalisme « *form follows function* ». Avec son associé Dankmar Adler, Sullivan sera l'un des pionniers du modernisme avec la construction de gratte-ciel à armature d'acier à toit-plat et à division tripartite, édifices parmi les plus représentatifs de ce que l'on a coutume de nommer « l'école de Chicago » en architecture : le Wainwright Building à Saint-Louis, le Guaranty Building et le Stock Exchange à Chicago. Sullivan sera également le mentor d'une autre icône de la modernité, l'architecte Frank Lloyd Wright.

Traitant de l'exemple de l'immeuble de grande hauteur par une analyse magistrale des données utilitaires auxquelles de tels édifices doivent répondre pour ensuite en déterminer la forme, l'article de Sullivan constitue dans son écriture même une sorte de démonstration ou de monstration de la genèse du projet par l'acte réflexif d'analyse des données fonctionnelles du problème constitué par la réalisation du programme architectural de l'immeuble de grande hauteur. Après avoir énoncé l'ensemble des conditions « matérialistes » du problème (nécessité de bureaux pour les transactions commerciales ; invention et perfectionnement du système des ascenseurs permettant une circulation verticale aisée ; possibilité de constructions économiques et structurellement viables du fait du développement de la production d'acier ; croissance exponentielle de la population urbaine conduisant à un engorgement du centre-ville, etc.) rendant selon lui nécessaire l'adoption de la forme architecturale de l'immeuble de grande hauteur, Sullivan insiste sur le fait que, si l'architecture doit partir de la formulation d'un problème posé d'abord en termes fonctionnels, elle doit également intégrer à sa solution une dimension artistique et émotionnelle.

La lecture de ce texte permet (de manière assez surprenante) de mesurer la distance entre les intentions originelles de Sullivan et l'interprétation simplificatrice du fonctionnalisme en tant que slogan. En effet, que veut dire pour la forme « suivre » la fonction (le programme, les nécessités de structure) ? S'agit-il d'une détermination « mécanique » selon laquelle la forme découlerait automatiquement de l'analyse rationnelle des fonctions du bâtiment ? S'agit-il d'une détermination causale stricte ? Absolument pas pour l'architecte américain. Contrairement aux interprétations courantes du slogan « *form follows function* », les intentions de Sullivan étaient bien plus « organicistes » et spirituelles que mécanistes et rationalistes. S'inspirant de certains courants fondateurs de la pensée américaine (le transcendantalisme notamment), Sullivan pense la formule « la forme suit la fonction » (« la vraie philosophie immuable de l'art architectural ») comme l'exemplification d'une loi manifestée dans toutes les formes du vivant et de la nature, et il développe une pensée proche d'une sorte de « vitalisme métaphysique », dans laquelle la métaphore organique joue à plein régime. L'architecte « fonctionnaliste » se fait ici penseur de la nature et de la vie, chercheur inlassable de la loi même du vivant, cela afin de fonder l'architecture sur des principes vrais, si tant est que le bâtir est également l'une des manifestations par laquelle la vie adopte une certaine forme. Loin de tout arbitraire formel ou de tout *a priori* esthétique, l'architecture dans sa dimension de forme, si elle ne résulte pas automatiquement de l'analyse fonctionnelle (des fonctions ne créent jamais comme telles des formes) mais requiert l'intervention du geste créatif, doit pouvoir s'ancrer dans une telle analyse afin de suivre la logique organique devant présider à l'édifice et lui donnant son sens (programme, usage, matériaux, structure).

Le deuxième texte, intitulé « L'humanisation de l'architecture » est un article de l'architecte finnois Alvar Aalto (1898-1976), grande figure issue de la deuxième génération du modernisme, qui propose dans ce texte peu connu sa vision d'un fonctionnalisme « élargi », basé sur un rationalisme psychophysique intégral. Après avoir démenti les prétentions de la recherche purement formelle (la forme pour la forme) à pouvoir régler un quelconque problème concret, Aalto insiste sur la polysémie du terme « fonction » et redéfinit le concept de fonction en l'élargissant à l'ensemble des problèmes humains engagés dans la conception d'un objet architectural. Les fonctions humaines étant plurielles, le fonctionnalisme véritable se doit dès lors de satisfaire l'ensemble de celles-ci, sous peine de manquer son objet et de ne plus être fonctionnel du tout. La fonction, ce n'est pas uniquement le domaine du choix des matériaux ou de la satisfaction des besoins corporels immédiats (se protéger du froid, circuler, dormir, stocker, etc.), c'est là ce qu'il appelle un « fonctionnalisme purement technique », mais également la prise en compte des implications psychologiques et culturelles engagées dans la création des objets qui nous entourent. Si le but dernier de l'architecture est « de mettre le monde matériel en harmonie avec la vie humaine », il s'agit de prôner un « élargissement des méthodes rationnelles » incluant ce qu'Aalto appelle le « secteur psychophysiologique ». Dans une telle pensée, la question de la forme, bien qu'elle possède une autonomie relative, semble intégrée dans le champ de la réflexion fonctionnelle élargie, puisque la perception des formes correspond selon Aalto à la dimension de l'une des fonctions à satisfaire par tout objet architectural. Forme et fonction ne sont plus pensées comme deux notions essentiellement distinctes, mais la forme devient l'une des dimensions du fonctionnel repensé par Aalto. Dans ce texte, l'architecte finnois met en œuvre avec brio sa conception d'une architecture humaniste, faisant de l'ensemble des besoins humains le centre véritable de la conception architecturale (et non pas simplement des préoccupations internes à l'économie de l'objet).

Enfin, le texte suivant, intitulé « Principe formel et projet », est un article du grand architecte et théoricien américain Louis I. Kahn (1901-1974). Dans une veine d'inspiration platonicienne, Kahn réaffirme la primauté de la forme redéfinie comme une sorte d'Idée intelligible (ce qu'il appelle le « principe formel ») préexistant à son incarnation concrète dans des objets et des édifices (le « projet ») qui sont autant de manières d'approcher et de découvrir l'idéalité présidant à la création et de l'adapter aux nécessités contextuelles et programmatiques auxquelles l'architecte a à faire face. Le principe formel renvoie ainsi à la dimension de la nature essentielle du bâtiment (quoi) et le projet à la manière de la mettre en œuvre de manière

singulière et contextuelle (comment). Ainsi, si l'on peut
bien concevoir des projets d'écoles multiples et infiniment
différents, il s'agit toujours pour Kahn de faire en sorte
que ceux-ci correspondent à l'idéalité d'une essence non-
mesurable de l'institution scolaire (le principe formel),
dont les projets, aussi différents soient-ils, doivent être
l'expression et dont on doit sentir l'inspiration. Le principe
formel joue ici le rôle d'idéal régulateur. Au fond, tout
n'est pas toujours possible dans un projet, tout édifice
engageant le respect d'un principe formel normatif. Ici,
ce ne sont plus uniquement les impératifs fonctionnels qui
exercent une contrainte sur la libre activité de projection
de l'architecte, mais également l'idée du principe formel
à laquelle les fonctions particulières sont subordonnées.
Tout projet est ainsi une mise en adéquation du bâti avec
les exigences programmatiques et structurelles du projet,
mais également et plus essentiellement, avec la norme
idéale du principe formel. L'architecte se fait ici penseur
et le rôle dévolu à l'architecture présuppose de telles
qualités intellectuelles et spirituelles. Ceci amène Kahn à
redéfinir la logique du projet d'une manière circulaire
comme un mouvement dialectique partant du principe
formel pour y faire retour par la médiation de la concrétisation
du projet. Contrairement à l'intégration de la dimension
formelle dans le domaine fonctionnel d'un humanisme
rationnel élargi chez Aalto, Kahn maintient une distinction
dualiste et stricte entre principe formel et projet (ce qui ne
signifie pas absence de communication entre les deux
niveaux), c'est-à-dire en un sens entre forme et fonction.
Mais il importe de noter que c'est le concept de « forme »
qui est ici redéfini. Par ce terme, Kahn n'entend pas avant
tout désigner un complexe esthétique de formes visibles,
fruit de la concrétisation d'un projet déterminé. Car, en ce

sens, les concepts traditionnels appartiennent tous deux
au projet et non au principe formel. La forme est essence
idéale, objet de pensée transcendant l'incarnation particulière
et différenciée dans le réel architectural sensible. Ici, c'est
bien la fonction qui est subordonnée à la forme redéfinie
comme nature essentielle de l'objet architectural en soi.
Il s'agit donc de la présentation d'un formalisme original,
mettant l'accent sur le caractère nécessaire de la recherche
empirique (le moment de l'analyse empirique), mais
affirmant au final l'identité de la forme et de la fonction.
Cette théorie aura une grande fortune critique et influencera
des générations d'architectes ayant suivi les cours de Kahn.

Louis H. Sullivan

L'IMMEUBLE DE GRANDE HAUTEUR ENVISAGÉ D'UN POINT DE VUE ARTISTIQUE [1]

Les architectes de ce pays et de cette génération sont maintenant confrontés à quelque chose de nouveau sous le soleil – en l'occurrence, l'évolution et l'intégration des conditions sociales et leur regroupement particulier qui se traduisent par la nécessité de construire des immeubles de grande hauteur.

Mon propos n'est pas de discuter les conditions sociales ; je les accepte comme des faits et je dis que le dessin d'un immeuble de bureaux de grande hauteur doit être d'emblée reconnu et abordé comme un problème à résoudre – problème vital, réclamant une vraie solution.

Énonçons les conditions très simplement. Brièvement, elles sont les suivantes : des bureaux sont nécessaires pour les transactions commerciales ; l'invention et le perfectionnement des ascenseurs à grande vitesse rendent maintenant la circulation verticale aisée et confortable,

---

1. L. Sullivan, « L'immeuble de grande hauteur envisagé d'un point de vue artistique ». Écrit en 1896, nous reprenons ici la traduction de Claude Massu dans son ouvrage *L'École de Chicago*, Paris, Dunod, 1982, p. 147-155. Nous remercions Claude Massu pour son aimable autorisation de reproduire sa traduction.

alors qu'autrefois, elle était fatigante et pénible ; le développement de la fabrication d'acier a ouvert la voie à des constructions sûres, stables, économiques et pouvant atteindre une grande hauteur ; la croissance ininterrompue de la population dans les grandes cités avec, pour conséquences, l'engorgement des centres et l'augmentation de la valeur du sol, incite à multiplier les étages ; ces derniers, empilés avec bonheur les uns sur les autres, réagissent à leur tour sur la valeur du sol – et ainsi de suite par un processus d'action et de réaction, d'interaction et d'inter-réaction. C'est ainsi qu'est née cette forme de construction élevée appelée l'« édifice de bureaux moderne » (*modern office building*). Il est venu satisfaire une demande car, en lui, un nouveau regroupement de conditions sociales a trouvé un abri et un nom.

Jusqu'ici, tout à l'évidence est matérialiste : démonstration de force, de détermination et d'intelligence au sens fort du terme. C'est le produit conjoint du spéculateur, de l'ingénieur et du constructeur.

Problème : comment communiquer à cette pile stérile, à cet assemblage grossier, informe et brutal, à cette proclamation complètement folle de lutte perpétuelle, la grâce de ces formes supérieures de sensibilité et de culture quand elles reposent sur les passions les plus basses et les plus féroces ? Comment crier sur ces toits étranges, bizarres, modernes et d'une hauteur vertigineuse, l'évangile pacifique du sentiment et de la beauté et le culte d'une vie supérieure ?

Tel est le problème et nous devons chercher une solution en suivant un processus évolutif, comme si la solution était le prolongement même du problème – à savoir, en procédant étape par étape depuis les aspects généraux jusqu'aux aspects particuliers, des considérations grossières aux considérations plus subtiles.

Je suis convaincu qu'il est de l'essence même de chaque problème de renfermer et de suggérer sa propre solution. Je crois que cela est une loi naturelle. Examinons donc attentivement les éléments, recherchons cette suggestion intrinsèque, cette essence du problème.

Les conditions d'ordre pratique sont en gros les suivantes : Il faut, premièrement, un sous-sol abritant les chaudières et diverses machines : en bref, les installations d'électricité, de chauffage, d'éclairage, etc. Deuxièmement, un rez-de-chaussée réservé à des boutiques, des banques ou à d'autres lieux nécessitant de grandes surfaces, des espaces amples, une lumière abondante et une grande liberté d'accès. Troisièmement, un premier étage aisément accessible au moyen d'escaliers ; cet espace comporte généralement de vastes subdivisions auxquelles correspondent de grands espacements structurels, d'amples surfaces vitrées et de larges ouvertures extérieures. Quatrièmement, au-dessus de cela, un nombre indéfini d'étages de bureaux empilés les uns sur les autres, un étage exactement semblable à un autre, un bureau exactement semblable à tous les autres bureaux – un bureau étant pareil à une cellule dans un rayon de miel, un simple compartiment, rien de plus. Cinquièmement et dernièrement, au sommet de cette pile est placé un espace qui, par rapport à la vie et à l'utilité de la structure, est de nature purement physiologique : l'attique. À cet étage, le système circulatoire achève par une grande boucle son mouvement ascendant et descendant. Cet espace est occupé par des réservoirs, des tuyaux, des soupapes, des réas et autres engins qui complètent les installations productrices d'énergie dissimulées en sous-sol. Enfin, ou plutôt à l'origine, il doit y avoir, au rez-de-chaussée, une ouverture ou entrée principale commune à tous les occupants ou visiteurs de l'édifice.

Cette répartition est en gros caractéristique de tous les immeubles de bureaux de grande hauteur dans ce pays. Quant à la nécessaire disposition des cours d'éclairage, elle ne se rapporte pas à notre problème et l'on verra très vite, j'espère, qu'elle n'a pas à être envisagée ici. Cette question et d'autres comme, par exemple, la disposition des ascenseurs, concernent strictement l'aspect économique de l'édifice et je postule qu'elles ont été résolues après avoir été examinées à fond et qu'elles satisfont les exigences purement utilitaires et pécuniaires. C'est seulement dans de rares cas que le plan ou la disposition au sol de l'immeuble de bureaux de grande hauteur acquiert une valeur esthétique et ceci généralement lorsque la cour d'éclairage est extérieure ou lorsqu'elle devient un élément interne de grande importance.

Comme je ne cherche pas ici une solution individuelle ou particulière, mais un type vrai et normal, l'attention doit être concentrée sur les conditions qui, dans l'ensemble, sont constantes dans tous les immeubles de bureaux de grande hauteur, et toute variation fortuite ou accidentelle doit être éliminée de la réflexion comme préjudiciable à la clarté de la recherche principale.

La division horizontale et verticale de fait, ou unité de bureau, se fonde naturellement sur une pièce de surface et de hauteur confortables et la taille de cette pièce de bureau standard prédétermine aussi naturellement l'unité structurelle standard et approximativement la dimension des fenêtres. À leur tour, ces unités de structure purement arbitraires forment d'une façon tout aussi naturelle le fondement réel du traitement artistique de l'extérieur. Bien entendu, il faut que les espacements structurels et les ouvertures soient les plus grandes possibles au rez-de-chaussée qui est un étage commercial ; il en va pratiquement de même au premier étage qui est un espace quasi commercial. Au sommet de l'édifice, les espacements structurels et les baies n'ont aucune importance (les fenêtres n'y ont à vrai dire aucune valeur), car la lumière peut venir du toit et il n'est pas nécessaire d'y reconnaître une division cellulaire dans le dessin de la structure.

De cela, il découle inéluctablement et de façon très simple que si nous suivons notre instinct en ignorant les manuels, les règles, les précédents et les contraintes de l'érudition, nous obtiendrons un résultat spontané et « raisonnable » en dessinant de la manière suivante l'extérieur de notre immeuble de bureaux de grande hauteur.

D'abord le rez-de-chaussée : nous lui donnons une entrée principale qui attire le regard et nous traitons le reste de cet étage de façon plus ou moins généreuse, ample et somptueuse ; ce faisant, nous tenons compte exactement des nécessités pratiques, mais nous les exprimons avec largesse et liberté. Nous dessinons le premier étage de manière semblable, mais généralement avec moins d'ostentation. Au-dessus de ces étages, d'un bout à l'autre du nombre indéfini d'étages typiques de bureaux, nous prenons exemple sur la cellule individuelle qui requiert une baie avec son entre-fenêtre, son rebord et son linteau et, sans hésitation, nous les faisons toutes paraître semblables parce qu'elles sont toutes semblables. Cela nous amène au dernier étage qui, n'étant pas divisé en cellules de bureaux et n'ayant aucun besoin particulier d'éclairage, nous donne la possibilité de montrer, avec ses vastes surfaces murales et son caractère dominant, ce qui est une réalité – à savoir, que la série des étages de bureaux touche à sa fin sans équivoque.

Ce résultat paraîtra peut-être brutal et présenté de façon un peu sèche et pessimiste. Malgré tout, nous avons certainement dépassé de façon décisive l'image sinistre de l'édifice produit par la combinaison du spéculateur, de l'ingénieur et du constructeur. Car on sent maintenant sans ambiguïté la main de l'architecte présente dans le parti pris décisif adopté d'emblée et il est clair que les conditions sont suggérées et exprimées de façon tout à fait raisonnable, logique et cohérente.

Lorsque je dis la main de l'architecte, je ne pense pas nécessairement à l'architecte consommé et expérimenté. Je veux simplement dire quelqu'un ayant un fort penchant naturel pour l'architecture et qui en suivant sa nature sans affectation a le don de conférer aux édifices une forme directe et simple. Pour parvenir à la solution du problème, il empruntera probablement une voie innocente et, ce faisant, il fera preuve d'un don enviable pour la logique. S'il possède quelque aptitude pour le détail de la forme, quelque intuition et amour de la forme pure et simple, il aboutira à une construction qui sera non seulement simple, franche, naturelle et complète, mais qui possèdera en outre le charme du sentiment.

Cependant, les résultats obtenus jusqu'ici ne sont au mieux que partiels et provisoires ; même s'ils sont relativement vrais, ils restent superficiels. Notre instinct a certainement raison, mais nous devons chercher une justification plus complète et une confirmation plus fine.

Je suppose maintenant que, dans l'étude de notre problème, nous ayons envisagé les différentes étapes de la recherche, à savoir : premièrement, les conditions sociales qui rendent nécessaires les immeubles de bureaux de grande hauteur ; deuxièmement, la satisfaction matérielle et littérale de ce besoin ; troisièmement, le dépassement des simples considérations d'organisation, de construction et d'équipement pour parvenir au plan de l'architecture élémentaire conçue comme le résultat d'une construction raisonnable et sensée ; quatrièmement, le passage de l'architecture élémentaire aux prémisses d'une véritable expression architecturale par l'addition d'une certaine qualité et quantité d'émotion.

Mais notre édifice aurait beau remplir ces conditions dans une large mesure, il resterait pourtant fort éloigné de la solution adéquate du problème que j'essaie de définir ici. Il nous faut en effet maintenant prêter attention à la voix impérieuse de l'émotion.

C'est elle qui nous demande : quelle est la principale caractéristique de l'immeuble de bureaux de grande hauteur ? Et d'emblée, nous répondons : il est fier. Pour qui possède une âme d'artiste, cette fierté est ce qui lui donne son aspect fascinant. L'attrait du bâtiment réside dans cette sorte de musique d'orgue qu'il fait entendre. À son tour, l'artiste doit exprimer cet accord dominant ; il doit en faire le véritable stimulant de son imagination. L'édifice doit être élevé, dans toute l'acception du terme. La force et la puissance que donne la hauteur doivent s'y trouver, de même que la gloire, la fierté et l'exaltation. Il doit être une chose orgueilleuse et élancée et son surgissement doit proclamer avec exultation une unité sans fausse note ; il est la nouvelle affirmation inattendue et éloquente de conditions austères, sinistres et rebutantes.

Celui qui crée dans cet esprit, en étant conscient de ses responsabilités à l'égard de sa génération, ne doit pas être un lâche, un détracteur, un érudit ou un dilettante. Sa vie, au sens le plus complet et le plus parfait du terme, doit l'animer. Sous l'emprise de l'inspiration, il doit reconnaître d'emblée que le problème de l'immeuble de bureaux de grande hauteur est l'une des occasions les plus prodigieuses et les plus magnifiques que le Seigneur de la Nature ait jamais offert dans Sa bienveillance à l'esprit orgueilleux de l'homme.

Que cela n'ait pas été perçu – et même soit carrément nié – est une manifestation de perversité humaine qui doit nous faire réfléchir.

Il reste un point à examiner. Envisageons maintenant cette question sur le plan élevé de l'observation philosophique et sereine. Cherchons une solution globale et définitive. Faisons en sorte que le problème se dissolve vraiment.

Certains critiques, parmi les plus réfléchis, ont soutenu que le véritable prototype de l'immeuble de bureaux de grande hauteur est la colonne classique composée d'une base, d'un fût et d'un chapiteau : la base moulurée de la colonne correspond aux étages inférieurs de notre édifice, le fût lisse ou cannelé suggère la série monotone et ininterrompue des étages de bureaux et le chapiteau se réfère à la puissance et à la luxuriance du sommet qui parachève l'édifice.

D'autres théoriciens, se laissant guider par un symbolisme mystique, remarquent les nombreuses trinités présentes dans la nature et dans les arts et insistent sur la beauté et la cohérence de ces trinités dans des unités. Ils affirment la beauté des nombres premiers, le mysticisme du nombre trois, la beauté de toutes les choses en trois parties – comme le jour divisé en matin, midi et soir ; le corps composé des membres, du thorax et de la tête. Ainsi, disent-ils, l'édifice doit être verticalement en trois parties ;

ils aboutissent donc à un résultat assez semblable aux théoriciens précédents, mais pour des motifs différents.

D'autres, de tempérament purement intellectuel, affirment que le projet doit être une sorte de proposition logique ; il doit avoir un commencement, un milieu et une fin, chacun clairement défini. On obtient donc comme précédemment un édifice en trois parties.

D'autres, puisant leurs exemples justificatifs dans le règne végétal, allèguent que le projet doit avant tout être organique. Ils citent le caractère approprié de la fleur, avec son bouquet de feuilles près du sol, sa longue tige gracieuse et sa fleur splendide. Ils désignent le pin, avec ses robustes racines, son tronc souple et élancé et sa houppe d'aiguilles vertes. Ainsi, disent-ils, doit être le dessin d'un immeuble de bureaux de grande hauteur : de nouveau, une division verticale en trois parties.

D'autres encore, plus sensibles à la puissance de l'unité qu'à la grâce d'une trinité, prétendent que le projet doit être inventé d'un seul coup, comme s'il était l'œuvre d'un forgeron ou d'un puissant Jupiter, ou qu'il doit naître tout développé, comme Minerve. Ils admettent l'idée d'une division ternaire, mais ils ne la considèrent pas comme essentielle. Selon eux, il s'agit d'une subdivision de l'unité : l'unité ne résulte pas de l'alliance des trois éléments ; ils l'acceptent sans réticence, pour autant que la subdivision ne trouble pas l'impression d'unité et de sérénité.

Cependant, ces critiques et théoriciens sont tous d'accord catégoriquement et sans équivoque pour dire que l'immeuble de bureaux de grande hauteur ne doit pas être le lieu où s'étale le savoir architectural de façon encyclopédique et qu'un excès d'érudition dans ce cas est aussi dangereux et nuisible que l'ignorance. Ils ont en horreur les mélanges hétéroclites et estiment que l'édifice de seize étages ne doit pas consister à empiler les uns sur les autres jusqu'au sommet seize édifices séparés, distincts et sans lien entre eux.

De cette sottise, je n'aurais pas fait mention, n'était le fait que neuf immeubles de bureaux sur dix sont dessinés de cette façon, non par des ignorants mais par des personnes cultivées. Tout se passe vraiment comme si l'architecte « expérimenté » confronté à ce problème était obsédé à chaque étage ou tous les trois ou quatre étages par la crainte de faire preuve de mauvais goût, de ne pas orner son bâtiment avec assez de références à tel ou tel édifice « bienséant », d'un autre pays et d'un autre âge, et de ne pas étaler suffisamment ses connaissances ; en bref, l'architecte craint de révéler un manque de ressources. Décrisper le travail de la main engourdie et fébrile, détendre ses nerfs, apaiser son esprit, réfléchir sereinement et raisonner de façon naturelle : tout cela semble hors de sa portée. Il vit pour ainsi dire un cauchemar éveillé, peuplé de membres épars de l'architecture. Le spectacle n'est pas encourageant.

Quant aux opinions sérieuses, précédemment examinées, et défendues par des critiques pénétrants et réfléchis, je regrette beaucoup de ne pouvoir les approuver dans le cadre de cette démonstration, car je les considère uniquement comme secondaires. Elles ne vont pas du tout à la racine du mal, au fond des choses ; elles n'abordent pas la vraie philosophie immuable de l'art architectural.

Je veux maintenant énoncer cette philosophie car elle apporte à la solution du problème une formule globale et définitive.

Toutes les choses dans la nature ont une configuration, c'est-à-dire une forme, une apparence extérieure qui nous révèle ce qu'elles sont, qui les distinguent de nous-mêmes et les unes des autres.

Dans la nature, ces formes expriment infailliblement la vie intime et les qualités intrinsèques de l'animal, de l'arbre, de l'oiseau tels qu'ils se présentent à nous ; elles sont si caractéristiques et si reconnaissables que nous disons simplement : il est « naturel » qu'il en soit ainsi. Pourtant, dès que nous transperçons la surface des choses, dès que notre regard traverse le paisible reflet de nous-mêmes et des nuages qui nous surplombent pour descendre dans les profondeurs claires, fluides et insondables de la nature, nous percevons combien saisissant est son silence, combien étonnant son flux vital et combien absorbant son mystère. L'essence des choses prend sans cesse forme dans la matière des choses, et nous appelons naissance et croissance ce processus ineffable. Pendant quelques temps, l'esprit et la matière se flétrissent ensemble et c'est ce que nous appelons décadence et mort. Ces deux événements semblent liés, interdépendants, confondus en un seul, comme une bulle irisée portée par un souffle léger. Ce souffle est merveilleux au-delà de tout entendement.

Cependant pour le regard affermi de celui qui se tient sur le rivage des choses et qui observe surtout et avec amour du côté d'où brille le soleil, que nous ressentons avec allégresse comme étant la vie même, le cœur est sans cesse réjoui par la beauté et la spontanéité exquise avec lesquelles la vie recherche et adopte ses formes en accord parfait avec ses besoins. La vie et la forme semblent toujours indissolubles et inséparables, tant est adéquat le sentiment de plénitude.

Qu'il s'agisse de l'aigle planant dans son vol, de la fleur éclose du pommier, du cheval de somme qui peine, du cygne folâtre, du chêne branchu, du ruisseau qui serpente à ses pieds, des nuages qui dérivent dans le ciel, et par-dessus tout, de la course du soleil, la forme suit toujours la fonction : c'est la loi. Lorsque la fonction ne change pas, la forme ne change pas non plus. Les rochers de granit et les sombres collines demeurent d'âge en âge; l'éclair vit, prend forme et meurt en un clin d'œil.

C'est la loi qui imprègne toutes les choses organiques et inorganiques, physiques et métaphysiques, humaines et surhumaines et qui sous-tend toutes les manifestations vraies de l'esprit, du cœur et de l'âme : la vie est reconnaissable à son expression, la forme suit toujours la fonction. C'est la loi.

Allons-nous donc violer quotidiennement cette loi dans notre art ? Sommes-nous donc si décadents, si stupides, si myopes pour ne pas percevoir cette vérité si simple et si évidente ? Est-ce donc une vérité à ce point transparente que nous voyions à travers elle sans la voir elle-même ? Cette chose, est-elle vraiment trop merveilleuse ou bien plutôt trop banale, trop quotidienne, trop ordinaire pour qu'elle nous empêche de comprendre que la configuration, la forme, l'expression extérieure, le dessin, etc., de l'immeuble de bureaux de grande hauteur doivent tout naturellement suivre les fonctions de l'édifice et que là où la fonction ne change pas, la forme ne doit pas changer non plus ?

Est-ce que cela ne montre pas expressément, clairement et sans équivoque que les deux étages inférieurs seront adaptés à des besoins particuliers, que les étages de bureaux typiques, ayant une même fonction constante, adopteront une forme constante et que la fonction du dernier étage dont la nature même est d'être spécifique et de parachever l'édifice, devra être dans son expression extérieure tout aussi puissante, significative, continue et décisive ? Tout cela aboutit à une division tripartite, non à partir d'une théorie quelconque, d'un symbole ou d'une logique fictive, mais de manière naturelle, spontanée et instinctive.

Le dessin de l'immeuble de bureaux de grande hauteur prend donc place parmi tous les autres types architecturaux créés lorsque, comme cela n'arrivait qu'une fois sur une longue période, l'architecture était un art vivant. Songez, par exemple, au temple grec, à la cathédrale gothique et à la forteresse médiévale.

Et donc lorsque notre propre instinct et notre propre sensibilité gouverneront l'exercice de notre art de prédilection, lorsqu'on reconnaîtra et qu'on respectera la loi selon laquelle la forme suit toujours la fonction, lorsque nos architectes, internés dans des écoles étrangères, cesseront leurs vaines querelles et leurs babils, lorsqu'on sentira et qu'on acceptera joyeusement cette loi qui dévoile la lumière éthérée des champs verdoyants et qui nous procure une liberté telle qu'aucune personne raisonnable et sensible ne pourra la changer en licence tant est beau et splendide le travail de cette loi dans la nature, lorsqu'il deviendra évident que nous nous contentons de parler une langue étrangère avec une trace d'accent américain, alors que tout architecte de ce pays pourrait, sous l'influence bienveillante de cette loi, exprimer ce qui est en lui de façon simple, modeste et naturelle, lorsque l'architecte pourra et voudra vraiment développer sa propre personnalité, que l'art architectural deviendra chez lui un langage vivant et une expression naturelle contribuant par de grandes et de modestes œuvres à accroître les trésors de l'art dans ce pays, lorsque nous saurons et ressentirons que la Nature est notre amie en non pas notre ennemie implacable – qu'un après-midi à la campagne, une heure passée au bord de la mer, le déroulement complet d'un journée avec l'aube, le milieu du jour et le crépuscule nous suggèrent tant de choses rythmiques, profondes et éternelles qui appartiennent à l'art immense de l'architecture et nous communiquent quelque chose de si pénétrant et de si authentique que toutes les conventions mesquines, les règles immuables et les contraintes étouffantes des écoles ne pourront les réprimer – alors, on pourra dire que nous sommes sur la voie royale qui mène à un art naturel et satisfaisant, à une architecture qui deviendra bientôt un des beaux-arts au sens véritable et le meilleur du terme, à un art qui vivra parce qu'il sera du peuple, pour le peuple et par le peuple.

ALVAR AALTO

L'HUMANISATION DE L'ARCHITECTURE [1]

Le fonctionnalisme, pour devenir pleinement efficace, doit adopter un point de vue humain.

Contrastant avec une autre architecture dont le premier souci est le style formel de l'enveloppe extérieure, il existe une architecture que nous connaissons sous le nom de fonctionnalisme.

Le développement de l'idée fonctionnelle, ainsi que son expression dans les structures, sont probablement le phénomène le plus vivifiant qui se soit manifesté dans l'activité architecturale de notre époque, et pourtant la fonction en architecture – et par conséquent le fonctionnalisme – ne sont pas si faciles à interpréter avec précision. La *fonction*, c'est l'emploi caractéristique, ou encore l'usage, ou encore la tâche d'une chose ou d'un objet. La *fonction*, c'est aussi une chose ou une quantité qui dépend d'une chose ou d'une quantité analogue et qui varie avec elle. Le *fonctionnalisme* est hardiment défini par les dictionnaires comme *adaptation consciente de la*

---

1. A. Aalto, « L'humanisation de l'architecture » (1940), texte reproduit dans G. Schildt (éd.), *Alvar Aalto, de l'œuvre aux écrits*, traduit du finlandais par A. Kokko-Zalcman et J.-L. Moreau, Paris, Éditions du Centre Pompidou, 1988, p. 139-142.

forme à l'usage, mais c'est à la fois plus et moins que cela, car, à y regarder de plus près, ce concept doit couvrir les deux champs sémantiques du mot *fonction*.

L'architecture est un phénomène synthétique qui recouvre pratiquement tous les champs de l'activité humaine. Dans le domaine architectural, un objet peut être fonctionnel d'un point de vue et non fonctionnel d'un autre point de vue. Au cours de la dernière décennie, l'architecture moderne a été fonctionnelle surtout du point de vue technique, l'accent étant mis sur l'aspect économique de l'activité constructrice. Une telle préférence est naturellement souhaitable, car la production d'abris satisfaisants pour l'être humain est devenue un processus extrêmement onéreux comparé à la satisfaction des autres besoins humains. En effet, si l'architecture prétend avoir une valeur humaine plus large, la première étape consiste à organiser son aspect économique. Dans la mesure où, cependant, l'architecture couvre le champ entier de la vie humaine, une architecture réellement fonctionnelle doit l'être principalement d'un point de vue humain. Si nous regardons de plus près les processus de la vie humaine, nous découvrons que la technique est seulement un moyen, et non pas un phénomène en soi, définitif et indépendant. Un fonctionnalisme technique n'est pas capable de créer une architecture définitive.

S'il existait un moyen de développer graduellement l'architecture, en commençant par ses aspects économiques et techniques pour passer ensuite aux autres secteurs plus compliqués de l'activité humaine, alors le fonctionnalisme purement technique deviendrait acceptable. Mais cela n'est pas possible. Non seulement l'architecture recouvre tous les secteurs de l'activité humaine, mais elle doit, de plus, être développée dans tous ces secteurs simultanément.

Faute d'y parvenir nous n'obtiendrons que des résultats unilatéraux et superficiels.

S'agissant de l'architecture moderne, le mot *rationalisme* apparaît à peu près aussi souvent que le mot *fonctionnalisme*. L'architecture moderne a été rationalisée avant tout du point de vue technique en même temps que les fonctions techniques étaient mises au premier plan. Bien que la période purement rationnelle de l'architecture moderne ait créé des constructions dans lesquelles la technique rationalisée a été exagérée et les fonctions humaines pas assez prises en compte, cela n'est pas une raison pour combattre la rationalisation en matière d'architecture.

Ce n'est pas la rationalisation en soi qui était mauvaise dans la première période – maintenant révolue – de l'architecture moderne. Le défaut réside dans le fait que la rationalisation n'est pas allée assez loin.

Au lieu de combattre la mentalité rationnelle, la nouvelle étape de l'architecture moderne s'efforce de projeter les méthodes rationnelles du secteur technique sur les secteurs humain et psychologique.

Il n'est peut-être pas mauvais de prendre un exemple : l'une des activités typiques de l'architecture moderne a été la construction de chaises pour laquelle on a adopté de nouveaux matériaux et de nouvelles méthodes. La chaise en acier tubulaire est certainement rationnelle des points de vue technique et structurel : elle est légère, facile à construire en série, etc. Cependant, les surfaces d'acier et de chrome ne sont pas satisfaisantes du point de vue humain. L'acier est trop conducteur de la chaleur. La surface de chrome reflète trop vivement la lumière et, même d'un point de vue acoustique, ne convient pas bien pour un espace intérieur. Les méthodes rationnelles appliquées à la création de ce style de mobilier ont emprunté le bon chemin, mais le résultat ne sera satisfaisant que si la rationalisation s'exerce dans la sélection de matériaux qui soient les plus satisfaisants pour l'usage humain.

La phase actuelle de l'architecture moderne apporte sans aucun doute du nouveau dans la mesure où elle s'applique tout particulièrement à résoudre les problèmes qui se posent dans les secteurs humain et psychologique.

Cette période nouvelle n'est cependant pas en contradiction avec la première période de rationalisation technique. Elle doit plutôt être comprise dans le sens d'un élargissement des méthodes rationnelles, élargissement visant à inclure l'ensemble des secteurs intéressés.

Au cours des dernières décennies, l'architecture a souvent été comparée à la science et des efforts ont été faits pour rendre ses méthodes plus scientifiques, voire même pour faire d'elle une science à part entière. Mais l'architecture n'est pas une science. C'est toujours le même grand processus visant à synthétiser, à combiner des milliers de fonctions humaines précises ; l'architecture reste *architecture*. Son but est toujours de mettre le monde matériel en harmonie avec la vie humaine.

Rendre l'architecture plus humaine, cela veut dire pratiquer une architecture meilleure et cela implique un fonctionnalisme beaucoup plus large que le fonctionnalisme purement technique. Cet objectif ne peut être atteint que par des méthodes architecturales – en créant et en combinant différents aspects techniques pour qu'ils procurent à l'être humain la vie la plus harmonieuse possible.

Les méthodes architecturales ressemblent parfois aux méthodes scientifiques et un type de recherche, celui auquel la science a recours, peut également être adopté en architecture. La recherche architectonique peut être de plus en plus méthodique, mais son essence ne peut jamais être seulement analytique. Dans la recherche architectonique, la part de l'instinct et de l'art sera toujours plus grande.

Les scientifiques utilisent souvent des formes exceptionnelles dans leurs analyses, de manière à obtenir des résultats plus clairs, plus manifestes; on colore par exemple les microbes, etc. Les mêmes méthodes peuvent également être appliquées en architecture. J'ai eu sur ce point des expériences personnelles en construisant des bâtiments hospitaliers dans lesquels j'ai pu découvrir que les réactions physiques et psychiques particulières aux malades fournissaient de bonnes indications pour la conception d'habitations ordinaires. Si nous dépassons le fonctionnalisme technique, nous découvrons qu'un grand nombre de choses, dans notre architecture actuelle, sont non fonctionnelles du point de vue de la psychologie ou de la psychophysiologie. Si on veut examiner comment des êtres humains réagissent à des formes et à des structures, il est bon d'utiliser, pour que l'expérience soit probante, des personnes particulièrement sensibles telles que, précisément, les malades d'un sanatorium.

De telles expérimentations ont été menées à l'occasion de la construction du sanatorium de Paimio et ont été poursuivies essentiellement dans deux secteurs : la relation entre l'individu et la pièce dans laquelle il vit; la protection de l'individu contre le groupe et contre la pression exercée par la collectivité. L'étude de la relation entre l'individu et son logement incluait l'utilisation de chambres expérimentales et portait sur les questions relatives à la forme des pièces, aux couleurs, à la lumière naturelle ou artificielle, au système de chauffage, aux nuisances apportées par le bruit, etc. La première expérience portait sur une personne qui se trouvait dans l'état d'une extrême faiblesse, un malade continuellement couché. Un résultat particulièrement notable fut la découverte de la nécessité de changer les couleurs de la pièce. Sous de nombreux autres rapports, comme l'expérience le prouva, la chambre devait être différente d'une chambre ordinaire.

La différence peut s'expliquer comme suit : une chambre ordinaire est une chambre conçue pour une personne en position verticale ; une chambre de malade est destinée à une personne en position horizontale ; les couleurs, l'éclairage, le chauffage, etc., doivent être conçus en conséquence.

En pratique, ceci signifie que le plafond doit être plus sombre, d'une couleur spécialement choisie pour être, exclusivement, pendant des semaines et des semaines, contemplée par le malade alité. La lumière artificielle ne peut pas provenir d'un plafonnier ordinaire, mais la principale source lumineuse doit être située à l'extérieur du champ visuel du malade. Pour le système de chauffage de la chambre expérimentale, on plaça des radiateurs au plafond, mais de façon que la chaleur soit dirigée principalement vers le pied du lit et que la tête du malade n'y soit pas directement exposée. La localisation des fenêtres et des portes tenait également compte de la position du malade. Pour éviter le bruit, l'un des murs était insonorisé et les lavabos (chaque malade, dans les chambres à deux, avait le sien) spécialement conçus pour que l'eau coulant des robinets rencontre toujours la porcelaine sous un angle très aigu, et ne fasse pas de bruit.

Ce ne sont là que quelques aspects de l'une des chambres expérimentales du sanatorium, je ne les mentionne ici que pour illustrer des méthodes architecturales qui combinent toujours les phénomènes techniques, physiques et psychiques, sans jamais se limiter à un seul d'entre eux.

Le fonctionnalisme technique n'est correct que si on l'élargit de manière à lui faire également couvrir le secteur psychophysiologique. Il n'y a pas d'autre voie pour humaniser l'architecture.

Le mobilier flexible en bois de la Bibliothèque municipale de Viipuri bénéficie également de l'expérience acquise à Paimio. À l'époque de ces expérimentations, les premiers meubles en acier tubulaire chromé venaient juste d'être construits en Europe. Les surfaces tubulaires chromées sont sur le plan technique de bonnes solutions, mais d'un point de vue psychophysiologique, ces matériaux ne conviennent pas à l'être humain. Le sanatorium avait besoin d'un mobilier qui soit flexible, léger, facile à nettoyer, etc. Après de larges tentatives utilisant le bois, le système flexible fut découvert, une méthode et un matériau furent combinés pour réaliser un mobilier d'un contact plus agréable, un mobilier plus adapté au séjour long et pénible en sanatorium que le matériel ordinaire.

Le principal problème posé par une bibliothèque est celui de l'œil humain. Une bibliothèque peut être bien construite et techniquement fonctionnelle sans que ce problème ait été résolu, mais elle n'est pas, sur les plans humain et architectural, achevée aussi longtemps qu'elle ne s'accorde pas d'une manière satisfaisante avec la principale activité exercée par l'homme dans le bâtiment, autrement dit avec la lecture. L'œil n'est qu'une partie minuscule du corps humain, mais il en est la partie la plus sensible, peut-être la plus importante. Procurer une lumière, naturelle ou artificielle, qui détruit l'œil humain ou qui lui est mal adaptée, signifie pratiquer une architecture réaction-naire, quand bien même le bâtiment serait par ailleurs de la plus haute valeur constructive.

La lumière du jour, qui entre par des fenêtres ordinaires, ne dessert qu'une partie d'une grande pièce. Même si celle-ci est suffisamment éclairée, la lumière y sera variable et inégalement répartie. C'est la raison pour laquelle dans les bibliothèques, musées et autres lieux comparables, on s'attache généralement à ce que la lumière vienne d'en haut. Mais une verrière d'une surface égale à celle du sol fournit une lumière excessive, si des aménagements supplémentaires ne sont pas apportés. Dans la bibliothèque de Viipuri, le problème a été résolu au moyen d'un grand nombre de lucarnes rondes si bien que la lumière peut y être qualifiée de lumière du jour indirecte. Ces lucarnes rondes sont rationnelles, dans la mesure où on a utilisé le système de la vitre unique. (Chaque lucarne est une ouverture conique dont la base mesure six pieds de diamètre et dont la paroi est en béton ; elle n'est coiffée que d'une seule vitre épaisse et sans cadre). Ce système est rationnel sur le plan humain, parce qu'il procure une qualité de lumière adaptée à la lecture, une lumière mêlée et adoucie étant reflétée par les surfaces coniques des lucarnes. En Finlande, l'angle maximal de la lumière solaire est de 52 degrés. Les cônes sont construits de telle manière que la lumière du soleil n'entre jamais qu'indirectement. Les surfaces des cônes dispersent la lumière dans des millions de directions. En théorie, par exemple, la lumière atteint un livre ouvert de toutes ces différentes directions, et on évite ainsi à l'être humain d'être soumis à la réverbération de la blancheur du papier. (Cette réverbération est pour le lecteur l'une des plus grandes sources de fatigue). De la même manière, ce système d'éclairage élimine les ombres portées, indépendamment de la position du lecteur. Le problème de la lecture est plus qu'un problème d'œil ; une bonne lumière permet au corps humain de se placer dans diverses positions et facilite les rapports entre l'œil et le livre. Lire un livre implique une forme particulière de concentration aussi bien sur le plan intellectuel que physique ; le devoir de l'architecture est d'éliminer tous les facteurs de gêne.

Il est possible de déterminer scientifiquement quelles qualités et quantités de lumière sont idéales pour l'œil humain, mais lorsqu'on conçoit une pièce, la solution doit tenir compte de tous les éléments qui relèvent de l'architecture. Dans le cas de cette bibliothèque, le système des lucarnes est le produit combiné de la construction du plafond (une salle large de près de dix-huit mètres a besoin d'une structure comportant des poutres suffisamment hautes pour que les profondes ouvertures coniques puissent être réalisées) et de certaines limites techniques imposées par la mise en place de vitrages horizontaux.

Une solution architecturale doit toujours avoir un motif humain fondé sur l'analyse, mais ce motif doit être matérialisé dans une construction qui est probablement le produit de contraintes extérieures.

Les exemples ici cités n'illustrent que de minuscules problèmes. Mais ils touchent de très près l'être humain, et à cause de cela, ont plus d'importance que des problèmes de plus grande envergure.

Louis I. Kahn

PRINCIPE FORMEL ET PROJET [1]

Un jeune architecte vint me parler. « Je rêve d'espaces
pleins de merveilleux. Des espaces qui s'élèvent et
s'enveloppent de façon fluide, sans commencement, sans
fin, faits d'un matériau sans joints, blanc et or. Quand je
trace sur le papier la première ligne pour capturer mon
rêve, le rêve s'affadit ».

Voilà une bonne question. J'ai appris dans le temps
qu'une bonne question a plus d'importance que la solution
la plus brillante. C'est la question du non-mesurable et du
mesurable. Le sentiment et le rêve n'ont pas de mesure,
pas de langage, et le rêve de chacun est singulier.

Cependant tout ce qui est fait obéit aux lois de la nature.
L'homme est toujours plus grand que ses œuvres parce
qu'il n'arrive jamais à exprimer pleinement ses aspirations.
Car s'exprimer en musique ou en architecture se fait par
les moyens mesurables de la composition ou du projet. La
première ligne sur le papier est déjà une mesure de ce
qu'on ne peut exprimer pleinement. La première ligne sur
le papier, c'est moins.

1. Louis I. Kahn, « Principe formel et projet », dans Louis I. Kahn
(éd.), *Silence et Lumière*, trad. fr. M. Bellaigue, Ch. Devillers, Paris,
Éditions de Linteau, 1996, p. 41-58.

« Alors », dit le jeune architecte, « que devrait être la discipline, que devrait être le rituel qui vous mènerait au plus près de l'âme. Car dans cette aura de non-matériel et de non-langage, je sens l'homme ».

Tournez-vous vers l'Intuition et détournez-vous de la Pensée. L'âme est dans l'Intuition. La Pensée est l'Intuition et la présence de l'*Ordre*. L'*Ordre*, auteur de toute existence, n'a pas de Volonté d'Existence. Je choisis le mot *Ordre* au lieu de savoir parce que le savoir personnel est trop petit pour exprimer abstraitement la Pensée. Cette Volonté est dans l'âme.

Tout ce que nous désirons créer trouve son commencement dans la seule intuition. C'est vrai pour le savant. C'est vrai pour l'artiste. Mais je mis le jeune architecte en garde : s'en tenir à l'intuition loin de la Pensée signifie ne rien faire.

Alors il dit : « Vivre et ne rien faire est intolérable. Le rêve a déjà en lui la *volonté d'existence* et le désir d'exprimer cette *volonté*. La Pensée est inséparable de la connaissance intuitive. De quelle manière la Pensée peut-elle pénétrer la création afin que cette volonté psychique puisse être plus exactement exprimée ? C'est ma deuxième question ».

Quand le sentiment personnel est transcendé dans la Religion (pas une religion mais l'essence de la religion) et que la Pensée conduit à la Philosophie, l'esprit s'ouvre aux idées. L'idée de ce que peut être la volonté d'existence d'espaces architecturaux particuliers. L'idée est la fusion de l'âme et de l'intuition au plus intime de la relation de l'esprit et de l'âme, source même de *ce qu'une chose veut être*.

C'est le commencement du *principe formel*. Le *principe formel* contient une harmonie de systèmes, un sens de l'*ordre* ainsi que ce qui caractérise une existence par rapport à une autre. Le *principe formel* n'a ni forme ni dimension. Par exemple dans ce qui différencie *une* cuillère de *la* cuillère, *la* cuillère caractérise un *principe formel* avec deux parties inséparables, le manche et le bol. *Une* cuillère implique un projet spécifique fait d'argent ou de bois, grand ou petit, profond ou non. Le *principe formel* est « quoi ». Le projet est « comment ». Le *principe formel* est impersonnel. Le projet appartient au concepteur. Le projet est un acte circonstanciel, combien d'argent on a, le site, le client, l'étendue du savoir. Le *principe formel* n'a rien à voir avec les circonstances. En architecture, le *principe formel* caractérise une harmonie d'espaces bons pour une certaine activité humaine.

Réfléchissons alors à ce qui caractérise abstraitement la Maison, une maison, le foyer. La Maison est le caractère abstrait d'espaces bons à vivre. La Maison est le *principe formel*, dans l'esprit d'émerveillement elle devrait être là sans forme ni dimension. *Une* maison est une interprétation circonstancielle de ces espaces. C'est le projet. Pour moi la grandeur de l'architecte dépend de sa capacité à concevoir ce qu'est la Maison, plutôt que de son projet d'*une* maison qui est un acte circonstanciel. Le foyer c'est la maison et ses occupants. Le foyer devient différent avec chaque occupant.

Le client pour lequel on construit une maison décide des espaces dont il a besoin. L'architecte crée des espaces d'après ces zones nécessaires. On peut dire aussi que cette maison créée pour cette famille particulière doit pouvoir être bonne pour une autre. De cette façon le projet reflète sa fidélité au *principe formel*.

Je conçois l'école comme un environnement d'espaces où il fait bon apprendre. L'école a commencé avec un homme sous un arbre ; il ignorait qu'il était un professeur discutant ses idées avec des gens qui ignoraient qu'ils étaient des élèves. Les élèves réfléchissaient sur ce qui s'échangeait, éprouvant un bien-être en présence d'un tel homme. Ils aspiraient à ce que leurs enfants puissent aussi l'écouter. Bientôt l'on construisit des espaces et les premières écoles apparurent. L'établissement de l'école était inévitable parce que cela faisait partie des désirs de l'homme. Nos grands systèmes d'éducation, maintenant traduits en Institutions, sont issus de ces petites écoles, mais l'esprit des débuts est maintenant oublié. Les classes qu'exigent nos institutions d'enseignement sont stéréotypées et n'inspirent rien. Ces classes uniformes requises pour l'Institut, les couloirs où s'alignent les armoires et autres surfaces ou équipements dits fonctionnels sont bien arrangés, avec des plans bien nets faits par des architectes qui suivent exactement les limites de superficie et de budget requises par les autorités scolaires. Les écoles sont bonnes à regarder mais leur architecture est superficielle parce qu'elles ne reflètent pas l'esprit de l'homme sous l'arbre. Le système entier des écoles depuis le début n'aurait pas été possible si ce début n'avait été en harmonie avec la nature de l'homme. On peut aussi dire que la volonté d'existence de l'école était là bien avant l'homme sous l'arbre.

C'est pourquoi il est bon que l'esprit se tourne vers le *commencement* car le commencement de toute activité établie de l'homme en est le moment le plus merveilleux. C'est là que sont l'âme et les ressources, c'est là que nous devons constamment puiser nos inspirations pour les nécessités présentes. Nous pouvons donner de la grandeur à nos institutions si, dans l'architecture que nous leur offrons, nous leur donnons notre sens de cette inspiration.

Pensons alors à la signification de l'école, *une* école, l'institution. L'institution est l'autorité qui nous donne les exigences de surfaces. Une école, ou un projet spécifique, voilà ce que l'institution attend de nous. Mais l'École, l'esprit d'école, l'essence de la volonté d'existence, voilà ce que l'architecte devrait apporter dans son projet. Et je dis qu'il le doit, même si ce projet ne correspond pas au budget. C'est par là que l'architecte se distingue du simple projeteur. Dans l'école qui serait un royaume d'espaces où il ferait bon apprendre, l'entrée, estimée dans le programme en nombre de mètres carrés par élève, deviendrait alors un espace généreux comme un Panthéon où il ferait bon entrer. Les couloirs seraient transformés en classes appartenant en propre aux élèves et on les ferait beaucoup plus larges, avec des alcôves donnant sur les jardins. Cela deviendrait des lieux où garçons et filles se rencontrent, des lieux où l'élève discute du travail du professeur avec son camarade. En permettant que ces endroits soient utilisés aux heures de cours au lieu de ne servir qu'au passage d'une classe à l'autre, ils deviendraient un point de rencontre et pas seulement des couloirs, qui donneraient des possibilités d'apprentissage personnel. Ils deviendraient des classes appartenant aux élèves. Il faudrait que les salles de classe évoquent leur propre utilisation par la variété de leur espace, et ne suivent pas cette similitude de dimensions habituelle et militaire, parce que l'une des plus merveilleuses qualités de l'homme sous l'arbre est sa faculté de reconnaître la singularité de chaque homme. Un enseignant ou un étudiant ne sont pas les mêmes selon qu'ils sont à quelques-uns dans l'intimité d'une pièce avec un feu dans la cheminée, ou très nombreux dans une salle vaste et haute. Et faut-il vraiment que la cafétéria soit en sous-sol parce que son temps d'utilisation est bref? Le moment de détente du repos ne fait-il pas partie du temps d'apprentissage ?

Tandis que j'écris seul dans mon bureau, je ressens différemment des choses absolument semblables dont j'ai parlé il y a quelques jours devant un public nombreux à Yale. L'espace a un pouvoir et donne le ton.

Cela, plus la singularité de chaque personne, suggère une variété d'espaces et une variété de façons de faire pénétrer la lumière naturelle et d'orientations à saisir et à cultiver. De tels espaces font naître des idées pour le programme en cours, de meilleurs liens entre l'enseignant et l'étudiant, et donnent de la vitalité au développement de l'institution.

Réaliser ce qui fait la particularité du domaine d'espaces convenant à l'école conduirait une institution d'enseignement à solliciter chez l'architecte la conscience de ce que l'École *veut être*, ce qui revient à dire ce qu'est le *principe formel* École.

C'est dans cet esprit que je voudrais maintenant parler d'une église unitarienne. Le premier jour, je m'adressai à la congrégation devant un tableau noir. Quand j'entendis le pasteur parler au milieu de ces hommes, je réalisai que l'aspect du *principe formel*, la réalisation du *principe formel* d'une activité unitarienne étaient liés à ce qui est la Question. La Question éternelle du pourquoi de toute chose. Il me fallait concevoir comment la volonté d'existence et *l'ordre des espaces* pouvaient exprimer la Question.

Je dessinai au tableau un diagramme qui, dans mon esprit, était un dessin du *principe formel* pour l'église et qui, bien sûr, n'avait pas pour but de suggérer un projet. Je fis un centre carré dans lequel je plaçai un point d'interrogation. Je voulais dire par là que c'était le sanctuaire. Puis je l'entourai d'un déambulatoire pour ceux qui ne voulaient pas entrer dans le sanctuaire. Autour du déambulatoire je dessinai un couloir qui appartenait à un cercle extérieur entourant un espace, *l'école.* Il était clair que l'École, qui donne naissance à la Question, devenait le mur qui entoure la Question. C'était cela l'expression du *principe formel* de l'église, pas le *projet.*

Cela me fait penser au sens de la chapelle dans une université. S'agit-il de mosaïques, de vitraux, d'effets d'eau, ou d'autres dispositifs connus ? Ne s'agit-il pas d'un lieu de rituel inspiré qui pourrait s'exprimer par le regard qu'un étudiant jette à la chapelle en passant, après qu'un excellent professeur lui ait donné le sens de sa vocation au travail ? Il n'a pas besoin d'entrer.

Cela peut s'exprimer par un lieu qui pour le moment n'est pas décrit et possède un déambulatoire pour celui qui ne veut pas entrer dans le sanctuaire. Le déambulatoire est entouré par une galerie pour celui qui ne veut pas entrer dans le déambulatoire. Cette galerie est située dans le jardin pour celui qui ne veut pas entrer dans la galerie. Le jardin est entouré d'un mur et l'étudiant peut lui jeter un regard de l'extérieur. Le rituel est inspiré et non installé et c'est le fondement du *principe formel* Chapelle.

Mais revenons à l'Eglise unitarienne. Ensuite ma première proposition fut un carré absolument symétrique. Le bâtiment des salles de cours à la périphérie, les angles occupés par de plus vastes salles. Le centre du carré abritait le sanctuaire et le déambulatoire. Ce projet ressemblait de très près au diagramme du tableau noir et chacun l'aima jusqu'à ce que les intérêts particuliers de chaque membre du comité commencent de grignoter cette géométrie rigide. Mais le principe originel fut maintenu avec l'école autour du sanctuaire.

C'est le rôle du *projet* de s'adapter au circonstanciel. À un moment de la discussion avec les membres du comité de l'église, quelques-uns insistèrent pour que le sanctuaire soit entièrement séparé de l'école. Je dis d'accord, essayons, et je mis l'auditorium à un endroit et le reliai à l'école avec une petite connexion bien nette. Très vite chacun réalisa que l'heure du café après la cérémonie nécessitait la liaison avec plusieurs salles près du sanctuaire, et que, s'il n'y en avait qu'une, ce serait trop malcommode et nécessiterait qu'on répète ces salles dans le bâtiment séparé de l'école. Séparées, les classes perdraient en outre la possibilité de susciter leur utilisation à des fins religieuses et intellectuelles ; ainsi, comme portées par un courant, revinrent-elles toutes autour du sanctuaire. Le projet final ne correspondait pas au premier projet même si le *principe formel* subsistait.

Je souhaite parler de la différence entre le *principe formel* et le *projet*, de la conception, des aspects mesurables et non mesurables de notre travail et de ses limites.

Giotto fut un grand peintre parce qu'il peignait des ciels noirs pour le jour, des oiseaux qui ne pouvaient pas voler, des chiens qui ne pouvaient pas courir et qu'il faisait les gens plus grands que les portes, et cela parce qu'il était peintre. Un peintre a ce privilège. Il n'a pas à se soucier des problèmes de gravité, ni des images telles que nous les connaissons dans la vie réelle. En peintre il exprime une réaction à la nature et il nous enseigne quelque chose à travers son regard et ses réactions à la nature humaine. Le sculpteur, lui, modifie l'espace par des objets qui expriment aussi ses réactions à la nature. Il ne crée pas l'espace. Il le modifie. Un architecte crée l'espace.

L'architecture a des limites.

Quand nous touchons les murs invisibles de ses limites, alors nous en savons plus sur ce qu'ils renferment. Un peintre peut peindre un canon avec des roues carrées pour dénoncer l'inutilité de la guerre. Un sculpteur peut sculpter ces mêmes roues carrées. Mais un architecte doit utiliser des roues rondes. Bien que la peinture et la sculpture jouent un rôle magnifique dans le domaine de l'architecture, comme l'architecture dans les domaines de la peinture et de la sculpture, l'une ne procède pas de la même discipline que les autres.

On peut dire que l'architecture est la *fabrication* réfléchie d'*espaces*. C'est le remplissage de surfaces données par le client. C'est la création d'*espaces* qui évoquent une sensation d'utilisation appropriée. Pour le musicien, la partition c'est voir ce qu'il entend. Le plan d'un bâtiment devrait se lire comme une harmonie d'*espaces* dans la lumière.

Même un espace conçu pour être sombre devrait avoir juste assez de lumière par quelque ouverture mystérieuse pour nous dire à quel point, en réalité, il est sombre. Chaque espace doit être défini par sa structure et le caractère de sa lumière naturelle. Je ne parle évidemment pas des petites surfaces qui servent les grands espaces. Un espace architectural doit révéler l'évidence de sa création par l'espace lui-même. On ne peut faire un espace en divisant une structure plus grande faite pour un plus grand espace, parce que le choix d'une structure est synonyme de la lumière et de ce qui donne son image à cet espace. La lumière artificielle est un petit moment statique singulier de la lumière, c'est la lumière de la nuit, et elle ne peut jamais égaler les nuances d'atmosphère que créent l'heure du jour et la merveille des saisons.

Un bon bâtiment doit, à mon avis, commencer par le non-mesurable, passer par des moyens mesurables au moment du projet et, à la fin, être non mesurable. Le projet, la fabrication des choses, est un acte mesurable. En fait, à ce point, c'est comme la nature physique elle-même parce que dans la nature tout est mesurable, même ce qui n'a pas encore été mesuré, comme les étoiles les plus lointaines dont nous pouvons supposer qu'un jour on les mesurera.

Mais ce qui est non mesurable, c'est l'esprit. L'esprit s'exprime par la *connaissance intuitive* et aussi par la pensée et je pense qu'il ne sera jamais mesurable. Je crois que la Volonté d'Existence psychique en appelle à la nature pour faire ce qu'elle veut être. Je crois qu'une rose veut être une rose. La Volonté d'Existence, *l'homme*, devient existence, à travers la loi de la nature et l'évolution. Les résultats sont toujours moindres que l'esprit d'existence.

De même un bâtiment doit commencer dans l'aura non mesurable et passer par le mesurable pour être accompli. La seule façon dont on peut le construire, la seule façon dont on peut l'amener à être, c'est par le mesurable. Il faut suivre les lois mais à la fin, quand le bâtiment commence à faire partie de la vie, il fait appel à des qualités non mesurables. Le projet implique certaines quantités de briques, une méthode de construction, puis l'ingénierie terminée, l'esprit de son existence prend le dessus.

Prenez cette superbe tour de bronze érigée à New York. Une dame de bronze d'une beauté incomparable. Mais on sait que sur quinze étages elle a des corsets, car on ne voit pas de structure de contreventement. Ce qui lui donne sa résistance au vent peut être admirablement exprimé exactement comme la nature exprime la différence entre la mousse et le roseau. La base de ce bâtiment devrait être plus large que le sommet, les colonnes du sommet devraient danser comme des fées, les colonnes du bas s'élancer follement, elles n'ont pas les mêmes dimensions parce que qu'elles ne sont pas la même chose. Cette histoire, si on la racontait à partir de la conception du *principe formel*, permettrait à la tour de mieux exprimer les forces. Même si dans les premières tentatives de projet elle commence par être laide, elle ira à la beauté par l'affirmation de son *principe formel*.

Je construis un bâtiment en Afrique, tout près de l'équateur. La forte lumière est épuisante, tout le monde semble noir contre le soleil. La lumière est quelque chose dont on a besoin, et cependant un ennemi. Le soleil implacable là-haut, et la sieste qui vous tombe dessus comme la foudre.

J'ai vu de nombreuses huttes faites par les indigènes. Il n'y avait pas d'architectes là-bas. Je suis revenu avec de multiples impressions sur l'intelligence de l'homme qui avait résolu les problèmes de soleil, de pluie et de vent.

J'en vins à penser que chaque fenêtre devait faire face à un mur séparé de la construction. Ce mur, qui recevrait la lumière du jour, aurait une large ouverture sur le ciel. La forte lumière serait alors modifiée par le mur éclairé et la vue ne serait pas fermée. De la sorte, on éviterait le contraste que fait la répétition des motifs des pare-soleil proches de la fenêtre. Une autre idée me vint de l'efficacité de la brise pour l'isolation, en faisant une couverture séparée de deux mètres du toit protégeant de la pluie et supportée indépendamment. La construction des fenêtres et du mur, des toits contre le soleil et contre la pluie parleraient au passant du mode de vie en Angola.

Je dessine un laboratoire de recherche unique en son genre à San Diego, en Californie. Voici comment le programme a commencé. Le directeur, un homme connu, m'entendit à Pittsburgh. Il vient à Philadelphie pour voir le bâtiment que j'avais conçu pour l'Université de Pennsylvanie. Nous sortîmes ensemble un jour de pluie. Il dit : « C'est beau, c'est un bâtiment magnifique. Je ne savais pas qu'un bâtiment s'élevant ainsi dans l'air pouvait être beau. Combien de mètres carrés avez-vous dans ce bâtiment ? » « Je répondis « 10 000 ». « C'est à peu près ce dont nous avons besoin », dit-il. Ce fut le début du programme des surfaces.

Mais il dit autre chose qui devint la clef de l'environnement spatial tout entier. Il dit que la recherche médicale n'appartient pas entièrement à la médecine ou aux sciences physiques. Elle appartient à la population. Il voulait dire que tout être normalement doué, pour les humanités, la science ou l'art, peut contribuer à l'environnement mental de la recherche qui conduit à des découvertes scientifiques. Ainsi, sans la contrainte d'un programme autoritaire, ce fut une expérience gratifiante que de participer à un projet de programme spatial évolutif sans précédent. Cela ne fut possible que parce que le directeur avait une compréhension unique de l'environnement en tant qu'espace stimulant, et qu'il avait l'intuition de la volonté d'existence et de sa réalisation en un principe formel que contenaient les espaces que finalement j'élaborai.

Le premier programme des laboratoires et de leurs services s'étendait aux jardins du cloître et aux bureaux au-dessus des arcades ainsi qu'aux espaces de rencontre et de détente imbriqués dans des espaces sans affectation, seulement pour le chic. L'architecture des laboratoires peut être définie comme celle de l'air filtré et des espaces modifiables, alors que l'architecture des bureaux est celle de la table en chêne et des tapis.

Le bâtiment de la recherche médicale de l'Université de Pennsylvanie avait été conçu en partant de l'idée que les laboratoires scientifiques sont des ateliers et que l'air qu'on respire doit être séparé de l'air qu'on rejette. Le plan habituel des laboratoires place les zones de travail d'un côté d'un couloir public, l'autre étant occupé par les escaliers, les ascenseurs, le quartier des animaux, les canalisations et autres services. Le couloir véhicule l'évacuation de l'air vicié et aussi l'arrivée de l'air propre à côté l'une de l'autre. Le seul élément qui distingue les espaces de travail de deux personnes, ce sont les numéros sur les portes.

J'ai conçu trois tours d'ateliers où chacun peut travailler dans son domaine ; chaque atelier a sa propre issue de secours et son réseau d'évacuation de l'air isotrope, de l'air vicié et des gaz nocifs. Un bâtiment central auquel s'agglomèrent les trois grandes tours contient les services qui sont de l'autre côté de l'habituel plan à couloir. Un bâtiment central a des narines pour l'arrivée d'air frais à l'écart des évacuations d'air vicié. Ce plan, résultat du principe d'usage unique de chaque espace et de son mode d'utilisation, est caractéristique de sa vocation.

Un jour je visitai le site pendant qu'on érigeait la structure préfabriquée du bâtiment. La flèche de la grue de soixante mètres ramassa vingt-cinq tonnes d'éléments préfabriqués et les balança en place comme des allumettes. Je m'irritai contre cette grue de couleur criarde, ce monstre qui humiliait mon bâtiment en le faisant paraître minuscule. J'en observai les mouvements, calculant sans arrêt combien de jours encore cette « chose » allait régner sur le site et la construction avant qu'on puisse prendre une photo flatteuse du bâtiment.

Maintenant je suis content de cette expérience parce qu'elle m'a permis de me rendre compte de la signification de la grue dans le projet, laquelle, comme le marteau, n'est que l'extension du bras. Maintenant je me mets à penser à des éléments de cent tonnes hissés par des grues encore plus grandes. Les grands éléments ne seraient que des parties d'une colonne composite avec des joints comme une sculpture en or et porcelaine et des salles pavées de marbre sur différents niveaux.

Ces éléments seraient les points d'ancrage d'une structure de grande portée et l'enveloppe entière serait revêtue de verre maintenant des meneaux de verre par des câbles d'acier inoxydable entrelacés comme des fils, pour permettre au verre et aux meneaux de résister à la force du vent. La grue devint alors une amie et un stimulant dans la conception d'un nouveau *principe formel*.

Les institutions de la ville peuvent être grandies par le pouvoir de leurs espaces architecturaux. La maison commune, sur la place du village, a cédé la place à l'hôtel de ville qui n'est plus une maison commune. Mais je pressens une volonté d'existence de la place à arcades où joue l'eau de la fontaine, où le garçon et la fille tombent encore amoureux, où la ville pourrait fêter et accueillir nos visiteurs de marque, où les nombreuses sociétés qui soutiennent les idéaux démocratiques pourraient se rencontrer dans des auditoriums groupés sur la place.

La voiture a complètement bouleversé le *principe formel* de la ville. Je crois que le temps est venu de faire la distinction entre l'architecture du viaduc à voitures et celle des activités de l'homme. Les tendances des urbanistes à combiner les deux architectures en un seul plan ont confondu la direction de l'urbanisme et de la technique.

L'architecture du viaduc pénètre dans la ville depuis les zones périurbaines. Il faut soigner davantage le point de pénétration, même si cela coûte plus cher, lui donner une place plus stratégique par rapport au centre.

L'architecture du viaduc inclut la rue qui, dans le centre de la ville, veut être un bâtiment, avec des pièces en dessous pour les canalisations de la ville qui évitent d'interrompre la circulation quand on les répare.

L'architecture du viaduc comprendrait un concept du mouvement de la rue entièrement nouveau qui distinguerait entre le mouvement de *staccato* de l'autobus avec ses arrêts fréquents et le mouvement continu de la voiture. Les voies express du tissu urbain sont comme des fleuves. Ces fleuves nécessitent des ports. Les rues intermédiaires sont comme des canaux qui ont besoin de docks. Les ports sont les entrées gigantesques qui expriment l'architecture de l'arrêt. Les terminaux de l'architecture du viaduc sont les garages, les hôtels au centre, et les grands magasins à la périphérie, ainsi que les centres commerciaux au niveau de la rue.

Ce positionnement stratégique autour du centre-ville présenterait une image logique de protection contre la destruction de la ville par la voiture. En un sens, la voiture et la ville sont en guerre, et l'aménagement de la nouvelle croissance des villes n'est pas un acte de complaisance mais une urgence. La distinction entre les deux architectures, l'architecture du viaduc et l'architecture des activités humaines, devrait apporter une logique de croissance et une meilleure situation de l'entreprise.

Un architecte indien donna à l'université une excellente causerie sur un nouveau et très beau travail de Le Corbusier et sur son propre travail. Je fus toutefois impressionné de voir que ces œuvres de grande qualité étaient encore hors du contexte et pas en situation. On me demanda ce que j'en pensais. D'une certaine manière je fus poussé à aller au tableau noir et je dessinai au centre un château d'eau, large en haut et étroit en bas. Je dessinai des aqueducs en étoile rayonnant depuis la tour. Cela entraînait la présence d'arbres, d'un terrain fertile et un commencement de vie. Les bâtiments encore absents qui se groupaient autour de l'aqueduc auraient une position et un caractère pleins de sens.

La ville aurait un *principe formel*.

Tout ce que je viens de dire n'implique pas un système de pensée et de travail qui conduise à la réalisation en allant du *principe formel* au projet. Les projets pourraient tout aussi bien conduire à des conceptions du *principe formel*. C'est ce jeu entre les deux qui rend l'architecture constamment passionnante.

Troisième partie

EXPÉRIENCE DES FORMES
ARCHITECTURALES

PRÉSENTATION

Dans cette troisième et dernière partie, nous donnons à lire trois textes qui interrogent à des niveaux différents la question de la perception des formes architecturales et le rôle du récepteur-usager de l'édifice quant à la constitution de l'objet architectural. Après la question de la nature spécifique de l'architecture et celle de la dialectique forme-fonction dans la logique de conception du projet, qui étaient deux manières de chercher à interroger la constitution interne de l'objet architectural en lui-même et du point de vue de celui qui le crée, nous interrogerons à présent la nature de la relation qui met en présence l'œuvre architecturale et celui à qui elle est destinée. C'est là également une troisième manière de chercher à comprendre comment se constitue l'objet architectural à partir de la façon dont il est perçu et reçu. À un autre niveau, c'est donc bien encore à la question de la nature spécifique de l'objet architectural que nous avons affaire. Bien loin d'être une entité close sur elle-même et existant de manière indépendante et isolée, l'œuvre architecturale, en son objectivité même, peut être pensée comme une existence relationnelle qui se constitue *en tant qu'objet* à la croisée des regards, dans l'entre-deux ou à l'interstice de l'activité du créateur et de celle du récepteur. Car l'architecture, si elle se veut conforme à sa destination qui est d'être une réalité foncièrement en accord avec les besoins humains, doit pouvoir s'adresser aux hommes, non seulement en ce qu'elle permet une satisfaction fonctionnelle des nécessités de la vie, mais également en ce qu'elle parle un langage formel adapté aux propriétés génériques de la perception humaine. La question de la forme architecturale rejoint ici de manière décisive la question du langage architectural, cela en tant que tout édifice est une composition d'éléments matériels véhiculant un certain nombre de significations. Or, de telles significations ne peuvent s'instancier ou prendre vie que dans l'expérience perceptive de celui qui contemple ou qui fait usage de l'édifice. En tant que langage des formes, l'architecture s'adresse à l'échelle humaine de la perception. Bien plus, l'« objet » architectural n'existe peut-être qu'à être ainsi constitué dans et par l'épreuve vivante d'un parcours perceptif, à la fois corporel et spirituel, dans et par l'expérience temporelle en première personne d'un individu humain qui, dans cet acte même, relie en une totalité synchronique ce dont il ne fait d'abord l'épreuve que de manière irrémédiablement diachronique.

Le premier texte que nous donnons à lire, intitulé « Expression et Fonction » est un chapitre de l'ouvrage *Dynamique de la forme architecturale* du théoricien de l'art Rudolf Arnheim (1904-2007). Si Arnheim s'intéresse à la dimension dynamique et expressive de la perception des formes architecturales, c'est d'abord et avant tout en raison du rejet d'une distinction par trop simpliste entre forme et fonction, telle qu'on la retrouve dans une compréhension vulgaire mais répandue de ces concepts. Le rejet de l'ornementation prôné par de nombreux fonctionnalistes au nom d'une approche prétendument scientifique des choses de l'architecture, semble conduire ces derniers à oublier que la nécessité structurale de l'édifice doit également s'incarner dans des formes et, qu'à cet égard, le dépouillement de volumes géométriques et d'éléments de structure n'a pas moins besoin d'une expression visuelle véhiculant une certaine forme de symbolisme qu'une colonne en stuc ou que des moulures baroques. Le fonctionnalisme, confondant fonction et satisfaction matérielle des besoins corporels, n'en reste pas moins une option philosophique et stylistique qui, pour ne pas rester une simple idée théorique, doit produire une architecture, c'est-à-dire aussi des formes. C'est pourquoi, par-delà la querelle entre tenants du fonctionnalisme et défenseurs de la recherche formelle en architecturale, tout constructeur doit en réalité s'interroger sur la question de l'expressivité perçue des formes visuelles. L'architecture d'obédience la plus strictement fonctionnaliste a également vocation à être perçue par son destinataire et elle engagera nécessairement la question du dynamisme expressif et symbolique de la perception des formes. Et puisque l'expression architecturale « repose sur ce qu'on a décrit comme la dynamique de la forme visuelle » et que, d'autre part, « l'esprit humain possède la capacité de percevoir la valeur expressive des choses », il nous faut nous interroger en profondeur sur la manière dont nous percevons les formes architecturales, dont celles-ci font sens pour nous et peuvent permettre à l'architecte d'articuler une parole intelligible en incarnant un ensemble de significations dans son œuvre.

C'est par l'évocation et l'analyse de nombreux exemples (perception de formes simples, conception d'objets usuels, exemples architecturaux) qu'Arnheim va chercher à nous rendre sensibles à la prise en compte, non seulement de la nécessité de penser le niveau expressif de la forme en architecture, mais également celui de sa perception dynamique par l'esprit. C'est uniquement par là que pourra s'expliquer la métamorphose d'un ensemble matériel inerte en une œuvre vivante et animée d'un ensemble de significations. C'est par et pour l'esprit qu'une œuvre architecturale fait sens, en tant que l'esprit vient animer de son souffle propre la matière autrement muette de l'édifice, éveillant les significations enfouies en ses formes par son acte perceptif.

Le deuxième texte est un article de Nelson Goodman intitulé « La signification en architecture » (« *How buildings mean* ») paru dans l'ouvrage rédigé avec Catherine Z. Elgin *Reconceptions en philosophie* (1988). Dans ce texte fondamental et fondateur d'une certaine approche philosophique de l'objet architectural, Goodman met en jeu les principes théoriques et les concepts développés dans l'étude systématique du fonctionnement symbolique des œuvres d'art (dénotation, exemplification, expression, référence médiatisée) telle qu'on peut la trouver dans *Languages of Art*. Laissant de côté les questions évaluatives ou la notion d'expérience esthétique, Goodman se concentre sur l'étude des *objets* artistiques en tant que systèmes de symboles. La confrontation des concepts goodmaniens avec la question de l'architecture est pour lui une manière de rendre manifeste certains points importants de son système de pensée, tout autant qu'elle permet, par la réflexion sur une forme artistique singulière (peu présente dans ses autres ouvrages), l'apport de précisions décisives et une reformulation de certaines thèses centrales dans son œuvre (la question de l'interprétation, le primat de la correction sur la vérité, le caractère constructif de l'activité de compréhension).

Comment comprendre, par-delà un appel purement métaphorique et confus du rapprochement entre les formes architecturales et un langage, que les édifices, qui ne sont ni des images ni des textes, puissent signifier quelque chose ? Comment comprendre, pour reprendre une expression de Le Corbusier, que l'architecture puisse « faire des pierres inertes un drame » ? Goodman s'intéresse ici à l'architecture en tant qu'art (non comme simple construction) et, s'il reconnaît un certain nombre de critères distinguant les édifices des autres objets artistiques (caractère non représentationnel ; différence d'échelle spatio-temporelle ; prééminence de la fonction pratique), c'est surtout du point de vue de la symbolisation qu'il va aborder la résolution de ces questions. La question de la signification en architecture constitue en effet à la fois un défi pour la pensée esthétique et un très bon révélateur du fonctionnement symbolique des œuvres d'art dans les différentes modalités par lesquelles elles signifient. Car, si un bâtiment n'est que très rarement représentationnel ou dénotatif, cela ne revient pas pour autant à dire qu'il ne possède pas d'autres modes de symbolisation. L'architecture permet ainsi par exemple de rendre parfaitement manifeste le caractère central du fonctionnement symbolique par exemplification littérale de certaines propriétés, qui semble constituer la modalité de signification privilégiée en architecture. De la même manière, le concept d'exemplification métaphorique ou non littérale permet de donner un contenu définitionnel opératoire à la notion d'« expression » (dès lors qu'un édifice peut exprimer des sentiments qu'il ne peut pas ressentir ou des pensées qu'il ne peut dire).

Les conceptions mises en jeu dans la description des manières de signifier en architecture permettent en retour de formuler des thèses importantes concernant la question de l'interprétation et du jugement architectural. Comme le dit Goodman, l'architecture, plus que tout autre art, « nous fait prendre conscience que l'interprétation ne peut aussi facilement être détachée de l'œuvre ». À l'encontre à la fois d'une conception absolutiste (une œuvre est et signifie uniquement ce dont l'artiste a eu l'intention; il n'y a qu'une interprétation correcte) et d'une conception radicalement relativiste (une œuvre est et signifie tout ce que n'importe qui peut en dire) de l'interprétation, Goodman, sur la base objective des propriétés symboliques de l'objet architectural et de l'appareil conceptuel conçu pour les penser, développe ce qu'il nomme un « relativisme constructif ». Si l'interprétation unique est un mythe et que ce qui caractérise les œuvres d'art, « c'est qu'elles signifient de façons variées, contrastées, fluentes, qu'elles sont ouvertes à de nombreuses interprétations également correctes et éclairantes », il s'agit tout de même de réaffirmer la nécessité de chercher à penser des critères afin de discriminer entre interprétations correctes et incorrectes[1]. Sans vouloir fixer un critère normatif et exclusif (d'autant plus que le philosophe n'est pas critique d'architecture), ni même chercher à préempter l'exercice contextuel du jugement, Goodman avance l'idée que l'une des modalités les plus proprement architecturales de la correction est incarné par l'idée de convenance.

Au final, même si ce texte ne porte pas en tant que tel sur l'expérience esthétique des formes architecturales, mais sur le mode de fonctionnement de l'objet lui-même, la réflexion de Goodman sur la question du jugement

---

1. Il est à tout le moins clair que l'on peut affirmer des choses incorrectes à propos d'un édifice, même s'il s'agit d'une propriété non possédée littéralement par le bâtiment.

architectural aboutit à reconnaître la part constitutive de l'acte cognitif d'interprétation de l'œuvre (et donc la part du « sujet » dans sa construction même) dans le cadre de la recherche de compréhension des œuvres de l'art architectural en tant que manières de refaire le monde.

Enfin, le dernier texte est un article du philosophe belge d'inspiration phénoménologique Jacques Dewitte. Ce texte, intitulé « Pour qui sait voir, ou l'automanifestation de la ville » est extrait de son ouvrage principal *La Manifestation de soi*. L'un des intérêts de ce texte est qu'il prend pour objet explicite la question de la perception des formes architecturales à l'échelle de la ville (et non plus simplement à celle de l'édifice individuel) en tant qu'ensemble de formes perceptibles et signifiantes, cela en interrogeant les dimensions ontologiques, éthiques et politiques de cette question. La forme de l'article est quelque peu spécifique en ce que celui-ci consiste en un long commentaire d'un texte de l'historien d'art autrichien Hans Sedlmayr ayant pour titre *La Ville comme œuvre d'art*. Ce texte se veut un plaidoyer vibrant en faveur de la sauvegarde de la splendeur de la « silhouette de la ville » de Salzbourg, en même temps que la défense fervente d'une certaine conception du langage formel de la ville ancienne, cela contre les dérives supposées du modernisme architectural. S'appuyant sur certaines de ses références les plus personnelles (également présentes dans le texte de Sedlmayr), Dewitte commentant *La Ville comme œuvre d'art*, nous invite à comprendre que le bonheur urbain réside pour grande part dans la possibilité pour l'habitant de s'inscrire en un lieu dont les formes articulent une parole s'adressant à tous de manière intelligible et signifiante. Toute ville véritable est une œuvre d'art parce qu'elle est un langage (c'est là la référence à Wladimir Weidlé) qui articule son identité propre et celle des communautés qui l'ont façonnée et qui la font vivre. Dans son idiosyncrasie irremplaçable, la ville « présente ce qu'elle est » ou « se présente comme ce qu'elle est » (d'où l'usage du concept de « *Selbstdarstellung* » du biologiste Adolf Portmann) à travers le langage typologique singulier de ses formes.

Rudolf Arnheim

EXPRESSION ET FONCTION [1]

L'expression visuelle est une composante indispensable
et inévitable de toute forme architecturale. À cet égard, il
n'y a aucune différence de principe entre l'expression
rigoureusement dépouillée d'une colonne de béton et celle
des stucs fantaisie d'un intérieur baroque. Chacune de ces
formes répond à un besoin sensoriel correspondant à la
philosophie de la vie de l'architecte et du client. La
différence qui les sépare est d'ordre purement stylistique.

L'ORNEMENTATION ET AU-DELÀ

Deux approches de la nature de l'architecture ont amené
à une distinction entre nécessité structurale et ornementation.
L'approche la plus primaire se limite à définir la fonction
d'un immeuble par le besoin physique de l'abri. Sur base
de cette définition, il semble aisé d'établir une différence
bien nette entre les éléments fondamentaux nécessaires à
la construction d'un refuge solide et ce qui leur est surajouté.

1. R. Arnheim, « Expression et Fonction », dans *La Dynamique de
la forme architecturale*, trad. fr. M. Schoffeniels-Jeunehomme, G. Van
Cauwenberg, Bruxelles, Mardaga, 1986, p. 245-267.

Cependant le psychologue pourrait faire remarquer que la
différence entre besoins physiques et besoins mentaux
n'est pas aussi évidente qu'il y paraît à première vue. Tous
les besoins physiques de l'homme se traduisent en effet
par des besoins mentaux. Le désir de survie lui-même,
celui d'étancher sa soif et de calmer sa faim, est un besoin
mental qui s'est développé au cours de l'évolution pour
assurer la survivance des espèces. Une créature qui ne
serait pas animée de ces désirs mourrait, dans quelques
heures, du manque de nourriture. Ainsi, les besoins auxquels
répond l'architecte sont exclusivement mentaux. Les
occupants d'un immeuble seraient bien en peine d'établir
une distinction entre la protection contre la pluie, assez de
lumière pour lire le journal, assez d'horizontales et de
verticales pour satisfaire leur sens de l'équilibre et des
murs et des sols, dont la couleur et la forme évoquent,
visuellement, une vie heureuse et épanouie.

En fait, la notion traditionnelle de fonctionnalité renvoie
non pas à la satisfaction des besoins physiques du client
mais plus simplement aux éléments nécessaires pour créer
et maintenir la structure physique de l'immeuble. Ceci est
clairement formulé dans les observations fondamentales
de Vitruve sur la question. Dans un chapitre sur l'ornement
des ordres, Vitruve distingue le rôle de l'entrepreneur de
celui de l'artiste. L'entrepreneur dresse des colonnes, des
pilastres et pose des poutres, l'artiste élimine les inégalités,
crée une surface harmonieuse, grave les rainures verticales
pour les triglyphes et les peint en bleu, etc. Il travaille à
créer « une beauté hors du commun » et cherche à éviter
une apparence disgracieuse.

Une seconde approche aboutit à une distinction analogue
entre nécessité structurale et ornementation. Cette approche
entend définir l'*eidos* platonique d'une construction, c'est-

à-dire la stricte essence de son existence. Dans cette optique, Marc-Antoine Laugier, dans son *Essai sur l'architecture*, a recours à la notion de hutte primitive, non pas pour dégager des constantes à partir de l'origine historique de l'architecture, mais pour établir un principe qui lui permettrait de distinguer les éléments essentiels de ceux qui ne le sont pas. Les éléments de la hutte primitive sont les colonnes, les entablements et les frontons qui constituent des composantes essentielles de tout édifice. « Dès lors, écrit Laugier, il sera facile de distinguer entre ces éléments, qui sont essentiels à toute composition architecturale, et ceux qui ont été introduits par nécessité ou ajoutés par fantaisie ». Puisque Laugier ne considère pas les besoins des habitants comme distincts de ceux de la structure, les critères par lesquels il définit ce qui est essentiel sont en fait rigoureux. Même les murs sont considérés comme « libertés ». Ils ne sont pas nécessaires au maintien du toit, du moment que quatre colonnes de coin le soutiennent.

La rigueur des critères proposés par Laugier peut s'expliquer, du moins théoriquement, comme une réaction contre une tendance en architecture à la surcharge ornementale. Au cours de ce siècle même, une réaction de ce type a induit à la réduction de la forme architecturale à une ossature géométrique. Nous sommes bien conscients aujourd'hui qu'un tel dépouillement ne vient pas corriger l'excès, mais constitue simplement une alternative stylistique.

Plus intéressantes sont les observations d'Ananda K. Coomaraswamy sur la signification de l'ornement. Coomaraswamy rappelle que toutes les grandes cultures du monde ne considèrent pas « l'ornement » et la « décoration » comme des enjolivements gratuits mais comme des qualités essentielles d'un objet ou d'une personne. Ceci est manifeste si l'on fait retour à la signification originale de ces mots ou si l'on examine leurs équivalents dans d'autres langues. L'ornement désigne à l'origine l'équipement nécessaire, tels les ornements d'un bateau ou d'un autel ou, en rhétorique, la condition nécessaire à une communication efficace de la parole. Le terme décoration vient de *decorum* et renvoie à ce dont une chose ou une personne a besoin pour un exercice adéquat de sa fonction. Même de nos jours, dit Coomaraswamy, si le juge par exemple n'agit en tant que tel que lorsqu'il porte sa tunique, si le maire est investi de son pouvoir par son collier, le roi par sa couronne, si le pape n'est infaillible et vraiment pontifical que lorsqu'il parle ex cathedra « du siège papal », aucun de ces attributs ne sont de simples décorations. Coomaraswamy fait également remarquer que l'on appelle charmant ce qui exerce un charme, un pouvoir magique et que le mot cosmétique est dérivé de cosmos et désigne ce qui est nécessaire à une organisation adéquate.

La signification originale de ces mots, dont l'appauvrissement est aujourd'hui proportionnel à la perte du prestige des fonctions auxquelles ils renvoient, atteste d'une pensée qui ignorait la distinction grossière entre ce qui est nécessaire à l'accomplissement de fonctions physiques et ce qui a pour objet la satisfaction gratuite des sens. La paire d'yeux peinte à la proue d'un bateau de la Grèce antique ou de la Nouvelle-Guinée est une garantie tout aussi essentielle d'un voyage sans risques que la qualité de la forme et du bois dont le bateau « lui-même » est fait. De la même manière, un bâtiment met la totalité de ses formes au service de l'esprit humain. De ce point de vue, les cannelures qui indiquent la structure d'une voûte dans une église gothique ou dans un stade sportif conçu par

Nervi sont tout aussi indispensables que la voûte elle-même et le feuillage d'un chapiteau corinthien aussi nécessaire que la colonne. Ce n'est qu'une fois ce principe admis que l'on peut rechercher les critères permettant de distinguer entre les ornements qui accentuent l'impact visuel d'un édifice et ceux qui y font obstacle. C'est seulement alors que, regardant par exemple Santa-Maria-della-Salute à Venise, on peut se demander si les larges volutes surmontées de statues, ce que l'on appelle l'*orrecchioni* sur la terrasse autour de la coupole, soulignent ou brouillent le rapport entre la coupole et la base octogonale de l'église.

Sous l'intitulé *Integral Ornament at Last!* Frank Lloyd Wright définit dans quelques pages importantes l'ornement intégral comme « la conscience élaborée d'un édifice comme totalité, ou la manifestation de l'organisation structurelle même ; son interprétation. L'ornement intégral est une forme-structure rendue visible et perceptible dans un édifice comme l'est la structure des arbres ou d'un lys des champs ». Et il fait judicieusement référence à la *Cinquième symphonie* de Beethoven, qui est élaborée à partir d'un thème à quatre tons. Aucune personne censée ne penserait à décrire et peut-être à condamner toute la musique au-delà de ces quatre tons comme des enjolivements discutables.

Il existe en fait des ornements en musique, mais significativement, ils n'ont pas pour fonction d'établir une distinction entre l'essentiel d'une composition et les ajouts gratuits. Ils sont le résultat d'une division du travail entre le compositeur et l'interprète que les concerts modernes ignorent. Inaugurée à l'époque des chants grégoriens où les chanteurs « se laissaient aller à des enjolivements improvisés à partir des mélodies classiques » (Apel), et culminant, un millier d'années plus tard, dans les performances des chanteurs et instrumentalistes virtuoses, cette pratique confiait au compositeur la tâche de fournir la structure de base d'un morceau dont l'exécution, dans sa forme pleinement élaborée, était laissée à l'interprète. On peut trouver un parallèle à ce principe, en architecture, lorsqu'une construction n'est pas entreprise autocratiquement en fonction d'un plan élaboré dans les moindres détails, mais que l'exécution est laissée à l'imagination et à l'aptitude pratique de ceux que l'on appellera l'entrepreneur et ses maçons, qui travaillent à partir d'un plan de base établissant des formes et des fonctions globales. Dans aucun de ces deux cas, l'ornement ne renvoie à quelque chose dont on pourrait se passer.

En musique, la distinction entre la tâche du compositeur et celle de l'interprète mettait en lumière le canevas structurel d'une composition. Willi Apel rapporte que lorsque les compositeurs se sont mis à écrire en toutes lettres ce qu'ils voulaient que le public entende exactement, l'innovation fut qualifiée de :

> Nocive à la clarté visuelle de la ligne mélodique. J. S. Bach, par exemple, fut sévèrement critiqué par au moins un musicien « contemporain » pour avoir précisément noté les ornementations et les enjolivements que les artistes ont coutume de produire instinctivement ; cette habitude ne nuit pas seulement à la beauté harmonique de sa musique mais rend aussi sa mélodie totalement « confuse »[1].

Le problème que cette critique signale est également bien connu des architectes. Tout architecte qui refuse de se limiter à fournir quelques structures de base est confronté à la difficulté d'assurer que le thème formel sous-jacent à

---

1. W. Apel, *L'ornementation en musique*, p. 629. [NdT]

son projet émerge et détermine visuellement toute la construction. Le principe fondamental d'un ordre qui régisse toute forme perceptuelle est ici implicite. Des structures réussies s'organisent de façon telle que tous les détails sont considérés comme une construction – *diminution* était le terme utilisé par les musiciens médiévaux –, de formes dominantes et soumises à leur tour à des formes supérieures. On aboutit à une structure hiérarchique qui permet au spectateur et à l'auditeur de percevoir un ensemble complexe comme le déploiement progressif et l'enrichissement d'un thème porteur de la signification fondamentale de l'œuvre. C'est dans le jeu entre cette affirmation fondamentalement simple et les riches conséquences résultant de sa mise en pratique que se trouve la substance même d'un propos architectural. On remarquera que les qualités propres d'une œuvre particulière ne peuvent être attribuées ni à son thème de base, qu'elle peut avoir en commun avec d'autres œuvres, ni à la contexture superficielle de son style, mais qu'elles se manifestent, ainsi que nous l'a enseigné le musicologue Heinrich Schenker, en cette zone intermédiaire, là où l'on voit ce que l'artiste a accompli en adaptant un style à un thème.

EXPRESSION À PARTIR DE DYNAMIQUES

Des deux concepts-clefs de fonction et d'expression, le premier est le plus connu des architectes, bien qu'aucun ne s'accorde sur sa signification. Le second, expression, quoique tout aussi fondamental, est absent de presque toutes les discussions sur l'architecture et n'est pris qu'au sens étroit de symbolisme traditionnel. Ceci étant, il n'est pas étonnant que la relation entre les deux concepts soit loin d'être claire. Quand un architecte décide que la

« fonction » devrait être limitée à ce qui satisfait aux besoins corporels, il réduit la signification du terme pour l'adapter à sa propre position et à son propre style. Ce qu'il veut dire, quand il affirme que tout ce qu'il attend d'un immeuble est de protéger ses habitants contre la pluie et la neige, la chaleur et le froid, les voleurs et les intrus est, en pratique, assez évident. Cependant, ainsi qu'il a été mentionné précédemment, semblable limitation tend à trancher dans la totalité indivisible des besoins humains. Répétons-le encore une fois : les besoins du corps ne deviennent besoins que lorsque l'esprit les traduit en une sensation d'inconfort. Il n'y a aucun moyen de distinguer entre la protection du corps contre la chaleur et notre préférence esthétique pour une fenêtre garnie de rideaux, ou entre la sécurité matérielle de nos biens et le sentiment d'être enfermé en sécurité. Différents moyens peuvent être utilisés pour satisfaire à ces différentes demandes : du matériel isolant pour obtenir la température de la chambre que l'on désire, des couleurs et des dimensions spatiales adéquates pour créer une impression de chaleur. Toute séparation de ces besoins les uns des autres est cependant arbitraire et est inadmissible lorsqu'un projet a pour raison d'être le bien-être du client. La fonction doit renvoyer à la totalité des besoins auxquels la construction doit satisfaire.

L'expression, par ailleurs, repose sur ce qu'on a décrit comme la dynamique de la forme visuelle. La dynamique est une propriété spontanément et universellement attribuée par l'esprit à toute forme perceptible, c'est-à-dire à toute forme organisée de façon telle que sa structure peut être saisie par le système nerveux perceptif.

La dynamique a des qualités génériques, telles que la raideur ou la flexibilité, l'extension ou la contraction, l'ouverture ou la fermeture. Ces qualités dynamiques ne sont pas seulement perçues comme les caractéristiques visuelles spécifiques d'un objet particulier, mais comme des propriétés naturelles. Elles sont vécues comme des façons d'être et de se comporter auxquelles on peut trouver des analogies en notre propre esprit, par exemple. L'esprit humain peut lui aussi être rigide ou souple, ouvert ou replié sur lui-même. La dynamique perceptuelle sert de mobile d'expression au sens le plus large : exemplifier et illustrer des façons d'être et de se comporter trouvées dans la nature et dans les choses produites par l'homme, dans des procès physiques et mentaux.

Pour distinguer cette conception de l'expression de celle proposée par d'autres théoriciens, on dira que les objets et événements que nous percevons ne sont pas simplement investis subjectivement par nous de qualités humaines ainsi que le prétend la théorie de l'empathie. Les qualités dynamiques vont plutôt de pair avec les perceptions d'objets et d'événements auxquels elles attribuent dès lors des façons intrinsèques d'être et de se comporter. Quand un bâtiment est pratiquement dépourvu de fenêtres et autres ouvertures, il suggère la fermeture, une qualité qui peut aussi évoquer, par exemple, l'étroitesse d'esprit. En fait, on verra plus loin que le type de conduite expressive que l'on trouve incorporée à l'architecture nous permet de raisonner concrètement au sujet de propriétés non sensorielles telles que l'effort humain, les relations et les attitudes. L'esprit humain possède la capacité de percevoir la valeur expressive des choses. Cette capacité est particulièrement manifeste chez l'enfant, dans les civilisations primitives et chez les sujets doués d'une sensibilité et d'une intuition très développées comme les artistes. Elle est entravée par une civilisation qui privilégie l'utilité pratique au sens purement physique et hésite à reconnaître l'existence de phénomènes qui ne peuvent être comptés et mesurés.

Même dans notre civilisation, cependant, la perception n'en est en aucune façon inexistante chez le sujet moyen. Elle est favorisée par des traditions populaires qui valorisent « le caractère poétique » de l'expérience humaine. Quand l'imagination publique s'est habituée à l'idée qu'une « formidable forteresse est notre Dieu », les édifices sont plus aisément perçus comme porteurs de signification métaphorique. Mais il faut reconnaître que, dans l'éducation publique d'aujourd'hui, la culture de notre sensibilité à l'expression perceptuelle est cruellement négligée.

LA FONCTION NE PEUT CRÉER LA FORME

Si l'expression est une qualité inhérente à l'apparence perceptuelle des objets et des événements, comment est-t-elle reliée à ce que les architectes appellent fonction ? Manifestement l'expression ne peut être confondue avec les propriétés physiques d'un édifice : un édifice peut être solidement construit mais avoir l'air fragile et précaire. L'expression ne correspond pas non plus à ce que le spectateur considère à tort ou à raison comme la structure physique d'un édifice. Et cependant il y a certaines connexions. Nous disons, par exemple, que l'amphithéâtre d'Epidore témoigne par sa forme de sa capacité de rassembler de larges groupes de personnes pour recevoir un message commun. En même temps, l'édifice constitue un symbole de concentration, d'unité démocratique, d'unanimité et d'égalité.

Mais comment le symbolisme s'introduit-il dans le bâtiment ? Au XIXᵉ siècle, par exemple, le théoricien Konrad Fiedler parla avec éloquence du procès d'assimilation spirituelle par lequel toute trace de caractéristiques matérielles d'un édifice, et toute contingence de technique structurelle sont évacuées de l'esprit du spectateur. Cela semble juste, mais comment comprendre la transformation de l'apparence d'un objet matériel, d'un arrangement de ciment, de pierre, de bois en quelque chose d'immatériel, tel que l'esprit? Et qu'entendons-nous par pure forme?

Quand les architectes parlent de forme, ils la décrivent généralement comme forme physique. Ils ne se préoccupent pas explicitement du problème psychologique de savoir comment la forme peut être porteuse d'une signification spirituelle (mentale), sauf en pointant par exemple des proportions harmonieuses comme productrices de beauté. Ils ont aussi admis que certaines formes sont par convention associées à certaines significations, par exemple lorsque Vitruve fait remarquer que l'ordre dorique correspond à la force virile d'un Minerve, d'un Mars ou d'un Hercule. Il est vrai que de tels exemples reflètent une conscience intuitive d'une affinité visible entre l'apparence des choses et leur valeur. Cependant les penseurs de l'architecture ont été essentiellement préoccupés de la question de savoir comment la forme, quelle que soit sa signification, est reliée à la fonction.

William James, dans ses *Principes de psychologie*, mentionne la formule française célèbre « La fonction fait l'organe ». Il est bien connu que les architectes ont appliqué ce principe biologique à leur propre pratique. Il est clair aujourd'hui, que ni en biologie ni dans les arts appliqués, la forme ne peut être définie par la fonction. La raison en est que, comme l'a très clairement expliqué le dessinateur David Pye, la fonction consiste en principes abstraits, non en formes. Par exemple, la fonction qui doit être remplie par une « cale » doit être décrite verbalement. Le principe renvoie à une série de formes susceptibles de remplir cette fonction, mais il ne marque aucune préférence pour l'une d'elles en particulier.

Dans la plupart des cas, cette série de formes remplissant une fonction particulière est définie non seulement intellectuellement, mais aussi perceptuellement. La perception non plus n'est pas d'abord concernée par des formes spécifiques mais par des genres de formes. Ce que nous voyons tout d'abord, lorsque nous regardons un objet, est la catégorie à laquelle il appartient. C'est le résultat de l'objectif biologique de perception qui est principalement celui de s'informer sur la nature des choses. Même lorsque l'on a affaire à des individus uniques, l'homme et l'animal sont essentiellement préoccupés de la question suivante : Quel type de personne ? Quel type de chose ou de dévouement est-ce ? Ainsi lorsque l'on parcourt des types de « cales » présentées par Pye dans une illustration, on ne comprend pas seulement par abstraction intellectuelle, mais on perçoit directement ce qu'elles ont toutes en commun comme membres d'une classe, avec cette importante restriction cependant que certaines formes présentent plus clairement que d'autres les caractéristiques d'une « cale ».

Pye se rend compte bien entendu que, plus les exigences fonctionnelles d'un objet sont définies, plus les contraintes qui lui sont imposées sont fortes, plus étroite est la marge de liberté laissée au dessinateur. Ainsi, un moteur laisse moins de liberté qu'un vase à fleur et un avion moins qu'un cerf-volant en papier. Pier Luigi Nervi a fait remarquer que, par exemple, des édifices dépassant 300 pieds en hauteur ou en largeur posent des exigences de construction qui deviennent plus déterminantes avec l'accroissement progressif de ses dimensions. Si le progrès technologique est irréversible, dit Nervi, le style qu'il détermine ne pourra plus jamais changer. Cependant, Nervi croit que, en dépit des contraintes techniques, il reste toujours une marge de liberté suffisante pour permettre à la personnalité du créateur de se révéler et pour permettre, s'il est une artiste, que sa création devienne, même dans le cadre de contraintes techniques rigoureuses, un travail artistique vrai, authentique. La marge de liberté laissée par les contraintes de la fonction physique est ce qui nous préoccupe ici. Comment l'architecte fait-il usage de cette marge de liberté ? Un désir de révéler la personnalité du créateur ne doit assurément pas être l'impulsion première ; nous connaissons les résultats désastreux auxquels conduisent semblables motivations. La liberté doit être utilisée pour faire de l'édifice un authentique et réel travail artistique. Mais comment définir semblable travail artistique ? La réponse type, dans notre propre tradition, même dans les temps présents, est que la forme doit créer de la beauté formelle. Et si nous poussons plus loin et demandons ce qui est impliqué par beauté, nous voyons par exemple que Leon Batista Alberti définit la beauté comme l'harmonie de toutes les parties quel que soit le sujet. Celles-ci doivent être organisées avec un tel sens des proportions, une telle continuité que rien ne puisse sans dommage être ajouté, retiré ou modifié.

Cette harmonie des proportions est considérée même aujourd'hui comme la seule et unique obligation esthétique d'un concepteur.

CE QUE LES VASES EXPRIMENT

Les édifices, écrit Etienne-Louis Boullée au début de son essai sur l'architecture, devraient en quelque sorte être des poèmes : « Les images qu'ils offrent à nos sens devraient susciter des sentiments analogues à l'usage auquel ils sont destinés ». C'est sur le mot *analogue* qu'il faut s'arrêter. Comment faut-il comprendre l'analogie en question ? Comment est-elle amenée ? Afin de développer cette pensée de façon assez systématique, nous aurons recours à un objet plus simple et dès lors plus facile à décrire que la plupart des édifices, à savoir des vases de céramique.

Voyons le croquis de quelques types de vases grecs anciens. Ils furent fabriqués pour contenir du vin, de l'eau, de l'huile ou pour présenter des fleurs. Pour simplifier, on postulera qu'ils remplissent tous leur fonction de manière satisfaisante et que la grande variété des formes, dont on n'a présenté ici qu'un échantillonnage limité, ne peut s'expliquer par la diversité des usages auxquels ils sont destinés. Ils remplissent tous les trois les fonctions de base de recevoir, contenir, verser, et tous ont une anse. L'approche traditionnelle qui consiste à porter un jugement esthétique sur la forme de semblables objets se préoccupe peu de leur fonction ou de leur expression. En examinant les formes elles-mêmes, leurs proportions, leurs courbes, etc., on peut dégager certains critères formels qui rejoignent la perception intuitive que nous avons de ces objets comme heureusement proportionnés et de forme agréable. Deux remarques cependant doivent être faites quant à cette façon de procéder.

Tout d'abord, en mettant à jour la régularité géométrique d'un objet, on n'*explique* nullement pourquoi cet objet est simultanément perçu de façon positive. Un exemple musical clair est celui des rapports spatiaux simples découverts par les Pythagoriciens entre les tons d'une échelle musicale produite sur une corde. Ni la relation entre les distances linéaires sur la corde, ni le fait que semblables rapports aient été découverts plus tard parmi les longueurs d'ondes des vibrations sonores, n'expliquent pourquoi ces intervalles offrent à l'oreille une harmonie simple. Les correspondances suggèrent avec force l'existence d'une relation causale entre les propriétés structurales d'un stimulus physique, et celles des perceptions, mais la nature de cette relation demande à être expliquée en termes théoriques plus élaborés. De la même manière, les formules géométriques de la série de Fibonacci ou le nombre d'or ne démontrent pas que les rapports spatiaux correspondants, tels qu'ils se présentent par exemple dans la série du Modulor de Le Corbusier, sont agréables à l'œil humain et n'expliquent pas non plus pourquoi il devrait en être ainsi. Nombre de spéculations biologiques et psychologiques de haut niveau seraient nécessaires pour rendre plausible le lien causal entre stimulus et perception.

Plus importante pour notre propos est cette seconde remarque. Il n'y a aucun intérêt à juger de l'harmonie des rapports agréables entre des formes en elles-mêmes alors que ces formes sont conçues pour concrétiser un thème fonctionnel comme celui de recevoir, de contenir et de verser. Cette fonction influence les dynamiques particulières de chaque forme et chacun des rapports entre formes. L'apparence perceptuelle varie en conséquence. Le col d'une amphore peut avoir l'air élégant et fin lorsqu'il est vu comme le conduit par lequel le vin est versé, mais le même rapport de taille peut paraître ridiculement trapu dans le cas d'une encolure humaine. Ce n'est pas seulement parce que les êtres humains ont en général la nuque plus fine. Des critères de proportionnalité différents sont applicables à la fonction d'être le support d'une tête ou à celle d'être le conduit menant à une ouverture. Le mathématicien George Birkhoff, expérimentant sa « mesure esthétique » sur des vases grecs et chinois, établit une échelle de mesure que les vases ne doivent pas dépasser pour éviter d'être instables, de blesser et pour pouvoir être manipulés aisément. Dans le cadre de ces limites, il considère les dimensions d'un vase comme des entités géométriques en elles-mêmes, comme si elles pouvaient tout aussi bien appartenir à quelque autre objet ou à aucun. Il semble ne jamais tenir compte de ce que, quand, par exemple, deux parties d'un vase ont la même taille, le fait qu'il s'agisse du col ou du pied ou que ces parties remplissent quelque autre fonction constitue toute la différence quant à leurs relations dynamiques.

Quand Le Corbusier, jouant un jeu ancien, découvre que les deux paires de diagonales principales de la façade de Palais des Sénateurs de Michel-Ange à Rome se rencontrent à angle droit, il n'a pas découvert le secret d'une remarquable composition. Le rapport simple entre les rectangles de la façade fonctionne bien parce que la construction dans son ensemble a juste les dimensions appropriées au lieu et à la fonction qu'elle occupe sur la place du Capitole. Le même rapport aurait l'air écrasé ou bouffi si la forme du bâtiment n'était pas adaptée à sa fonction ou si la taille des deux travées en saillie n'était pas conforme à leur rôle dans l'ensemble de la structure. Les régularités géométriques sous-jacentes contribuent peut-être à créer un effet agréable, mais elles n'auraient pas l'air heureuses si les formes auxquelles elles s'appliquent ne correspondaient pas à l'objectif de la construction.

Mais quel est cet objectif? Sûrement pas uniquement de satisfaire aux exigences d'utilité pratique. Revenons-en aux vases grecs. Lorsque nous faisons remarquer que leurs contours concrétisent les fonctions de recevoir, contenir et verser, que voulons-nous dire par concrétiser? Pas seulement que la forme du récipient est physiquement apte à satisfaire ces exigences : c'est là une condition nécessaire mais non suffisante. Nous voulons plutôt dire que, par exemple, la rondeur comme qualité visuelle dynamique exprime l'acte de contenir. La convexité des bords concentre le contenu du récipient au milieu. Cette fonction est particulièrement explicite dans l'aryballe sphérique, une bouteille à huile destinée à contenir beaucoup et à verser peu de liquide à la fois. Dans ce cas, la dynamique de l'acte concentrique de contenir est si dominante que le petit goulot a presque l'air d'une interruption involontaire.

Dans d'autres exemples, le thème de la concentricité est associé à ceux de recevoir et de verser. Ces thèmes sont exprimés visuellement par une dynamique orientée selon un axe vertical. Dans le cas du lébès, un bol, ce mouvement vers le haut se manifeste seulement par la coupure du dessus du récipient. La subtilité de cette forme particulière consiste dans la courbe prenant naissance à la base, au rayon relativement large ; mais, vers le haut, comme s'il devenait tout à coup conscient du défi de sa fermeture, le vase intensifie sa courbe au point de se refermer presque, avant que l'ouverture ne prenne place.

L'alabastre, une bouteille à parfum, joue d'une tension entre contenir et verser tout au long de sa forme allongée. Dans le cas du cratère, un vase utilisé pour mélanger le vin, le contour assujettit totalement la large partie supérieure du contenant aux fonctions de recevoir et de verser en faisant d'un crescendo vers l'ouverture son thème principal et en remplaçant la convexité par la concavité. Ce n'est pas l'action de se refermer que le bord vient interrompre ici, mais celle de s'ouvrir davantage.

Il faut remarquer que ce sont des caractéristiques purement visuelles des fonctions comme thème visuel qui nous préoccupent dans ces descriptions. Les aspects physiques de recevoir, contenir et verser ne sont que des éléments d'information pratique qui fournissent du contenu à la dynamique visuelle de l'image.

Une référence aux expériences dites de conservation, conçues par Jean Piaget, permettra peut-être d'éclairer la nature particulière de cette approche. Dans ces expériences, on présente à un enfant deux éprouvettes, chacune remplie de la même quantité de liquide. Le contenu de l'une est versé dans une troisième éprouvette plus haute et plus mince. Un jeune enfant affirmera que l'éprouvette la plus haute contient davantage d'eau bien qu'il ait assisté au transvasement. Un enfant un peu plus âgé se rendra compte que les quantités n'ont pas changé. Les psychologues ont tendance à considérer que le plus jeune enfant a tout simplement tort, que le jugement correct d'égalité et d'inégalité a seulement trait à la quantité physique. Ils refusent donc de reconnaître que c'est un phénomène légitime en soi que de percevoir les mêmes quantités comme inégales lorsqu'elles sont contenues dans des récipients de formes différentes. L'observateur naïf déclare qu'il y a plus de liquide dans le récipient le plus haut, non seulement parce que les apparences le trompent – ce qui peut en fait être le cas – mais parce que l'expérience perceptuelle est la réalité la plus élémentaire et qu'il est dès lors assez normal que ce soit d'elle qu'il parle en premier lieu. Son approche sera corroborée par tout artiste visuel pour lequel les faits perceptuels conservent leur primauté ; et c'est sans doute au détriment de ses facultés sensorielles que l'enfant plus âgé acquiert un sens pratique. L'évidence perceptuelle initiale est ce dont on entend se préoccuper ici.

On a parlé de trois fonctions principales représentées visuellement par la forme des vases. Il faudrait ajouter que les différents types de vases représentent ces fonctions de différentes façons. La plupart marque une différence visuelle nette entre la panse, qui représente l'acte de contenir, et le goulot, qui renvoie aux fonctions de recevoir et de verser. Cette distinction peut être faite par un mouvement léger et progressif de la courbe qui de convexe se fait concave comme dans l'oenochoé, un pichet à vin. Ou elle peut se traduire par un brusque mouvement qui, coupant le corps du récipient, se tourne vers l'intérieur pour former le col et, avec la même soudaineté, vers l'extérieur à nouveau pour le bec. Semblables mouvements confèrent au lécythe, un pot à onguent, son air d'intelligence nerveuse. Cependant, un récipient peut également manquer d'une telle différenciation de fonctions. Il peut avoir l'apparence d'une créature primitive qui n'a pas encore poussé son organisation à un tel niveau de sophistication. Ou il peut offrir l'élégance sophistiquée d'une solution qui a dépassé la formule simpliste de formes séparées pour chaque fonction particulière et a réussi à combiner diverses fonctions en un design complexe.

Combiner différentes fonctions en un même design est cependant tout un art. Il faut que l'on puisse continuer à distinguer ces différentes fonctions en dépit de leur fusion. Quand Frank Lloyd Wright combine dans le Guggenheim Museum la superposition horizontale des étages à leur transition progressive, la spirale qui en résulte manifeste à la fois les deux fonctions et exprime leur union en une solution d'une remarquable intelligence. On est assez loin du primitivisme négligent qui accumule une variété de fonctions en une forme arbitrairement simpliste. Sans doute y a-t-il du vrai dans la remarque de Vincent Scully selon qui l'auditorium conçu par Eero Saarinen pour l'Institut de Technologie du Massachusetts fait tenir à tort ou à raison toutes les fonctions en une seule forme géométrique. Quelle que soit la solution proposée par l'architecte, nous avons raison de nous y intéresser activement parce que la question de savoir comment associer différentes activités en une entreprise commune préoccupe constamment chacun de nous.

SYMBOLISME SPONTANÉ : MIES ET NERVI

On ne peut décrire les qualités dynamiques de formes sans évoquer en même temps leur symbolisme spontané. Des fonctions telles que recevoir, garder, prodiguer ne sont en aucun cas limitées aux vases, ou plus généralement aux activités physiques, mais peuvent également être associées à des aspects fondamentaux des conduites sociales humaines, à des qualités comme la générosité ou l'exploitation, le désir d'acquérir, l'avarice, l'économie, etc. Notre opinion est que ces valeurs symboliques accompagnent toujours la perception non seulement aux rares moments de contemplation esthétique mais à chaque fois que nous regardons un objet et le manipulons en engageant notre sensibilité naturelle. Dans la plupart des cas ce sont des symboles ouverts comme on les a appelés antérieurement, en ce sens qu'ils ne renvoient pas à des applications spécifiques mais à une large catégorie d'exemples pour lesquels ces propriétés perceptuelles génériques sont valables.

En même temps, ces symboles ouverts se distinguent de certains symboles conventionnels par leur pressante nécessité. Ainsi que l'indiquait Lipps, « il n'y a rien d'ésotérique, rien d'arbitraire en eux ». En particulier, le symbolisme formel de formes particulières se fait très simple, si simple qu'il apparaît en fin de compte comme tautologique. En fait, quelle observation pourrait être plus redondante que celle qui consiste à remarquer qu'un objet dressé se redresse lui-même, qu'une forme penchée se penche ou qu'une forme s'élargissant s'étend? Il est nécessaire, cependant, poursuit Lipps, de considérer ces valeurs avec le plus grand sérieux et d'être conscient de ce qu'elles impliquent et induisent.

Il faut noter une autre caractéristique du symbolisme spontané de la forme perceptuelle. Le langage verbal nous habitue à penser aux propriétés d'un objet comme à des adjectifs, c'est-à-dire comme à des choses attachées aux choses. Cependant, dès le moment où l'on considère ces propriétés au point de vue dynamique, on découvre qu'elles appartiennent à des activités plutôt qu'à des choses et qu'elles sont dès lors adverbiales plutôt qu'adjectivales. Lorsque nous qualifions de gracieuse la forme d'une théière, nous voulons dire plus exactement que la théière verse gracieusement. Nous pouvons également observer qu'elle contient généreusement, ou que dans l'acte de recevoir, elle s'abandonne sans réserve. C'est pourquoi on a suggéré précédemment que l'expression perceptuelle évoque des façons d'être et de se comporter.

L'exemple relativement simple des vases de céramique a permis d'illustrer la relation entre forme et fonction. La forme n'est pas simplement la concrétisation physique d'une fonction. On dira plutôt qu'elle *traduit* un objet-fonction en langage d'expression perceptuelle. La faculté visible de contenir et de verser d'une certaine manière n'est pas seulement ce que nous observons lorsque nous prêtons attention à ce qui se produit physiquement. C'est une analogie visuelle – selon les termes mêmes de Boullée – aux fonctions pratiques de l'objet.

Examinons à présent un exemple plus proche de l'architecture, par exemple un meuble, lorsque l'on regarde la célèbre chaise barcelonaise de Mies van der Rohe de 1929, on remarque tout d'abord l'absence d'éléments verticaux et horizontaux. La structure évite la stabilité facile de pieds verticaux et l'horizontalité rassurante du siège conventionnel. Particulièrement lorsqu'on le compare à la structure inflexible d'un édifice de Mies, ce meuble, avec ses inclinaisons et ses courbes, fait intervenir la présence de l'homme comme un élément de vie. D'esprit particulièrement moderne, cette chaise n'exige pas que l'utilisateur adapte son corps à la rigidité de sa structure de base mais qu'elle s'adapte à son confort. L'angle droit du dossier de la chaise est altéré par l'inclinaison, une concession partielle à l'attraction de la gravité, et cette inclinaison fait que le dos de la chaise fait office de support plutôt que d'armature obligeant à se tenir droit. Le design de la chaise combine une stricte adhésion au principe d'ordre et un laisser-aller en souplesse. Les deux barres métalliques plus longues combinent la verticalité d'un dos qui soutient et l'horizontalité d'une base au sol. La courbe qui en résulte exprime la soumission au poids du corps humain.

La même courbe fait cependant preuve d'assez de fermeté pour soutenir le poids de façon stable. L'assurance que le support est résistant est fournie à la vue par le fait que la courbe est une portion de cercle. Or, les cercles sont les courbes les plus fortes, les plus inflexibles. Plus généralement, le design obtient la stabilité visuelle en obéissant à des relations géométriques simples. Il semble que Mies ait inscrit le profil de sa chaise dans un carré. Le coin supérieur droit du carré sert de centre à la courbe circulaire de la barre d'acier principale qui, dès lors, fait fonction de diagonale courbe. La courbe circulaire est touchée, en son milieu, par le coussin du siège et l'intersection des deux barres divise le siège aux deux tiers.

Toute cette géométrie surprend après qu'on ait été intuitivement séduit par le mélange de grâce détendue et de forte stabilité dont cette chaise offre l'apparence. La complexité du thème dynamique est également concrétisée par la géométrie de la légère courbe en S de la barre d'acier inférieure, assez proche d'une ligne droite pour appuyer la simplicité austère du design, mais qui joue avec cette droiture comme une arabesque, semblant descendre de la « ligne de beauté » serpentine d'Hogarth. La courbe en S combine une fois encore verticalité et horizontalité, la montée verticale du support et la base horizontale. Elle soutient mais se plie aussi au poids porté par le siège.

Finalement, il y a le contraste entre le volume important des coussins pliables et l'abstraction immatérielle des courbes de métal dur, une rencontre entre une substance pesante et de l'énergie désincarnée par laquelle l'utilisateur est suspendu sans danger au-dessus du sol grâce à des forces intangibles – allusion symbolique à l'audace moderne qui consiste à se passer de murs pour porter le poids et maintenir les avions en l'air.

Ces exemples permettent peut-être de voir concrètement ce qui se passe quand un design approprié fait qu'un objet apparaît comme forme pure. Il s'agit de cette spiritualisation dont Konrad Fiedler parla de façon si énigmatique mais persuasive. L'irrésistible dynamique de la chaise de Mies dématérialise l'objet physique en le transformant en véhicule d'une constellation de forces. La validité de la constellation va bien au-delà de l'expression d'une chaise en particulier. Elle symbolise une façon de vivre, les circonstances culturelles dans lesquelles l'objet fut conçu. Nous trouvons un thème quelque peu comparable, suffisamment simple pour se plier à l'analyse visuelle et suffisamment sophistiqué pour représenter l'expression architecturale, dans le profil du stade municipal conçu par Pier Luigi Nervi pour la ville de Florence en 1928. La coupe est directement accessible sur la photographie parce que le bâtiment était en cours de construction quand le photographe l'a prise. Mais la structure visuelle qu'elle révèle sert d'ossature interne même à l'édifice achevé. Dans le design de Nervi, la stabilité de la structure verticale-horizontale est ouvertement affirmée. Même le rapport entre le toit et les supports verticaux de l'arrière est proche d'un angle droit, assez proche pour que la légère courbe de la surface du toit apparaisse comme une déviation de l'horizontale. Cette référence à l'horizontale plane accroît la force expressive de la montée.

Dans une structure fondamentalement rectangulaire, la surface inclinée des gradins fait office de diagonale forte. L'ouverture de la boîte vers l'avant répond à la nécessité de ne pas gêner la vue des spectateurs par des colonnes. Mais cette ouverture donnerait au toit l'air dangereusement instable s'il n'y avait pas les poutres en console qui transforment le toit en une structure en forme de « coin » gracieusement courbée. Le poids de cette structure repose sur la partie arrière bien ancrée de la construction et cette structure diminue en épaisseur vers l'ouverture. Comme les barres d'acier de la chaise de Mies, le profil du toit de Nervi exprime en une dynamique visible la combinaison souple de courbes et de verticales, les motifs combinés de se dresser et de supporter.

Par sa liberté d'esprit, cette forme prouve le pouvoir qu'a l'homme moderne de se libérer sans effort de l'attraction de la gravité tout en obéissant aux lois d'une existence terrestre. La validité simple de cette solution est hautement originale et en même temps libre de tout arbitraire individuel. La forme et les arrangements des parties de l'édifice obéissent fidèlement aux exigences de la statique physique, mais elles traduisent également le rapport de forces en une structure visuelle qui interprète le thème dynamique aux yeux du spectateur. Le symbolisme spontané suscité par cette structure est porteur d'un message éloquent sur la condition de l'homme au XXᵉ siècle. Ceci veut dire que le design de la tribune de Florence remplit la tâche de l'architecture. Il le fait avec une telle pureté de formes et une telle intelligence d'invention évidente que l'on n'hésitera pas à compter les travaux de Nervi parmi les quelques rares ouvrages qui survivront aux changements culturels.

L'exemple du thème simple, bidimensionnel, que nous venons d'interpréter peut être considéré comme représentatif des multiples façons de concevoir le rôle d'une construction à travers les âges. Simple ou complexe, reposant ou surgissant, ouvert ou fermé, austère ou ludique, compact ou diffus, chaque édifice remplit essentiellement des tâches analogues en déployant la variété des attitudes que l'homme peut adopter face aux défis de l'existence.

LES ÉDIFICES FAÇONNENT LE COMPORTEMENT

On serait injuste envers l'expression visuelle des objets architecturaux si on les traitait simplement comme de purs objets de regard, comme s'ils existaient seulement pour être regardés. De tels objets ne reflètent pas seulement les modes de pensées des gens par qui et pour qui ils ont été conçus. Ils influencent en outre activement les comportements humains. Il y a quelques années, à Paris, les pourparlers sur la paix au Vietnam furent retardés par un problème d'« ébénisterie diplomatique », comme les Français l'ont appelé, concernant la construction d'un cabinet diplomatique. Les représentants des Etats-Unis et du Nord Vietnam se querellèrent quant à la forme de la table autour de laquelle s'asseyeraient les négociateurs. Devrait-elle être angulaire ou ronde, en forme de diamant, de beignet ou de croissant double ? La discussion a beaucoup fait rire, mais sa seule longueur était ridicule. L'affaire était importante parce qu'elle impliquait une reconnaissance visuelle des rapports qui liaient les divers membres engagés dans la négociation. Les Etats-Unis, dans l'intérêt du gouvernement de Saïgon, refusèrent d'accepter le Vietcong comme interlocuteur. Selon le *New York Times*, ils proposaient un groupement bilatéral où les Américains et les Vietnamiens du Sud feraient face aux représentants du Nord Vietnam et du Vietcong. Hanoï réclamait avec insistance une disposition quadrilatérale. Il était également disposé à accepter une table ronde où les parties seraient assises en quatre groupes, mais cela ne plaisait pas aux Américains qui voulaient qu'une ligne soit peinte en travers de la table. Hanoï refusa d'accepter la ligne de division, qui aurait transformé la symétrie centrale de la table en une structure bilatérale.

Depuis les temps les plus reculés, on a admis l'importance, pour tout événement cérémonial, de l'organisation physique d'une situation. Elle influence non seulement le comportement des participants, mais définit également leur statut social. Les relations spatiales de forme, de distance, de hauteur, etc., sont symboliques du nombre des parties engagées, de leurs liens et de leurs différences, de celles qui dominent et de celles qui leurs sont inférieures. L'acceptation d'une disposition spatiale constitue le premier signe de ratification de la structure sociale à laquelle elle correspond. Cela a toujours été vrai et l'architecte a joué un rôle de première importance en fournissant un environnement adéquat. Le rôle assigné à une personne et la façon dont elle le jouera varie selon qu'elle dispose d'un espace étroit ou large. Rappelons que Mussolini avait l'habitude de recevoir ses interlocuteurs dans le spacieux hall du Palais Venezia. Le visiteur devait traverser tout l'espace vide, sans l'aide d'aucun support capable de le guider, épié par le dictateur assis derrière son immense bureau, à l'autre bout de la pièce. Ou encore, la porte d'entrée d'une maison japonaise où se pratique la cérémonie du thé est toujours très basse de façon à ce que chacun des participants doivent s'abaisser avant de prendre place dans l'assemblée.

Quand des personnes se font face autour d'une table, elles attestent de leur statut de convive, du fait qu'elles vivent ensemble pour l'occasion. Le public d'un théâtre ou d'une salle de conférence atteste tout juste d'un parallélisme de but et d'intention, ce qui est assez différent de faire les choses avec d'autres gens. Dans ses commentaires, sur son voyage en Italie, Goethe a fait remarquer à propos de l'arène de Vérone qu'un amphithéâtre est parfaitement conçu pour que les gens se fassent impression à eux-mêmes, et qu'ils servent de spectacle les uns pour les autres. L'architecte :

> a fourni par son art un cratère, aussi simple que possible, de sorte que les gens eux-mêmes servent d'ornement. En se voyant eux-mêmes réunis de cette manière, ils ne pouvaient être qu'émerveillés parce qu'ils avaient été habitués, partout ailleurs, à se voir l'un l'autre circulant en tous sens, en une confusion désordonnée et indisciplinée. Mais, au théâtre, l'instable et mouvant animal à plusieurs têtes et plusieurs sens se voit uni en un corps noble,

> modelé à l'unisson, fusionné en une seule masse, stabilisée
> en une seule forme et animée d'un seul esprit. Chaque
> œil ressent de façon extrêmement plaisante la simplicité
> de l'ovale et chaque tête individuelle sert de mesure à
> l'immensité du tout. En voyant l'édifice vide, on ne
> dispose d'aucun critère qui permette de déterminer s'il
> est grand ou petit[1].

Ici encore, on pense au Musée Guggenheim de Wright
où un espace central met l'homme à distance de l'homme.
Il voit les autres visiteurs comme une image éloignée de
gens regardant des images, ceux-ci lui offrent le spectacle
d'une partie de la foule à laquelle il appartient lui-même.
En même temps, par sa forme en spirale, l'édifice programme
l'activité du visiteur en un parcours linéaire à travers un
environnement unidimensionnel, ce qui est particulièrement
heureux lorsque l'exposition elle-même est conçue comme
une séquence unidimensionnelle, par exemple lorsque
l'œuvre d'un artiste ou d'une époque est exposée selon un
ordre chronologique.

Mais la canalisation du trafic n'est que l'aspect le plus
manifeste de l'impact de l'édifice sur ses utilisateurs. Les
édifices contribuent pour une bonne part à déterminer dans
quelle mesure chacun de nous est un individu ou un membre
d'un groupe et dans quelle mesure nous agissons librement
ou en nous soumettant aux contraintes de limites spatiales.
Toutes ces conditions débouchent sur les configurations
de forces. C'est seulement parce que l'édifice en soi est
vécu comme une configuration de forces, c'est-à-dire
comme une structure particulière de contraintes, de libertés,
d'attractions et de répulsions que l'environnement
architectural s'intègre dans la totalité dynamique qui
constitue nos vies.

---

1. Goethe, *Italienische Reise*, le 16 septembre 1786. [NdT]

Comment les idées prennent forme

Revenons-en, encore une fois, au thème structural ou ossature de chaque projet architectural. On l'a décrit comme porteur de la signification principale d'un édifice, que le spectateur doit saisir comme un tout s'il veut comprendre la composition. Il convient d'ajouter ici que ce thème de base est aussi le ferment de l'idée maîtresse qui guide l'architecte dans l'élaboration de son projet. Ceci n'implique pas nécessairement que chaque architecte, au cours du procès effectif de création, parte d'un concept central relativement simple et ajoute progressivement de plus en plus de détails. En fait, la première étincelle créatrice peut jaillir de la vision précise d'un élément de détail à partir duquel on peut remonter au thème central. Le plus souvent, le procès de création implique des oscillations relativement désordonnées de la conception de l'ensemble à celle de chacune des parties. Ce n'est qu'en parcourant le processus dans son intégralité que l'on prend conscience de l'ordre logique qui conduit du thème de base à sa concrétisation ultime. C'est comme observer la façon dont un jeune enfant court en tous sens, s'abandonnant à des distractions secondaires tout en poursuivant son but : envisagés dans leur ensemble, ces écarts désordonnés s'intègrent dans une séquence comportementale orientée vers un but. Dans toute invention humaine, le thème embryonnaire est crucial. Qu'il s'agisse d'une œuvre d'art, d'une pièce de machinerie, d'une théorie scientifique, d'une organisation commerciale, toutes jaillissent d'une idée centrale et se développent à partir d'elle. Dans le cas de l'architecture cependant, le thème central sert de lien entre le programme d'une construction et son plan. La relation entre ces composants fondamentaux est assez confuse dans la théorie architecturale.

Elle est aussi source de conflit entre le client qui parle le langage de ses besoins et l'architecte qui pense en termes de formes visuelles et de matériaux physiques. Il n'est pas toujours évident de trouver comment les ressources de l'un peuvent répondre aux besoins de l'autre. Par exemple, le projet d'une construction d'une bibliothèque envisage le nombre de livres et de lecteurs qu'elle doit contenir, la diversité du matériel à fournir, les services à offrir, les conditions d'accès, les connexions faciles et les séparations et peut-être aussi l'état d'esprit que l'édifice devrait suggérer et l'idéal qu'il devrait représenter au sein d'une communauté.

Aucune de ces fonctions n'est immédiatement visuelle et l'architecture ne peut ou ne doit pas répondre à toutes. Un édifice ne peut enseigner le français ou fabriquer de machines à écrire de grande qualité. Il ne peut répondre aux besoins de l'utilisateur que dans la mesure où ceux-ci peuvent être traduits en moyens architecturaux, les plus importants étant les dimensions spatiales, les formes et les relations. Mais comment la traduction en propriétés spatiales peut-elle être accomplie? Le problème rencontré ici en théorie et en pratique peut être éclairé par une définition donnée au milieu des années 60 par Tomas Maldonado, alors directeur de la *Hochschule für Gestaltung* à Ulm. Il définit le design industriel « comme une activité dont la fin ultime est de déterminer les propriétés formelles des objets produits par l'industrie ». Par « propriétés formelles », il n'entend pas les traits extérieurs mais plutôt les relations structurales et fonctionnelles qui transforment un objet en une unité cohérente à la fois aux yeux du producteur et de l'utilisateur. Il poursuit, en disant que « les traits extérieurs ne résultent le plus souvent que du désir de rendre un objet superficiellement plus attirant ou de cacher ses déficiences constitutives; elles constituent donc une réalité accidentelle qui n'est pas née et ne s'est pas développée avec l'objet ». La question qui se pose est la suivante : si un design ne consiste pas en formes visuelles perceptibles – un postulat assez remarquable de la part d'un homme qui dirige une institution qui, en tant que successeur du Bauhaus, était dédiée à la *Gestaltung* – dans quel médium ces « relations structurelles et fonctionnelles » doivent-elles être conçues ?

Il importe de se rendre compte ici que, indépendamment du design architectural, le « projet » d'un bâtiment est lui-même tenu de prendre la forme d'une structure visuelle s'il entend conférer quelque organisation aux données brutes d'entités et de quantités. C'est évident si l'on songe à un organigramme, à n'importe quel arbre d'une organisation commerciale ou d'une hiérarchie administrative ou à l'analyse de n'importe quel procès, qu'il s'agisse des fonctions organiques du corps humain ou du développement logique d'un argument. Tous doivent être représentés spatialement et le plus souvent l'image spatiale se concrétise véritablement sur papier dans la clarté d'un diagramme visible. C'est à ce stade du processus de pensée que des corrections peuvent être établies entre la programmation et la recherche du thème de base d'un plan de construction. Si, par exemple, la fonction à remplir exige qu'un nombre d'activités secondaires aient toutes également accès à un office de contrôle central, l'idée d'une organisation centripète vient immédiatement à l'esprit. À partir de là, la traduction en un plan de construction devient possible, bien que le bâtiment ne soit pas une création de relations spatiales désincarnée, mais un objet matériel, soumis aux lois de la nature et aux propriétés physiques et psychologiques des matériaux et des habitants. À ce moment, un projet et son design parlent tous deux le même langage de la pensée visuelle.

Il est évident qu'aux stades primaires d'une conception, le modèle de pensée n'assure pas les forces définitives de l'objet achevé. De la même manière que la structure relationnelle n'est qu'une configuration de forces dynamiques qui pourraient être représentées sur papier comme une arrangement de carrés et de triangles plutôt que de disques, ainsi le thème structurel d'un édifice prend souvent la forme d'un système de flèches, de volumes définis par des directions, des proportions globales et des relations purement topologiques. Ceci, cependant, n'empêche pas la structure d'être purement visuelle. En fait, la vision est le seul médium par lequel l'esprit puisse la saisir. Et une fois que construire un édifice particulier devient l'objectif final, il n'y a aucun arrêt à un stade particulier de la réalisation du plan, aucun point de la structure ne peut se visualiser, aucun point dont l'essence conduise à la forme extérieure. La conception est visuelle d'un bout à l'autre. Elle reste une organisation de forces dynamiques jusqu'à la structure finale qui seule confère au projet réalité physique et présence. Faire référence à un mauvais design qui peut en fait viser à être superficiellement attirant ou dissimuler des défauts est hors de propos quand on discute de l'architecture.

TOUTES LES PENSÉES ABOUTISSENT À DES CONSTRUCTIONS

Quand l'esprit humain organise un corps de pensée, il le fait presque immanquablement en termes d'imagerie spatiale. Ce qu'on a dit à propos des programmes pour les édifices aura rendu ceci évident et on ne peut concevoir d'observation plus adéquate pour clore l'argumentation de cet ouvrage. Le plan d'un bâtiment est l'organisation spatiale des pensées relatives à ses fonctions. À l'inverse, toute organisation de pensée prend la forme d'une structure architecturale. Ainsi Kant, à la fin de la *Critique de la raison pure*, écrit un chapitre sur ce qu'il appelle les architectoniques de la raison pure. Par architectonique, il veut dire « l'art des systèmes ». Bien que Kant parle de pensée pure, l'architecte est convaincu que cette discussion le concerne. Le paragraphe principal de Kant mérite d'être cité dans son intégralité :

> Sous le gouvernement de la raison, nos connaissances en général ne sauraient former une rhapsodie, mais elles doivent former un système, dans lequel seul elles peuvent soutenir et favoriser les fins essentielles de la raison. Or, j'entends par système l'unité de diverses connaissances sous une idée. Cette idée est le concept rationnel de la forme d'un tout, en tant que c'est en lui que sont déterminées *a priori* la sphère des éléments divers et la position respective des parties. Le concept rationnel scientifique contient, par conséquent, la fin et la forme du tout qui concorde avec elle. L'unité du but auquel se rapportent toutes les parties, en même temps qu'elles se rapportent les unes aux autres dans l'idée de ce but, fait qu'aucune partie ne peut faire défaut sans qu'on en remarque l'absence, quand on connaît les autres, et qu'aucune addition accidentelle, ni aucune grandeur indéterminée de la perfection, qui n'ait pas ses limites déterminées *a priori*, ne peuvent trouver place. Le tout est donc système organique (*articulatio*) et non ensemble désordonné (*coacervatio*) ; il peut, à la vérité, croître par le dedans (*per intussusceptionem*), mais non par le dehors (*per appositionem*), semblable au corps de l'animal auquel la croissance n'ajoute aucun membre, mais rend, sans rien changer aux proportions, chacun des membres plus fort et plus approprié à ses fins [1].

---

1. E. Kant, *Critique de la raison pure*, chap. III, p. 690-691. [NdT]

On peut dès lors déclarer que toute pensée de qualité aspire à la condition de l'architecture. Ainsi André Maurois fait-il l'éloge de l'ouvrage principal de Marcel Proust en affirmant qu'il a la simplicité et la majesté d'une cathédrale et il cite cet extrait d'une lettre de Marcel Proust à Jean de Gaigneron en 1919 :

> J'avais l'intention de donner à chaque partie de mon livre des titres tels que *véranda, portiques, vitraux de l'abside*, etc., en prévision de la critique stupide selon laquelle des livres dont le seul mérite, ainsi que je vous le montrerai, consiste en la solidité de leurs parties les plus infimes, manquent de structure. Cependant, j'ai abandonné immédiatement ces titres architecturaux parce que je les trouvais prétentieux [1].

Pour démontrer ce que l'on entend par organisation architecturale de la pensée, regardons un des rares dessins réalisés par Freud dans le but d'illustrer ses concepts, lesquels, dans toute son œuvre, sont éminemment visuels et spatiaux. Dans ce qu'il qualifie de « modeste dessin », Freud entreprend de décrire l'organisation complexe entre deux groupes de concepts psychanalytiques fondamentaux, c'est-à-dire l'inconscient, le préconscient, le conscient et le *ça*, le *moi* et le *surmoi*. La dimension principale à représenter est celle de la distance à partir du point où se trouve la conscience, c'est-à-dire la profondeur. Dès lors une disposition verticale est plus appropriée qu'une disposition horizontale. La représentation n'est pas tout à fait conforme à l'échelle. Freud fait remarquer que le domaine de l'inconscient devrait être beaucoup plus large. Cette imperfection est cependant d'importance secondaire

---

1. M. Proust, « Lettre à Jean de Gaigneron » (1ᵉʳ août 1919), *Lettres*, Paris, Plon, 2004. [NdT]

parce que le dessin est topologique plutôt que métrique. Les rapports de taille sont des approximations et les formes circulaires ont simplement pour fonction d'indiquer l'idée de contenir tout comme la ligne droite pointillée marqua la distinction entre l'inconscient et le préconscient. Freud insiste sur le fait qu'il n'entend établir aucune frontière précise : « On ne peut rendre justice à la nature particulière du psychique par des contours linéaires, tels que ceux auxquels j'ai recours dans mon dessin ou ceux que l'on trouve dans les peintures primitives. Les champs de couleurs diffuses des peintres modernes conviendraient mieux ».

Le dessin s'engage inévitablement dans des formes particulières, mais il représente un niveau de pensée préoccupé par des relations spatiales globales, telles que la continuité, la séquence, la connexion, le recouvrement. Même alors, la conception est entièrement visuelle et si elle devait être concrétisée en une construction, la réalisation des formes et des dimensions pourrait se poursuivre directement à partir de là.

Deux remarques sont pertinentes. Tout d'abord, bien que le dessin de Freud consiste inévitablement en configurations, il est la traduction d'un système de forces en un médium perceptible. Les forces ne sont visibles qu'à travers leur concrétisation, de la même manière que le vent a besoin d'eau, de nuages, ou d'arbres pour se manifester. Le dessin de Freud montre l'émergence de l'énergie ensevelie dans les profondeurs du *ça* vers le royaume libérateur de la conscience. Il montre la barre horizontale qui fait obstacle à ce mouvement ascendant. Il indique aussi l'ouverture pratiquée par le *surmoi* – qui agit comme un pont. Une configuration de forces est donc, comme en architecture, sous-jacente à l'organisation des formes. Ensuite, le modèle visuel n'est pas seulement un outil pédagogique, pas seulement une analogie, une métaphore directement perceptible utilisée pour faciliter la compréhension de la dynamique complexe des forces interagissantes. Le dessin indique le médium par lequel Freud lui-même pensait parce qu'aucun autre médium n'est disponible pour l'étude de la configuration des forces psychiques. Le dessin est métaphorique en ce sens qu'aucune architecture de ce type n'existe dans l'esprit humain, mais il est aussi factuel en ce sens qu'il illustre directement la relation entre les forces qui préoccupaient Freud.

Puisque toute pensée humaine doit passer par le médium de l'espace perceptuel, l'architecture, lorsqu'elle invente ou construit des formes, constitue, en pleine conscience ou non, la concrétisation d'une pensée.

Nelson Goodman

LA SIGNIFICATION EN ARCHITECTURE [1]

1. Œuvres architecturales

Arthur Schopenhauer hiérarchisait les différents arts ; au sommet, il plaçait les arts littéraires et dramatiques, plus haut encore, dans un ciel séparé, la musique, et tout en bas, alourdie par les poutres, les briques et le mortier, l'architecture [2]. Le critère est ici une certaine mesure de spiritualité ; le vice de l'architecture, qui la place en bas, c'est qu'elle est grossièrement matérielle.

Aujourd'hui, on prend moins au sérieux de telles hiérarchies. Les idéologies, les mythologies traditionnelles touchant les arts subissent une déconstruction et une dévaluation. On fait place à une étude comparative neutre qui peut révéler bien des choses non seulement sur les

1. N. Goodman, « How buildings mean », in *Reconceptions in Philosophy and other Arts and Sciences* (avec Catherine Z. Elgin), Indianapolis, Hackett et London, Routledge, 1988. Cette traduction de Roger Pouivet a été précédemment publiée dans *L'architecte et le philosophe*, A. Soulez (dir.), Bruxelles, Mardaga, 1993 et reprise dans N. Goodman, *Reconceptions en philosophie, dans d'autres arts et d'autres sciences*, Paris, P.U.F., 1994. Nous remercions Catherine Elgin et Roger Pouivet de nous avoir autorisés à reproduire la traduction française de cet article.

2. *Cf.* B. Magee, *The Philosophy of Schopenhauer*, Oxford, Oxford University Press, 1983, p. 176-178.

relations entre les différents arts [1], mais aussi sur les parentés et les contrastes entre arts et sciences et sur toutes les façons dont les différents symboles participent au développement de la connaissance.

Malgré Schopenhauer, ce qui peut avant tout nous frapper dans une comparaison entre l'architecture et d'autres arts, c'est une étroite affinité avec la musique. À la différence des peintures, des pièces de théâtre ou des romans, les œuvres architecturales et musicales sont rarement descriptives ou représentatives. Même s'il y a d'intéressantes exceptions, les œuvres architecturales ne dénotent pas, ne dépeignent pas ou ne portraiturent pas. Elles ont cependant d'autres manières de signifier.

D'un autre côté, une œuvre architecturale diffère des autres œuvres d'art par l'échelle. Un bâtiment, un parc ou une ville [2] sont plus grands dans l'espace et dans le temps, non seulement qu'une exécution musicale ou une peinture, mais que nous le sommes. Un seul point de vue ne suffit pas pour en saisir la totalité ; il faut les contourner, les pénétrer, afin de la saisir. De plus, habituellement, l'œuvre architecturale est fixe. À la différence d'une peinture, qu'on peut changer de cadre ou suspendre ailleurs, d'un concerto qu'on peut écouter ici ou là, l'œuvre architecturale est à jamais placée dans un environnement physique et culturel qui, lentement, s'altère.

---

1. Une contribution récente : G. Gebauer (ed.), *Das Laokoon-Projekt. Pläne einer semiotischen Ästhetik*, Stuttgart, Metzler, 1984 ; en particulier l'article de G. Gebauer, « Symbolstrukturen und die Grenze der Kunst, Zu Lessings Kritik der Darstellungsfähigkeit künstlericher Symbole », p. 137-165.

2. Par la suite, j'utiliserai habituellement « bâtiment » comme terme générique pour toutes ces choses.

Enfin, en architecture comme dans un petit nombre d'autres arts, une œuvre exerce habituellement une fonction pratique, par exemple, protéger et faciliter certaines activités – qui souvent l'emporte sur la fonction esthétique et la détermine. Entre ces deux fonctions, la relation va de l'interdépendance jusqu'au renforcement mutuel face à une contrainte extérieure. Une telle relation peut être d'une grande complexité.

Avant de considérer certaines de ces caractéristiques propres à l'architecture et d'envisager les questions qu'elles soulèvent, nous devrions peut-être nous demander ce qu'est une œuvre de l'art architectural. Evidemment, tous les bâtiments ne sont pas des œuvres d'art. Mais ce qui distingue les œuvres n'est pas le mérite. La question « Qu'est-ce que l'art ? » ne doit pas être confondue avec la question « Qu'est-ce que le bon art ? ». La plupart des œuvres sont mauvaises. Ce ne sont pas les intentions du producteur, ni de qui que ce soit, qui font l'œuvre d'art, mais plutôt la manière dont l'objet en question fonctionne. C'est seulement dans la mesure où il signifie [*signifies, means*], réfère, symbolise d'une certaine manière, qu'un bâtiment est une œuvre d'art. Cela peut ne pas sembler évident tant la simple masse d'une œuvre architecturale et l'attribution constante d'une finalité pratique tendent souvent à obscurcir sa fonction symbolique. De plus, certains auteurs formalistes prêchent que l'art pur doit être libre de tout symbolisme, qu'il ne doit exister et être regardé qu'en lui-même et pour lui-même, que toute référence par lui à autre chose que lui revient virtuellement à une souillure. Comme nous le verrons, cette conception repose sur une conception étriquée de la référence.

Bien entendu, tout fonctionnement symbolique n'est pas esthétique. Un traité scientifique signifie abondamment, mais n'en est pas pour autant une œuvre de l'art littéraire ; un pictogramme indiquant des directions n'est pourtant pas une œuvre de l'art pictural. Certaines des manières qu'un bâtiment a de signifier n'ont aucune relation avec le fait qu'il soit une œuvre architecturale – par association, il peut devenir le symbole d'un sanctuaire, d'un règne de terreur ou de corruption. Sans tenter de caractériser plus généralement les spécificités de la fonction symbolique propre aux œuvres d'art, nous pouvons examiner certaines des manières pertinentes par lesquelles des œuvres architecturales, en tant que telles, symbolisent.

2. MANIÈRES DE SIGNIFIER

Je ne suis ni architecte ni historien ou critique de l'architecture. Je n'entreprends pas ici d'évaluer les œuvres ou de fournir des canons d'évaluation, pas plus de dire ce que signifie telle ou telle œuvre architecturale, mais plutôt de montrer comment de telles œuvres peuvent signifier, comment nous déterminons ce qu'elles signifient, comment elles sont à l'œuvre et pourquoi cela importe.

Le vocabulaire de la référence et des termes qui lui sont liés est vaste. En extrayant quelques brefs passages d'un recueil d'articles sur l'architecture, on peut lire que des bâtiments font allusion, expriment, évoquent, invoquent, commentent, citent, qu'ils sont syntaxiques, littéraux, métaphoriques, dialectiques, qu'ils sont ambigus et même contradictoires ! Tous ces termes, et bien d'autres, relèvent d'une façon ou d'une autre de la référence et peuvent nous aider à saisir ce qu'un bâtiment signifie. Je voudrais esquisser quelques distinctions et relations entre de tels termes. Pour commencer, on peut grouper les variétés de la référence sous quatre chefs : « dénotation », « exemplification », « expression » et « référence médiatisée ».

La dénotation inclut la dénomination, la prédication, la narration, la description, l'exposition, également le portrait et toute représentation picturale – en fait, tout étiquetage, toute application d'un symbole à n'importe quelle sorte d'objets ou d'événements, voire à un autre symbole. « Berlin » et une carte postale dénotent tous deux Berlin ; c'est aussi le cas de « ville », même si ce mot dénote bien d'autres endroits. « Mot » dénote bien des choses, lui-même inclus.

Les bâtiments ne sont pas des textes ou des images ; le plus souvent, ils ne décrivent ou ne dépeignent pas. Cependant, le représentation peut apparaître, de façon frappante, dans certaines œuvres architecturales, notamment les églises byzantines aux intérieurs couverts de mosaïque et sur les façades romanes presque entièrement constituées de sculptures. Mais dans de tels cas, nous inclinerons peut-être à dire que seules les parties *saillantes*, et non le bâtiment lui-même en son entier, représentent. Quant aux bâtiments qui eux-mêmes dépeignent, nous pouvons d'abord penser aux magasins qui représentent une noisette, une crème glacée ou un hot-dog. Mais ce n'est pas toujours aussi banal. L'Opera House de Jørn Utzon, à Sydney, dépeint un bateau à voiles presque aussi littéralement, même si l'intérêt va plutôt à la forme générale. Dans la première église baptiste d'Arland Dirlam (1964) à Gloucester, Massachusetts, on a modifié et accentué un toit traditionnel afin que cela évoque, pour celui qui approche en venant de l'est, les formes des bateaux à voiles ; quant à la charpente de la nef, constituée de poutres de bois incurvées, c'est une image inversée des carcasses de bateaux de pêche que l'on voit en construction de l'Essex voisin. De la même façon, lorsqu'on vient des montagnes aux sommets coniques de Montserrat, à quelques kilomètres de là, les tours de l'église de la Sagrada Familia à Barcelone, une œuvre d'Antonio Gaudi, se révèlent être de remarquables représentations.

Cependant, dans la mesure où les œuvres architecturales qui dépeignent, dans leur totalité ou par certaines de leurs parties, sont peu nombreuses, l'architecture n'a pas eu à subir le choc provoqué par l'intrusion de l'abstraction moderne dans la peinture. L'absence de représentation laisse parfois un sentiment de privation ; cette absence donna naissance à la fois à des accusations acerbes et à des défenses provocatrices de l'absence de toute signification. Mais quand on ne s'attend plus à aucune représentation, on perçoit mieux d'autres sortes de référence. Celles-ci ne sont pas moins importantes en peinture ou en littérature. Leur présence est même un trait majeur distinguant les textes littéraires et non littéraires. Mais elles sont souvent quelque peu masquées par notre intérêt pour ce qui est dépeint, décrit ou raconté.

Un bâtiment, qu'il représente ou non quelque chose, peut aussi exemplifier ou exprimer certaines propriétés. Une telle référence ne va pas, comme le fait la dénotation, du symbole vers ce à quoi il s'applique en tant qu'étiquette, mais dans la direction opposée, du symbole vers certaines étiquettes qui s'appliquent à lui ou aux propriétés qu'il possède[1]. Cas banal : un morceau de couverture de laine jaune servant d'échantillon. Le morceau ne réfère pas à

---

1. Je parlerai indifféremment de propriétés ou d'étiquettes exemplifiées. Pour une discussion sur ce sujet, voir *Languages of Art*, p. 54-57 [N. Goodman, *Langage de l'art*, Paris, Pluriel, trad. J. Morizot, p. 87-90].

quelque chose qu'il peint, décrit ou dénote de quelque façon que ce soit, mais réfère à ses propriétés d'être jaune, d'être une couverture, d'être en laine, ou aux mots « jaune », « couverture », « en laine » qui le dénotent. Il n'en exemplifie pas pour autant toutes ses propriétés ni toutes les étiquettes qui s'appliquent à lui. Par exemple, il n'en exemplifie ni la taille ni la forme. La dame qui commande un vêtement « exactement comme cet échantillon » ne souhaiterait pas qu'il soit fait de pièces de cinq centimètres au carré, avec des bords en dents de scie.

Une des manières principales dont les œuvres d'art signifient est l'exemplification. Dans l'architecture formaliste, elle peut prendre le pas sur toutes les autres manières. Selon William H. Jordy, l'architecte hollandais Gerrit Rietveld « fragmentait l'architecture en éléments linéaires primordiaux (colonnes, poutres, éléments d'encadrement des ouvertures) et en plans (éléments des murs) afin de rendre visible la « construction » du bâtiment construit [*the « build of the building »*] »[1]. C'est-à-dire, le bâtiment est conçu pour référer effectivement à certaines spécificités de sa structure. Dans d'autres bâtiments composés de colonnes, de poutres, d'encadrements et de murs, la structure n'est pas du tout ainsi exemplifiée, elle a seulement une fonction pratique, voire d'autres fonctions symboliques. L'exemplification de la structure peut accompagner, prendre le pas ou être subordonnée à d'autres manières de signifier. Ainsi, référer à la structure n'est pas la fonction symbolique première d'une église, mais peut jouer un rôle d'insistance notable. À propos de l'église du

1. William H. Jordy, « Aedicular Modern : the Architecture of Michael Graves », *New Criterion*, 2 octobre 1983, p. 46.

pèlerinage des Quatorze Saints, près de Bamberg, Christian Norberg-Schulz écrit :

> L'analyse montre que deux systèmes ont été combinés dans la disposition : un organisme biaxial (…) et une croix latine conventionnelle. Le centre de la composition biaxiale ne coïncidant pas avec le croisement, il en résulte une syncope particulièrement puissante. Au-dessus du croisement, là où selon la tradition devrait être le centre de l'église, la voûte est dévorée par les quatre baldaquins adjacents. L'espace défini par le plan au sol est ainsi transposé à l'espace défini par la voûte ; l'interprétation syncopée qui en résulte implique une intégration spatiale plus intime que tout ce qui précède dans l'histoire de l'architecture. Le système dynamique et ambigu des espaces principaux est entouré d'une zone secondaire extérieure, dérivée des ailes traditionnelles de la basilique [1].

On aurait pu décrire correctement de plusieurs autres manières la configuration de l'église – dire du plan au sol qu'il est un polygone très complexe ou autre chose. Ce qui ressort, ce qui est exemplifié, c'est, induite par la grande familiarité avec des plans oblongs et cruciformes, par la longue histoire des basiliques et des églises en croix, la structure dérivée de ces formes plus simples. De la même façon, la voûte suggère, non pas une coquille simple et ondulante, mais une forme unie interrompue par d'autres formes. On a parlé de syncope et de dynamisme ; ils ne dépendent pas de la relation mutuelle entre des propriétés formelles que le bâtiment simplement posséderait, mais de cette relation entre des propriétés qu'il exemplifie.

Un bâtiment ne réfère pas seulement aux propriétés (ou étiquettes) qu'il possède littéralement (ou qui

---

1. Ch. Norberg-Schulz, *Meaning in Western Architecture*, New York, Praeger, 1975, p. 311.

s'appliquent littéralement à lui). La voûte de l'église des Quatorze Saints n'est pas littéralement dévorée ; les espaces ne se meuvent pas réellement ; leur organisation n'est pas littéralement, mais plutôt métaphoriquement dynamique. Ajoutons que si aucun bâtiment ne souffle dans un cuivre ou ne joue de la batterie, certains bâtiments sont correctement décrits comme « jazzy ». Un bâtiment peut exprimer des sentiments qu'il ne ressent pas, des idées qu'il ne peut penser ou dire, des activités qu'il ne peut accomplir. Dans de tels cas, que l'assignation de certaines propriétés soit métaphorique ne revient pas simplement à ce qu'elle soit littéralement fausse ; la vérité métaphorique est en effet aussi distincte de la fausseté métaphorique que la vérité littérale l'est de la fausseté littérale. D'une cathédrale gothique dont on dit qu'elle s'élance et chante, on ne peut pas dire qu'elle s'affaisse et qu'elle murmure. Bien que les deux descriptions soient littéralement fausses, seule la première, et pas la seconde, est métaphoriquement vraie.

La référence faite par un bâtiment à des propriétés soit littéralement, soit métaphoriquement, est une exemplification ; mais l'exemplification des propriétés possédées métaphoriquement est ce qu'on appelle plus couramment « expression ». Pour marquer la distinction, j'emploie d'ordinaire « exemplification » comme abréviation d'« exemplification littérale » et je réserve « expression » aux cas de métaphore, même si dans beaucoup d'écrits « expression » est employé pour les deux sortes de cas. Par exemple, on lit souvent qu'un bâtiment « exprime » sa fonction, mais dans la mesure où la fonction de l'usine est de produire, son exemplification de cette fonction est celle d'une propriété littéralement possédée. Si, en revanche, l'usine devait, par exemple, exemplifier la fonction de commercialisation, alors, suivant ma terminologie, elle exprimerait cette fonction. Mais faire la distinction entre exemplification et expression importe moins que reconnaître dans l'exemplification littérale une variété importante de référence, et tout spécialement en architecture. On considère parfois qu'un bâtiment purement formel, qui ne dépeint rien, qui n'exprime ni sentiments ni idées, n'a aucune fonction symbolique. En réalité, il exemplifie certaines de ses propriétés. C'est seulement ainsi qu'il se distingue des bâtiments qui ne sont pas du tout des œuvres d'art.

Je souligne le rôle de l'exemplification parce qu'il est souvent oublié, voire nié, par des auteurs insistant sur l'idée que la vertu suprême d'une peinture purement abstraite ou d'une œuvre architecturale purement formelle réside dans sa liberté à l'égard de toute référence à quoi que ce soit d'autre. Mais une telle œuvre n'est pas un objet sans vie et sans signification ; elle ne réfère pas seulement à elle-même (à supposer qu'elle y réfère). Comme le morceau d'étoffe, elle attire l'attention, signale, réfère à certaines de ses propriétés et pas à d'autres. La plupart de ces propriétés exemplifiées sont aussi des propriétés d'autres choses auxquelles on associe dès lors l'œuvre et auxquelles l'œuvre peut référer indirectement.

Bien entendu, une œuvre architecturale peut à la fois exemplifier littéralement certaines de ses propriétés et en exprimer d'autres. De la façade de San Miniato al Monte, tout près de Florence, Rudolf Arnheim écrit qu'« elle exprime son caractère d'objet se contenant lui-même et dépendant de (…) la terre. Mais elle symbolise aussi l'esprit de l'homme en lutte pour maintenir sa propre intégrité contre l'intrusion de pouvoirs extérieurs »[1]. Dans mon

---

1. R. Arnheim, « The Symbolism of Centric and Linear Composition », *Perspecta* 20, 1983, p. 142.

vocabulaire, la façade *exemplifie* la première propriété (littérale) et *exprime* la seconde (métaphorique).

3. RAMIFICATIONS

Représentation, exemplification et expression sont des variétés élémentaires de symbolisation ; mais la référence d'un bâtiment à des idées abstruses ou compliquées suit parfois des chemins plus tortueux, suit des chaînes, homogènes ou hétérogènes, composées de maillons référentiels élémentaires. Si une église, par exemple, représente des bateaux à voiles, si les bateaux à voiles exemplifient la liberté à l'égard de la terre et si la liberté à l'égard de la terre exemplifie à son tout la spiritualité, alors l'église réfère à la spiritualité par une chaîne à trois maillons. Certaines parties d'un bâtiment fait par Michael Graves peuvent exemplifier une clé de voûte et des formes dépeintes ou exemplifiées dans l'architecture égyptienne ou grecque ; elles réfèrent ainsi indirectement à de telles œuvres et, en retour, à des propriétés que celles-ci exemplifient ou expriment[1]. On appelle souvent « allusion » une telle référence indirecte ou médiate. Les « Cinq » architectes sont décrits comme faisant allusion au classicisme ancien ou renaissant et comme « attirés par l'esprit avec lequel Le Corbusier introduit des allusions au collage dans ses œuvres »[2]. Lorsque Robert Venturi parle de

---

1. Bien qu'un maillon, dans une chaîne ordinaire, soit non directionnel, on peut avoir un élément d'un maillon qui réfère à quelque chose qui ne réfère pas à lui. Cependant, quand un élément en exemplifie un autre, la référence va dans les deux directions car l'élément exemplifié dénote ce qui l'exemplifie.

2. William H. Jordy, « Aedicular Modern : the Architecture of Michael Graves », *op. cit.*, p. 45.

« contradiction » en architecture, il ne suppose pas qu'un bâtiment puisse réellement faire une assertion contradictoire, mais il parle de l'exemplification par un bâtiment de formes qui, juxtaposées, donnent naissance à des attentes dont l'une contrarie l'autre, dans la mesure où ces formes sont justement exemplifiées fréquemment dans des genres architecturaux contrastés (par exemple, classique ou baroque)[1]. La contradiction résulte donc de la référence indirecte.

Les chaînes constituées de maillons référentiels ne conduisent pas toutes les références de l'une de leurs extrémités à l'autre. Le nom du nom de la rose n'est pas le nom de la rose ; « La célèbre église de Gaudi à Barcelone » réfère à un bâtiment particulier et pas aux montagnes auxquelles le bâtiment réfère. Toutefois, un symbole qui réfère par une longue chaîne peut aussi référer directement à la même chose. Parfois, quand la référence par une chaîne donnée devient habituelle, des courts-circuits se produisent. Si un bâtiment, par exemple, fait allusion à des temples grecs lesquels exemplifient des proportions classiques que lui-même ne possède pas, il peut en venir à exprimer directement ces proportions. De plus, tout au long d'une chaîne, la référence faite par une œuvre est rarement unique. Un bâtiment peut atteindre symboliquement le même référent par plusieurs routes. Le lecteur trouvera ses propres exemples.

Parfois, un bâtiment entre dans d'autres relations, par exemple avec ses effets et ses causes. À tort, on prend cela pour une référence. En général, ce qu'une œuvre architecturale signifie ne peut pas plus être identifié aux

1. *Cf.* R. Venturi, *Complexity and Contradiction in Architecture*, New York, Doubleday, Garden City, 1966.

pensées qu'elle inspire et aux sentiments qu'elle fait naître qu'aux circonstances responsables de son existence ou de sa conception. Même si « évocation » est parfois utilisé de manière presque interchangeable avec « allusion » ou « expression », il faut les distinguer. Si certaines œuvres expriment ou font allusion à des sentiments qu'elles évoquent, ce n'est pas le cas de toutes. Un bâtiment ancien n'exprime pas toujours la nostalgie qu'il évoque, un gratte-ciel d'une ville de Nouvelle Angleterre ne réfère pas à la colère, répandue et durable, qu'il peut faire naître. Il faut aussi distinguer l'allusion, et toute autre forme de référence, de la détermination. Même si, dans certains cas, « une époque est inscrite dans ses monuments, l'architecture n'est donc pas neutre mais exprime des finalités politiques, sociales, économiques et culturelles »[1], une œuvre architecturale ne réfère pas toujours à des facteurs ou des idées économiques, sociales ou psychologiques ayant occasionné sa construction ou affecté sa conception.

Même quand effectivement un bâtiment signifie, cela peut n'avoir aucun rapport avec son architecture. La conception d'un bâtiment importe peu quand il tient lieu de certaines de ses déterminations ou de ses effets, d'un événement historique particulier qui s'y est déroulé ou sur le site duquel il a été bâti, voire de son usage habituel. Un abattoir peut symboliser le meurtre, un mausolée, la mort et un palais de justice provincial coûteux peut symboliser l'extravagance. Signifier d'une telle manière, ce n'est pas pour autant fonctionner comme une œuvre architecturale.

---

1. F. Mitterrand, cité par Julia Trilling, « Architecture as Politics », *Atlantic Monthly*, octobre 1985, p. 35.

4. LE JUGEMENT ARCHITECTURAL

On en a assez dit sur les manières qu'ont certaines œuvres architecturales de signifier ou de ne pas signifier. Autre chose : quand une œuvre, en tant que telle, signifie-t-elle effectivement ? Certains écrits sur l'architecture peuvent donner l'impression que la prose est un ingrédient aussi essentiel en architecture que l'acier, la pierre et le ciment. Une œuvre signifie-t-elle simplement tout ce qu'on dit qu'elle signifie ? Existe-t-il, au contraire, une différence entre des assertions correctes et des assertions incorrectes sur ce qu'elle signifie et comment elle signifie ?

Il y a une conception dans laquelle l'interprétation correcte est unique ; aucune alternative, la rectitude est mise à l'épreuve par l'accord avec les intentions de l'artiste. Bien évidemment de sérieux ajustements doivent être apportés à cette conception si on veut l'adapter à des œuvres qui échouent à réaliser les intentions de l'artiste, qui les dépassent ou en divergent. Le chemin de l'enfer est pavé d'intentions qui n'ont pas vraiment été réalisées, mais, en plus, de grandes œuvres sont des réalisations que personne n'a voulues. Il est rare, on peut l'ajouter, que nous soyons dans l'embarras quant à l'interprétation d'une œuvre, même si elle est préhistorique ou autre, alors que nous ne connaissons virtuellement rien de l'artiste et de ses intentions. Toutefois, il me semble que la faute principale de cette conception n'est pas tant son insistance sur un test particulier de rectitude que son absolutisme. Ce qui distingue les œuvres d'art, c'est qu'elles signifient de façons variées, contrastées, fluentes, qu'elles sont ouvertes à de nombreuses interprétations également correctes et éclairantes.

A l'extrême opposé d'un tel absolutisme, on trouve un relativisme radical pour lequel toute interprétation est tout aussi correcte ou fautive que n'importe quelle autre. Si quelque chose va, tout va. Toutes les interprétations sont étrangères à l'œuvre et la fonction du critique est d'en dépouiller l'œuvre. En d'autres termes, elle ne signifie rien du tout. Il n'y aurait aucune différence entre une interprétation correcte et une fausse. Cette conception, ainsi exposée, se montre excessivement et grossièrement simplificatrice. Plus que tout autre art, l'architecture nous fait prendre conscience que l'interprétation ne peut aussi facilement être détachée de l'œuvre. Une peinture est vue d'un seul coup, même si sa perception suppose un acte de synthèse du résultat des balayages perceptifs ; mais un bâtiment doit être recomposé en partant d'un assortiment hétérogène d'expériences visuelles et kinesthésiques : des visions à distance différentes et sous des angles différents, des déambulations à l'intérieur, des ascensions d'escaliers, des tensions du cou, des photographies, des modèles en miniature, des dessins, des plans et l'usage effectif. Construire l'œuvre, telle qu'elle est connue, est déjà en soi une forme d'interprétation. Cette construction sera affectée par nos idées sur le bâtiment, par ce que celui-ci ou ses parties signifient ou en viennent à signifier. Le même autel peut être un pivot central ou une déviation incidente. Une mosquée n'aura pas la même structure pour un musulman, un chrétien, un athée. Dépouiller une œuvre ou en arracher tous les *matériaux* (interprétation et construction) ne revient pas à la débarrasser de toutes ses incrustations, mais à la détruire.

Pour autant, tout cela ne gêne pas le déconstructionniste. La construction des œuvres passera pour rien et il ne considérera pas l'interprétation comme interprétation *de* quelque chose, mais comme un simple récit. Il se délivre ainsi de toute conception stéréotypée de l'œuvre et de la recherche, difficile et désespérée, d'une interprétation correcte unique. Une enivrante liberté a remplacé une oppressante obligation. Quoi que l'on puisse dire d'une œuvre, cela en sera une interprétation correcte.

La conception absolutiste (une œuvre est et signifie ce dont l'artiste a eu l'intention) et la conception relativiste extrême (une œuvre est et signifie tout ce que n'importe qui peut en dire) présentent toutes les deux de sérieuses faiblesses. Une troisième conception, nommons-la relativisme constructif, considère la déconstruction comme un prélude à la *re*construction. Elle insiste sur l'idée que parmi les nombreux matériaux qui constituent une œuvre, certains sont corrects, même s'ils sont contradictoires, alors que d'autres ne le sont pas. On est ainsi obligé de prendre en compte la différence entre ceux qui sont corrects et ceux qui ne le sont pas.

Cette question est redoutable. Une œuvre peut être correcte ou mauvaise de bien des manières ; la correction va au-delà de la vérité qui n'intéresse que les assertions verbales. On n'apportera évidemment aucune réponse complète et définitive à cette question. Rechercher un test de correction facile et concluant (rien moins qu'une clé pour tout savoir) est bien sûr absurde, mais même une définition simplement opportune et satisfaisante n'est pas à espérer. Du philosophe ne relèvent ni la détermination des œuvres correctes et mauvaises, ni la détermination des assertions vraies de telle science, ni la détermination de ce que sont les choses de la vie. Les gens concernés doivent eux-mêmes constamment y appliquer leurs propres capacités et sensibilités, et les développer. Le philosophe n'est pas expert en tous domaines ni même en certains. Son rôle est d'étudier les jugements particuliers qui sont faits et les principes généraux proposés sur la base de ces jugements ;

il examine comment les tensions entre les jugements particuliers et les principes généraux sont résolues, soit par altération d'un principe, soit parfois par un changement de jugement. Tout ce que je puis offrir ici, ce sont quelques réflexions sur la *nature* de la correction, sur les facteurs qui affectent nos tentatives pour déterminer quelles versions sont correctes ou sont plus proches de la correction que d'autres.

Les jugements sur la correction d'un bâtiment en tant qu'œuvre architecturale (dans quelle mesure œuvre-t-il bien en tant qu'œuvre d'art?) sont souvent formulés dans les termes d'une bonne convenance – convenance de toutes les parties ensemble, convenance du tout au contexte ou à l'environnement. Ce qui constitue une telle convenance n'est pas fixé, cela évolue. Les changements décisifs dans les critères de convenance, à illustrer par les cas de « contradiction » en architecture, prennent leur source et consistent dans l'opposition à certains concepts et à certaines attentes qui, lentement, cèdent la place. L'implantation [*entrenchment*] établie par l'habitude est centrale dans la détermination de ce qui est correct. En fait, elle est la base de ce qui rend possible l'innovation. Comme le dit Venturi, « il doit y avoir un ordre afin qu'on puisse le rompre » [1].

Considérons la critique que fait Julia Trilling de l'Opéra Garnier à Paris. C'est un exemple de jugement de correction formulé en termes de convenance :

> Même Hausmann ne parvenait pas toujours aux proportions correctes. S'il est indiscutablement monumental, l'Opéra Garnier ne contribue pas réellement à achever l'avenue de l'Opéra. Il est trop large pour son site et déborde sur

1. R. Venturi, *Complexity and Contradiction in Architecture*, *op. cit.*, p. 46.

les côtés le cadre défini par les immeubles bordant l'avenue. Place de la Bastille, le site correct pour le nouvel opéra ne serait pas celui qui est prévu, sur l'espace de l'ancien tramway, mais adjacent à celui-ci, l'emplacement du canal qui suit le boulevard Richard Lenoir, tracé par Hausmann [1].

Ce dont on discute ici, ce n'est pas de la convenance physique ; il n'y a aucun reproche d'avoir bloqué un accès, caché la lumière ou débordé sur la voie publique. La convenance en question est celle des formes exemplifiées, les unes par rapport aux autres et avec la forme exemplifiée par le tout. Elle dépend ainsi de ce que signifient, d'une manière ou d'une autre, les composants et l'ensemble – et, dans ce cas, de ce que d'abord ils signifient par exemplification. Dans d'autres cas, ce sera ce qui est exprimé, dénoté ou référé *via* des chaînes complexes. Je ne cherche toutefois pas à sous-entendre que toute correction est affaire de convenance.

En bref, j'ai essayé de montrer certaines des manières dont les bâtiments peuvent signifier et certaines des manières dont leur signification est liée aux facteurs qui affectent le jugement concernant leur fonctionnement effectif comme œuvres d'art. Je n'ai pas cherché à dire ce que et comment signifient des bâtiments particuliers. Aucune règle générale n'existe pour cela, pas plus que pour déterminer ce qu'un texte signifie ou ce qu'un dessin dépeint. J'ai simplement tenté de donner quelques exemples des types de signification en jeu. Quant à la question subsidiaire – en quoi, quand et comment la signification d'un bâtiment importe-t-elle ?, je pense qu'une œuvre architecturale, ou une autre œuvre d'art, œuvre de telle façon qu'elle s'intègre à ce que nous

1. J. Trilling, « Architecture as Politics », art. cit., p. 33-34.

voyons, percevons, concevons et comprenons en général. Visiter une exposition peut transformer notre vision et j'ai montré ailleurs que l'excellence d'une œuvre tient plus à la compréhension qu'elle permet qu'au plaisir qu'elle donne. Un bâtiment, plus que la plupart des autres œuvres, bouleverse physiquement notre environnement. De plus, en tant qu'œuvre d'art, il peut informer et réorganiser toute notre expérience en suivant les différentes avenues de la signification. Comme d'autres œuvres d'art, et aussi comme les théories scientifiques, il peut renouveler notre compréhension, la faire progresser et participer à l'activité continuelle par laquelle nous refaisons un monde.

JACQUES DEWITTE

POUR QUI SAIT VOIR,
OU L'AUTOMANIFESTATION DE LA VILLE [1]

Le petit essai sur Salzbourg, *La ville comme œuvre d'art*, de l'historien de l'art autrichien Hans Sedlmayr [2] (1896-1984) est devenu pour moi, depuis que je l'ai découvert, une sorte de « texte-fétiche » auquel je reviens sans cesse pour reprendre mon élan et retrouver l'une de mes sources d'inspiration. Une chose le rend tout particulièrement précieux à mes yeux ; Sedlmayr cite

---

1. J. Dewitte, « Pour qui sait voir, ou l'automanifestation de la ville », dans *La Manifestation de soi. Éléments d'une critique philosophique de l'utilitarisme*, Paris, Éditions de la Découverte, 2010, p. 82-103.

2. Hans Sedlmayr est l'auteur de quelques ouvrages classiques d'histoire de l'art (monographies sur Borromini, Fischer von Erlach, sur la genèse des cathédrales) ainsi que, après 1945, de deux ouvrages critiques sur l'art contemporain qui ont eu un grand retentissement [*Der Verlust der Mitte*, Berlin, Ulstein Taschenbuch, 1985 ; *Die Revolution der modernen Kunst*, Cologne, Dumont Tashenbücher, 1985]. Afin de désamorcer d'éventuelles dénonciations ultérieures entreprises au nom de l'esprit de « vigilance », je tiens à signaler d'emblée que Sedlmayr fut, pendant un certain temps, national-socialiste et applaudit, en 1938,

et incorpore à sa propre réflexion les idées centrales de quelques auteurs qui me sont également chers : le théoricien de l'art Wladimir Weidlé et le biologiste Adolf Portmann, ainsi que l'architecte et historien de l'art Christian Norberg-Schulz. Surtout vers la fin du texte, lorsque les idées de Portmann sont intégrées explicitement à une réflexion sur la ville, je trouve une confirmation de ma propre intuition d'une convergence entre ces deux sphères apparemment très éloignées : l'architecture urbaine et la forme animale.

Ce texte, qui reste d'un bout à l'autre descriptif, est porté par une inspiration que l'on pourrait caractériser comme une attitude d'admiration émerveillée. Les apports théoriques, d'ailleurs relativement peu développés et parfois allusifs (c'est la raison pour laquelle je tenterai de les expliciter davantage), restent au service d'une évocation de la beauté sensible d'une ville bien particulière. En le lisant, il faut garder à l'esprit la beauté de Salzbourg, si on a la chance de l'avoir connue, ou bien tenter d'en imaginer la splendeur à partir de l'évocation qu'en donne Sedlmayr. Ce qui confère aussi à ce texte une dimension proprement phénoménologique, s'il est vrai que ce style de pensée, tel qu'on le trouve en particulier chez Merleau-Ponty, se caractérise par une réflexion qui vient se greffer sur une description et demeure portée par la contemplation des choses.

à l'*Anschluss*. Mais sa critique de la modernité et des manifestations extrêmes de l'art contemporain ne peut en aucun cas être ramenée à cet engagement politique passager. Dans les écrits critiques mentionnés, il apparaît essentiellement comme un esprit conservateur et visionnaire, attentif à déceler dans les manifestations artistiques les signes d'une crise de nature métaphysique.

LA VILLE ET SON AUTRE

La ville comme œuvre d'art[1] : ce titre, il faut le reconnaître, peut prêter à malentendu. On examinera plus loin en détail le sens exact qu'il convient de donner à la notion d'« œuvre d'art » (on verra que Sedlmayr fait sienne la définition qu'en donne Weidlé). Mais précisons d'emblée qu'il ne s'agit en rien, dans l'esprit de notre auteur, de figer la ville en une sorte de belle coquille muséographique, comme c'est le cas aujourd'hui pour tant de villes anciennes dont n'est conservée pieusement que l'architecture monumentale et qui sont de plus en plus désertées par la vie et les activités qui leur avaient donné naissance. Qu'est-ce qui favorise cette existence quasiment morte et purement esthétique ? Le fait que la ville tend à se réduire alors à ses temps forts par opposition à ses temps faibles ou non marqués. D'une part, c'est l'architecture publique et monumentale qui est exclusivement retenue, comme si celle-ci ne s'articulait pas à un habitat quotidien plus simple, mais non dépourvu de beauté ; et d'autre part, on oublie que les villes anciennes, considérées dans leur ensemble, s'articulaient à une campagne, à un paysage environnant. Dans les deux cas, leur beauté provient de cette relation subtile à un Autre. Or, dans les années soixante (c'est-à-dire à l'époque où il écrit *La Ville comme œuvre d'art*), Sedlmayr a lui-même milité (le mot n'est pas trop fort) pour la sauvegarde de Salzbourg et a insisté pour que ne soit pas préservé seulement son centre historique et

---

1. « *Die Stadt als Kunstwerk* » a paru pour la première fois dans le volume collectif *Das Buch vom Salzburger Land* (1969) et a été repris dans un cahier de la revue *Merian* consacré à Salzbourg. J'en ai traduit de larges extraits dans la *Revue du MAUSS semestrielle*, n°14, second semestre 1999. Le présent chapitre en constituait l'introduction.

touristique. Dans un premier écrit de 1965, *La Beauté démolie. Un appel pour la sauvegarde de la vieille ville de Salzbourg*, il écrivait : « Et comme à Prague, ce qui importe, ce ne sont pas seulement les édifices célèbres, mais les nombreuses maisons simples qui, toutes ensemble, forment la beauté et la magie de la vieille ville »[1]. Et dans un second écrit publié en 1970, *Ville sans paysage. Le destin de Salzbourg demain ?*, il s'en prenait à cette autre forme de destruction insidieuse et pernicieuse de la beauté de la ville : la perte progressive de son rapport à un environnement naturel. D'une part, le rapport des édifices monumentaux à l'habitat quotidien ; d'autre part, le rapport de la totalité urbaine à une campagne ou à un paysage.

LA SILHOUETTE DE LA VILLE

Ce texte qui a paru pour la première fois en 1969 s'articule en plusieurs moments successifs. La contrée qui environne Salzbourg est, dit Sedlmayr, un véritable *Weltlandschaft*, un « paysage universel » qui rassemble en un espace réduit, et en une condensation quasiment onirique, des éléments topographiques que, normalement, on ne peut trouver qu'en des lieux éloignés les uns des autres (on peut songer à certains paysages de la peinture flamande du XVIe siècle : Patinir, mais aussi Breughel). Puis il évoque l'histoire des différentes représentations de la ville. Si

---

1. Sedlmayr ne peut s'empêcher de faire une comparaison entre la destruction massive de certaines villes au cours des bombardements de la Seconde Guerre mondiale et la lente destruction des villes européennes à partir de 1945 sous le coup de l'architecture moderniste : tout se passe, écrit-il, comme si on avait mis en place « un parfait tapis de bombes à retardement » qui, à intervalles réguliers, fait sauter une maison après l'autre.

Salzbourg mérite d'être appelée une « œuvre d'art », c'est en particulier en raison de sa silhouette (je traduis ainsi le terme de *Stadtbild*, littéralement « l'image de la ville »). Elle n'est pas seulement une juxtaposition de différents bâtiments, mais forme un ensemble cohérent, une « composition artistique » harmonieuse. Cette harmonie a résulté tout à la fois, comme dans la genèse d'une œuvre d'art, d'un plan concerté et d'une part de hasard ou d'improvisation ainsi que d'une adaptation aux circonstances extérieures. La silhouette urbaine qui a été représentée différemment dans l'histoire n'est évidemment pas la même selon le point de vue depuis lequel on la considère ; mais ce relativisme des perspectives peut lui-même être relativisé dans la mesure où on peut trouver un point de vue « idéal » où se manifeste de la manière la plus évidente l'« ordre naturel » de la ville, c'est celui que l'on peut avoir depuis le *Kanzel* du *Kapuzinerberg*, que Sedlmayr décrit longuement, autant en ce qui concerne son site naturel que pour l'architecture urbaine que l'on peut voir s'y déployer. « Il n'arrive pas tellement souvent qu'une ville réelle se présente de manière globale (*übersehbar*) et totale depuis un point de vue unique, comme un décor de scène (*Bühnenbild*) ». Après celui du *Weltlandschaft*, c'est donc en somme un second miracle que l'on rencontre à Salzbourg : la possibilité de la voir se déployer d'un point de vue privilégié et, à ce titre, idéal.

Survient alors une sorte de tournant dans la progression du texte. Sedlmayr nous dit à peu près : ce qui vient d'être indiqué est très important, mais il y a davantage encore. Il ne suffit pas de faire remarquer que les alentours de Salzbourg sont un « paysage universel » *in natura*. Il ne suffit pas d'évoquer le point de vue privilégié depuis lequel la ville s'offre au regard comme un panorama. Une autre dimension doit être introduite : la ville *présente ce qu'elle est* (« *sie stellt dar, was sie ist* »). Un terme est répété à plusieurs reprises : se présenter, *sich darstellen*. La ville *présente* ce qu'elle est ; dans ses édifices *se présente* la vie et l'esprit de ses communautés ; elle *se présente* et s'exprime dans des formes intelligibles. Aucun nom n'est prononcé (ils viendront ensuite), mais Sedlmayr anticipe déjà sur les développements ultérieurs, et bien qu'il ne le dise pas explicitement, on peut signaler dès à présent qu'il a introduit le concept fondamental d'« autoprésentation » (*Selbstdarstellung*) du zoologiste Adolf Portmann qui est en même temps croisé avec l'idée, due à Wladimir Weidlé, de l'œuvre d'art comme langage. Tout ou presque est déjà dit dans cette phrase toute simple et en même temps complexe et intrigante : « Elle présente ce qu'elle est ».

Le tournant décelable à cet endroit du texte par rapport à la réflexion antérieure ne tient pas seulement à ce que Sedlmayr est passé de la description géographique et de l'évocation historique à une réflexion beaucoup plus dense, de nature philosophique (et nourrie de la pensée de quelques auteurs). Il réside surtout dans un certain *renversement de perspective* : le passage d'un « pour nous » à un « pour soi ». Il n'y a pas seulement ce déploiement de formes qui nous plaît et nous émeut, et qui se manifeste dans une sorte de panorama étalé devant nous. Il y a une relation à quelque chose qui n'est pas immédiatement visible, qui se montre à travers ces formes et leur est en quelque manière « intérieur » : l'être ou l'identité même de la ville. La « vie » et l'« esprit » des communautés qui, au fil des ans, ont formé ou forgé la totalité de la ville, sa silhouette.

Jusque-là, il avait été principalement question de la ville telle qu'elle existe pour nous : pour le regard du spectateur idéal (touriste, visiteur) qui la contemple, soit de loin, soit mieux encore de tout près, du point de vue qu'on en a depuis le *Kapuzinerberg*. Désormais, il ne suffit plus de la contempler dans sa forme extérieure ; il faut interpréter ou interpoler en cherchant à discerner dans cette forme ce qui, en elle, renvoie à autre chose, à quelque chose qui n'est pas immédiatement visible, même si cela se manifeste dans une forme visible et même, peut-on ajouter dès à présent, aspire à une telle manifestation. Sans perdre de vue la splendeur de la silhouette urbaine, le regard doit procéder à une sorte de va-et-vient entre la forme extérieure et un contenu ou un sens en quelque sorte intérieur. On passe ainsi d'un point de vue purement *esthétique* à un point de vue qui, comme on le verra, mérite d'être appelé proprement *artistique*. La contemplation des formes doit désormais s'accompagner de cette interrogation : qu'est-ce qui est présenté, ou plus exactement *se présente* dans ces formes ? Ou bien encore : à quoi cette forme doit-elle être rapportée afin d'être saisie dans son intelligibilité ?

C'est donc un point de vue historique et social qui a été introduit dans la réflexion. On ne se contente plus de contempler admirativement l'architecture et la silhouette globale de la ville. On mentionne les communautés dont elle se compose et qui ont concouru à la constituer ; on évoque les symboles de la puissance politique et religieuse. Si on veut la connaître, il est bon de prendre connaissance de son histoire sociale et politique. Et pourtant, il serait erroné de croire que l'on aurait quitté entièrement la sphère de l'aspect visible et sensible pour se tourner vers des faits historiques ou des données abstraites. Car, s'il s'agit en effet de comprendre l'apparence visible en faisant référence à l'arrière-plan historique et social, il s'agit tout autant, en un mouvement inverse, de discerner les raisons pour lesquelles ces entités sociales se sont manifestées de la sorte, ont cherché à se donner cette forme splendide que nous admirons encore aujourd'hui. La mise en relation est donc une relation mutuelle, allant dans les deux sens, entre forme architecturale et contenu social et historique[1]. Et sans que cela ne soit dit explicitement par Sedlmayr, nous pouvons ajouter (nous qui avons lu par exemple Claude Lefort) que ceci implique ou présuppose qu'il y ait quelque chose comme une dimension *constitutive* de la représentation de soi (de l'« autoprésentation »). Les communautés en question ont certes existé antérieurement à cette manifestation (et il est précieux d'être informé de leur histoire), mais celle-ci n'a pas pu être un simple reflet ou une simple émanation de ce qui existait de toute façon déjà de manière positive et entièrement constituée. Il est évident (mais dirais-je, seulement *pour qui sait voir*) que cette représentation de soi ou cette présentation a été un véritable « événement » ou une « expérience » au sens fort – qu'elle a comporté une dimension de création, a apporté un « gain ontologique », un surcroît de sens.

Sedlmayr précise les modalités concrètes de cette « autoprésentation » des différentes communautés et des différents quartiers de la ville (qui sont au nombre de six). Elle s'effectue à travers les tours ou clochers qui les représentent respectivement dans la silhouette urbaine, mais aussi à travers le caractère bien particulier et reconnaissable de chacun de ces quartiers, qui tient notamment à ce que l'on pourrait appeler une certaine

---

1. Cette question de la relation entre quotidienneté et monumentalité, entre « temps faibles » et « temps forts » d'une architecture urbaine, est un thème central de la réflexion de l'architecte luxembourgeois Léon Krier que j'ai commenté dans « Architecture monumentale et régime démocratique » [*Les Temps Modernes*, n°557, décembre 1992].

qualité spatiale (rues plus ou moins larges ou étroites, importance plus ou moins grande de l'espace public, vie tournée vers l'extérieur ou vers l'intérieur). Et, souligne Sedlmayr, ce n'est pas seulement une affaire de style historique, car ce caractère sensible bien particulier transcende l'origine historique.

Mais on ne peut s'en tenir à une autoprésentation en quelque sorte isolée de chaque quartier (ou groupe social) : il faut prendre d'emblée en considération la place respective de chacun dans un ordre global, autrement dit dans une *hiérarchie*. La forme architecturale – cela fait partie intégrante de l'autoprésentation et des exigences qui y sont liées – doit exprimer, à l'intérieur de la silhouette de la ville, l'importance respective de chaque groupe ou de chaque quartier. Il s'agit d'une « lisibilité », d'une correspondance visible et manifeste, pour qui sait voir et comprendre le langage des formes, entre une forme extérieure visible et quelque chose d'invisible : l'importance, la signification de cette entité, pas seulement d'ailleurs dans cette ville, mais dans l'existence humaine elle-même et la représentation qu'on en a. Inutile de dire que l'idée même de hiérarchie a été bannie aujourd'hui à peu près complètement du vocabulaire et du champ de l'attention, au nom d'un idéal égalitariste radical, avec pour conséquence que, au-delà du simple point de vue social ou sociologique, on s'interdit du même coup à peu près totalement de s'interroger sur la place et le sens de chacun des différents domaines de la vie à l'intérieur du champ global de l'existence humaine (et par exemple à la place que l'on attribue à la production économique ou à la vie de l'esprit).

La silhouette de la ville et son architecture, avec toute la fine articulation que celle-ci comporte dans une ville traditionnelle, peuvent et même doivent être comprises comme la manifestation visible d'une interrogation, effectuée plus ou moins consciemment par les hommes, sur l'importance respective des différentes finalités de la vie, aucune société ou communauté ne pouvant s'abstenir de donner une réponse au moins implicite à cette question. Cette interrogation sur les finalités de l'existence qui se manifeste dans la silhouette de la ville correspond à ce que certains auteurs ont pu appeler « l'architectonique » (Karel Kosik, mais aussi Sedlmayr lui-même [1]) et d'autres, « le politique » (Claude Lefort et, dans son prolongement, Alain Caillé).

UN LANGAGE DE FORMES

Cette dimension de l'autoprésentation d'une communauté à travers une forme visible est liée très étroitement à l'idée du langage ou de la parole. L'hôtel de ville de Salzbourg, retenu comme exemple privilégié, tient un langage clair et parle pour ainsi dire de la tête aux pieds. Ce langage des édifices est une sorte de prosopopée : c'est comme si l'hôtel de ville parlait à la première personne pour nous dire : « Voilà ce que je suis » – ou plutôt : « Voilà *qui* je suis. Je ne suis pas n'importe quel édifice, je suis un hôtel de ville, et qui plus est, l'hôtel de ville d'une cité où la bourgeoisie n'a jamais été très importante ». Car il est évident, pour qui sait voir, qu'à Salzbourg la cathédrale occupe une position éminente, et que le pouvoir ecclésiastique y a longtemps été dominant. Nul ne tirera aucune conclusion analogue à Bruxelles, où c'est de toute

---

1. Voir K. Kosik, « La ville et l'architectonique du monde », *Le Messager européen*, n°8, 1994. De H. Sedlmayr, voir « Zum Wesen des Architektonischen » (1944), repris dans *Epochen und Werke II*, Munich, Mäander, 1985.

évidence l'hôtel de ville qui est dominant par rapport à la cathédrale. Chacun de ces édifices, si on les considère à la fois compte tenu d'un langage des formes architecturales (d'une typologie) et à l'intérieur d'un certain ensemble urbain particulier (la silhouette de la ville), parle un langage assez clair. Et ceci, ajoute Sedlmayr, vaut aussi pour les différents édifices religieux de Salzbourg : cathédrale, églises paroissiales, église de l'université. Ou bien également pour les différents châteaux – la Résidence, le château Mirabell. Pourvu que l'on comprenne la langue qu'ils parlent (celle de l'architecture classique), on pourra les reconnaître « pour ce qu'ils sont », c'est-à-dire notamment les situer les uns par rapport aux autres dans une hiérarchie, une échelle de valeurs, et il sera impossible alors de confondre ce qui occupe un rang supérieur et ce qui occupe un rang inférieur.

Nul doute que ce genre de réflexion ne fasse problème aujourd'hui, et ne se heurte à l'incompréhension ou à une franche hostilité. J'en ai déjà mentionné une raison : le rejet à peu près total de l'idée même de hiérarchie sous une forme quelconque (Louis Dumont a bien décrit dans *Homo Hierarchicus* les obstacles conceptuels et épistémologiques qu'il a rencontrés lorsqu'il a entrepris d'étudier le système social de l'Inde). Mais on pourra objecter aussi : n'est-il pas hautement exagéré de parler du « langage » d'un édifice ou d'une ville tout entière, qui « parlerait » de manière claire et, semble-t-il, immédiatement évidente et compréhensible pour tous, et à toutes les époques ? N'est-ce pas faire peu de cas de la dimension « instituée » ou « codée » d'un tel langage de l'architecture ? Pour comprendre cette langue, à supposer qu'elle existe, ne faut-il pas en connaître les conventions, en « maîtriser les codes », et tout ceci ne relève-t-il pas aujourd'hui de la connaissance historique, et non de ce qui appartiendrait à un sens commun partagé par tous? Tout n'indique-t-il pas que cette « langue » ne dit plus rien aux hommes d'aujourd'hui? Est-ce que Sedlmayr ne force pas abusi–vement les choses en supposant qu'un hôtel de ville ou une église du passé parle un langage clair et évident qui transcenderait en quelque sorte les conventions culturelles?

L'objection est en partie pertinente et mérite qu'on s'y attarde, mais on peut remarquer que Sedlmayr en a tenu compte et y a répondu par avance, il est vrai de manière assez discrète. Car il prend la peine de préciser, dans ce qui peut apparaître comme une redondance : « […] parlent un langage intelligible, *intelligible pour quiconque sait encore regarder* », « il est impossible de les confondre, *pourvu que l'on comprenne le langage de leurs formes et de leurs sculptures* » (mes italiques). En effet, il n'existe aucune forme et aucun langage qui soit absolument clair et intelligible, c'est-à-dire indépendamment de toute capacité à voir et à comprendre ce qu'il y a à voir et à comprendre. Telle est en somme la faiblesse constitutive de tout langage et de tout système de formes : il est d'une certaine manière évident – mais seulement *pour qui sait voir*; intelligible – mais seulement *pour qui sait l'entendre*. Une certaine circularité, celle de la présupposition d'une initiation préalable, ne peut être évitée. Mais il est vrai aussi que l'on peut, jusqu'à un certain point, s'initier soi-même à un tel langage de formes à partir de la totalité même qu'il constitue. Pour prendre un exemple plus concret, il est exact que le *Palazzo Pubblico* d'une ville toscane ne parle pas exactement le même langage formel que l'hôtel de ville ou le beffroi d'une ville flamande, ou bien qu'un *Rathaus* allemand, même s'ils abritent des fonctions à peu près comparables. Mais il est vrai aussi que celui qui connaît les édifices municipaux de Bruxelles, de Bruges ou d'Arras n'aura pas grand-peine à comprendre assez vite le langage que tiennent ceux de la Toscane, et à les reconnaître pour ce qu'ils sont. Car un langage de formes peut et doit même être compris, jusqu'à un certain point, à partir de lui-même. Bien sûr, un malentendu est toujours possible, mais aucune langue n'est à l'abri du malentendu, le langage étant tout à la fois ce qui se prête au malentendu et permet de le dissiper. Le concept de « code » n'apporte à cet égard rien de vraiment décisif. En faisant croire à la possibilité d'une communication univoque garantie, et établie en quelque sorte préalablement à toute rencontre effective, il est même plus trompeur que vraiment éclairant. Car sans bon entendeur, point de salut.

L'ŒUVRE D'ART COMME LANGAGE (WEIDLÉ)

Cette réflexion sur le langage des formes de l'architecture et la dimension de l'autoprésentation nous a permis de préciser peu à peu l'idée selon laquelle une ville comme Salzbourg peut être considérée comme une œuvre d'art. Comme je l'indiquais en commençant, il n'y a dans cette affirmation aucun esthétisme, aucune réduction de la ville à un simple décor plaisant à regarder. Ce qui est parlant dans les édifices de Salzbourg, voilà ce qui est proprement artistique, écrit Sedlmayr. Le propre de l'art, et en particulier de l'architecture, c'est d'être un langage, d'avoir « quelque chose à dire ». En énonçant cela, il reprend à son compte l'argumentation critique du théoricien de l'art russe Wladimir Weidlé (1896-1979)[1] avec lequel il a entretenu

---

1. Wladimir Weidlé, Russe émigré en France, a écrit dans plusieurs langues. Il a publié chez Gallimard en 1954 *Les Abeilles d'Aristée*. Ses écrits principaux des années cinquante et soixante ont été repris dans le

des relations amicales, et qui est dirigée contre la réduction de l'art à l'esthétique. Quelques éclaircissements me semblent indispensables à la compréhension du texte de Sedlmayr.

Weidlé l'a inlassablement répété dans plusieurs textes des années soixante : à l'encontre d'une confusion de plus en plus grande à laquelle on assiste aujourd'hui, il faut bien voir que les notions d'œuvre d'art et d'objet esthétique sont essentiellement différentes, et sauver en quelque sorte la première de son absorption par la seconde. Une œuvre d'art est autre qu'un simple « objet esthétique », c'est-à-dire quelque chose (à la limite n'importe quoi) qui exerce un effet, agréable ou désagréable, sur le spectateur (ou l'auditeur). Ce qui est déterminant pour cette différence, c'est précisément la dimension langagière. Toute œuvre d'art, soutient Weidlé, est avant tout un langage ou une parole qui s'adresse à d'autres hommes pour être entendue et comprise (même si factuellement, personne ne l'entend). Non pas un langage pour dire ce qui pourrait être dit tout aussi bien avec les moyens du langage courant, mais afin de dire quelque chose d'unique ou même d'indicible, qui avait besoin, pour être dit, de ce langage-là, de cette œuvre d'art singulière. Pas non plus au sens d'une pure singularité excluant tout monde commun de significations partagées, mais au sens d'une élaboration artistique visant à exprimer ce qui n'avait jamais encore été dit de cette façon auparavant. Weidlé reprend à son compte, dans ses écrits, la phrase de

volume *Gestalt und Sprache des Kunstwerks*, Munich, Mäander, 1981. Sur Weidlé et la distinction entre œuvre d'art et objet esthétique, voir ma conférence « Au comble du subjectivisme moderne : l'objet esthétique. A propos d'un concept de Wladimir Weidlé » [*Cahiers de recherche* du Groupe interuniversitaire d'étude de la postmodernité, Montréal, UQAM, 1995].

Goethe selon laquelle « l'art est un langage pour dire l'indicible », et parle également du « devenir visible d'un invisible » (formule que cite Sedlmayr). Cela signifie que l'art donne forme à quelque chose qui ne pouvait être dit que de cette façon-là ou qui, en d'autres termes, apparaît ou se révèle pour la première fois en cette expression même. Et par conséquent, s'il faut rapporter la forme artistique (celle par exemple d'une belle architecture) à son contenu, il faut tout autant rester conscient de ce que ce contenu se manifeste par excellence dans cette forme.

La critique weidléenne de la réduction de l'œuvre d'art à un objet esthétique implique aussi une critique de la notion d'agrément ou d'ornement extérieur, qui trouve un écho dans le texte de Sedlmayr sur Salzbourg. Car s'il est vrai qu'il y a dans l'architecture une dimension qui dépasse la réalisation de simples fonctions pratiques, ce dépassement ne doit pas être compris comme si venaient s'ajouter de l'extérieur certains « agréments esthétiques », comme si des ornements étaient simplement plaqués sur une structure fonctionnelle[1]. Dans ce cas, il y aurait une dualité tranchée du fonctionnel et de l'esthétique (de l'utile et de l'inutile). Or, souligne Sedlmayr, ce dépassement est à comprendre autrement : comme une liaison qui a à voir avec le langage. L'ornement aussi est « parlant », il n'est pas une simple forme extérieure qui viendrait simplement parer et décorer sans avoir rien à dire – comprenons par là que l'ornement n'est pas autosuffisant, mais situé dans une relation à un certain objet (par exemple une institution, ou le bâtiment qui l'abrite) dont il importe de rehausser la dignité ou la valeur intrinsèque, et cette relation « intentionnelle » entre

---

1. Voir chap. 3, « Le sens ontologique de l'ornement » [dans l'ouvrage *La Manifestation de soi* – NdT].

forme et contenu peut être appelée, au sens large, une relation de langage.

En rapportant, dans notre contemplation de la ville, les formes admirables qui nous émerveillaient à un certain contenu ou sens dont elles sont la manifestation (la vie ou l'esprit des communautés qui la composent), nous avions déjà donné à l'avance une illustration de ce que recommande Weidlé : renoncer à une appréhension de l'art comme à une simple « objet esthétique » et l'envisager comme un langage (d'un type il est vrai très particulier). De même, lorsque nous avions repéré, dans le texte de Sedlmayr, un certain tournant ou changement de perspective : le passage de la ville « pour nous » à la ville telle qu'elle se présente (ou « présente ce qu'elle est »), ce tournant allait exactement dans le sens de la réflexion weidléenne.

Nous comprenons mieux maintenant pourquoi, dans l'esprit de Sedlmayr qui s'inspire ici de Weidlé, ce n'est nullement faire preuve d'esthétisme que d'appeler une ville comme Salzbourg une œuvre d'art. L'esthétisme consisterait à l'envisager comme un simple objet de délectation sensible ou comme un jeu formel coupé de toute signification. Or, sans vouloir non plus, par quelque ascétisme, interdire le plaisir des sens, il s'agit plutôt de discerner la dimension d'une incarnation sensible de certaines significations (ou d'une « présence réelle » de celles-ci). Notre plaisir sensible et sensuel n'est donc nullement incompatible avec la perception de significations, dans la mesure où celles-ci ne sont pas abstraites, mais incarnées dans des formes. Nous comprenons maintenant le sens exact à donner au titre de l'essai. La proposition « la ville comme œuvre d'art » doit être complétée par la proposition weidléenne « l'œuvre d'art comme langage ».

Une ville aussi splendide que Salzbourg ne doit pas seulement être envisagée comme un beau décor. Si on veut l'apprécier artistiquement (et pas seulement esthétiquement), on doit percevoir cette forme comme forme d'un contenu – selon les termes mêmes de Sedlmayr, qui puise à la fois dans la terminologie de Weidlé et celle de Portmann (j'y reviendrai) : comme « présentant et exprimant tout à la fois ce qu'elle est ». Mais inversement, il faut se garder tout autant d'envisager ce contenu comme s'il pouvait exister indépendamment de toute forme, ou préalablement à elle. Car quelque chose de plus advient dans et par cette manifestation, et c'est pourquoi la forme splendide qu'il nous est donné de contempler n'est pas le simple signe extérieur d'un contenu, mais bien une incarnation. Cette forme renvoie à autre chose qu'elle-même, mais cet « autre chose », c'est par excellence dans cette forme qu'on peut le trouver ou le découvrir. On comprend alors, comme je l'ai déjà suggéré, qu'il ne s'agit nullement, tant chez Sedlmayr que chez Weidlé, d'opposer à un hédonisme esthétique quelque rigorisme ascétique empreint de méfiance envers toute apparence extérieure. Grâce aux concepts d'autoprésentation et de langage (auxquels je viens d'ajouter celui d'incarnation), il est possible d'éviter en même temps ces deux extrêmes, à savoir aussi bien la réduction (hédoniste ou esthétisante) de l'art à un pur jeu délectable de formes, que sa réduction à un message abstrait (religieux, politique ou autre). L'attitude purement esthétique consisterait à détacher une jouissance devenue « pure » des significations qui s'y sont incarnées, et il s'agirait donc d'un véritable purisme esthétique, symétrique et analogue en somme au purisme ascétique qui cherche à purifier les significations de toute incarnation, de toute chair sensible.

LA QUESTION DE LA TYPOLOGIE (NORBERG-SCHULZ)

Cette réflexion sur la dimension « artistique » et donc « langagière » de la ville (ces deux termes, si l'on suit Weidlé, étant indissociables) – avec tous ses édifices, elle parle une langue claire et intelligible à qui sait voir ses formes et comprendre leur langage – comporte un aspect qui n'a été que brièvement mentionné et doit être souligné avec plus de netteté : c'est ce que, en architecture, on appelle la question de la *typologie*. Dans les villes du passé, les différents bâtiments n'étaient pas simplement inventés et construits au petit bonheur, mais correspondaient à différents *types de construction* qui étaient parfaitement reconnaissables. Non pas tant en ce sens que l'on reconnaissait aisément tel bâtiment particulier après l'avoir vu, mais au sens où l'on pouvait identifier tel édifice particulier comme étant, de toute évidence, une église (cathédrale, église paroissiale, etc.) – et, donc la « reconnaître » de cette manière. La silhouette urbaine (le *Stadtbild*) était donc structurée en autant de formes distinctes les unes des autres, et en même temps rassemblées en un ensemble cohérent et harmonieux. Ceci est évidemment essentiel pour la question du langage : c'est notamment grâce à une telle typologie que les édifices pouvaient être « parlants » et pouvaient servir à l'autoprésentation des différentes communautés de la ville.

Ce thème de la typologie, des types de constructions (en allemand : *Bautypen*) est présent chez différents auteurs (architectes, théoriciens de l'architecture et de la ville), principalement d'inspiration traditionnelle et classique, qui ont pris conscience des ravages infligés (surtout depuis 1945) aux villes européennes. Hans Sedlmayr cite dans ce contexte l'architecte et historien de l'art norvégien Christian

Norberg-Schulz (1926-2000) dont il a pu lire le premier livre, paru en anglais en 1963, *Intentions in Architecture* (traduit en français sous le titre *Système logique de l'architecture*). Il s'y faisait l'écho ou le porte-parole d'un souci qui est même partagé par certains représentants de l'architecture moderniste, comme Louis Kahn (même si on peut douter de leur capacité à dépasser la situation qu'ils décrivent et déplorent). C'est la constatation d'un manque, d'une lacune fondamentale de l'architecture du XXᵉ siècle : l'absence de la dimension symbolique des édifices, de leur capacité à dire ou à exprimer notamment « ce qu'ils sont », et corrélativement, celle d'une monotonie de plus en plus grande de la ville. Voici ce que Norberg-Schulz écrivait dans ce livre auquel Sedlmayr fait manifestement allusion :

> Une architecture où les plans libres sont ordonnés par une construction claire ne garantit pas nécessairement l'ordre visuel désiré. Il est tout aussi important que chaque bâtiment exprime son caractère. Actuellement, il est difficile de distinguer une église d'un garage. Evidemment, ceci n'est pas dû principalement aux défectuosités des bâtiments particuliers, mais surtout au manque de *types* distincts de bâtiments […] La solution ne peut se trouver que par la formation de types. Les types doivent être étroitement liés de façon à constituer une hiérarchie correspondant à la structure de la tâche [1].

Norberg-Schulz a poursuivi cette réflexion dans des ouvrages ultérieurs [2], mais elle a été aussi développée par

---

1. Ch. Norberg-Schulz, *Système logique de l'architecture*, Bruxelles-Liège, Mardaga, 1979, p. 278-279.
2. Voir notamment *Habiter. Vers une architecture figurative*, Milan-Paris, Electa-Le Moniteur, 1985, ainsi que *Architecture : Meaning and Place*, New York, Electa-Rizzoli, 1986, qui contient l'essai « On the Way to Figurative Architecture » (1985), et où l'auteur aborde directement

d'autres auteurs, et notamment par l'architecte Léon Krier (né en 1946) dans quelques dessins inoubliables (que Norberg-Schulz a lui-même cité par la suite), comme celui qui est intitulé *So-called objects/nameable objects* [1], où il représente très exactement la situation évoquée par Norberg-Schulz : la même forme sert à construire une maison, un garage ou une église, qui sont donc totalement impossibles à reconnaître pour ce qu'ils sont. Ceci fait ressortir, par contraste, cette caractéristique essentielle de toute architecture digne de ce nom : elle doit construire des édifices qui non seulement soient fonctionnels, mais « présentent » en outre leur fonction. Cette « lisibilité » des édifices ne peut pas être comprise simplement en un sens pratique ; elle correspond aussi à une dimension que l'on peut appeler « esthétique » de l'architecture (mais en employant ce mot en un sens différent de celui qu'a critiqué Weidlé).

Cette réflexion sur la typologie architecturale avait déjà eu des précurseurs, et notamment Karl Gruber (1885-1966) dans son livre *Forme et Caractère de la ville allemande*, où il décrit de manière détaillée la typologie des différents édifices de la ville allemande médiévale. Toutefois, Gruber repère les premiers signes d'une perte des formes reconnaissables à une période bien antérieure à l'époque contemporaine, celle qu'il appelle l'âge de l'absolutisme (qui correspond à l'architecture classique et baroque). Alors que, dans l'architecture de la ville médiévale allemande (en fait le Moyen Âge tardif, époque de la montée de la bourgeoisie), qui est sa référence privilégiée,

la question de la typologie. J'ai commenté ce texte dans « L'homme, être d'antinature ? Notes pour une anthropologie », *Le Messager européen*, n°9.

1. Il a été repris sous une forme un peu modifiée dans son livre *Architecture : choix ou fatalité* sous le titre « Formes contre uniformes. Objets « nommables » / prétendus objets ».

chaque édifice adoptait un type de construction bien reconnaissable (et d'ailleurs de manière très souple : Gruber souligne sans cesse qu'il ne s'agit pas d'une « norme » stricte), ceci tend à se perdre à l'âge de l'absolutisme, dans la mesure où on se met par exemple à construire un hôtel de ville et une église de manière à peu près identique (il songe surtout à Mannheim ainsi qu'à Bruchsal). Gruber écrit, à propos de la « ville baroque » : « On a fini par unifier en une fatale équivalence l'église, la bourse, l'hôtel de ville et le théâtre en dotant tous ces édifices de portiques à colonnes », une tendance dans laquelle il discerne les prémices d'une évolution funeste qui allait déboucher sur le chaos (ou la monotonie) de la ville contemporaine.

Comme cela arrive souvent, c'est précisément au moment où cette dimension tendait à se perdre que l'on s'est mis à prendre conscience de l'une des caractéristiques générales de la ville traditionnelle qui, jusque-là, allait tellement de soi que l'on s'en était à peine aperçu : la présence d'un ensemble de formes conventionnelles et néanmoins souples permettant de présenter et d'exprimer la spécificité des différents édifices tout en les articulant dans un espace commun, en un mot la présence d'une « typologie ». Celle-ci pourrait être interprétée dans le sens d'une sémiologie purement utilitaire : il est pratique de ne pas confondre les bâtiments entre eux, comme les objets usuels, et de savoir aussitôt, dans une ville, à quel type d'édifice on a affaire. Cet aspect joue certes un rôle non négligeable, mais l'importance de l'aspect extérieur ne peut pas s'y réduire. La forme typologique des bâtiments a une dimension qui transcende la simple utilité pratique (tout en l'intégrant) et a à voir avec la satisfaction inexprimable d'avoir affaire à des choses qui ne sont pas simplement ce qu'elles sont, mais manifestent en outre leur essence (ou leur destination). Si la simple utilité pratique était déterminante, alors on pourrait la réaliser à moindres frais : comme dans une mise en scène brechtienne, un simple écriteau suffirait à indiquer « château », « cathédrale », « hôtel de ville ». Mais pourquoi diable aurait-on besoin de tout cet appareil fastidieux pour signaler en somme exactement la même chose ?

L'AUTOPRÉSENTATION (PORTMANN)

Le dernier paragraphe de *La ville comme œuvre d'art* est entièrement consacré à Adolf Portmann[1] (1897-1982). Sedlmayr adresse un vibrant hommage au « grand biologiste », auteur de « travaux pionniers sur la compréhension des formes organiques ». Le concept portmannien d'*autoprésentation* (*Selbstdarstellung*), déjà utilisé tout au long du texte et appliqué à l'architecture urbaine, est cette fois cité et commenté de manière explicite. On se rend compte que l'historien de l'art autrichien connaissait bien les travaux du biologiste suisse[2] et, ce qui est plus rare encore, était au courant du dernier état de sa pensée. Il cite ou paraphrase quelques formulations caractéristiques que l'on trouve dans différents articles des années cinquante et soixante : « À côté de la conservation de l'individu et de l'espèce, l'autoprésentation doit être

1. Sur Portmann, voir les chapitres 1 et 5 du présent livre [il s'agit toujours de *La Manifestation de soi* – NdT].
2. Les deux auteurs semblent s'être connus et estimés mutuellement. Dans le fonds Portmann conservé à Bâle, j'ai trouvé une lettre de Sedlmayr à Portmann (25 février 1970) accompagnant l'envoi au biologiste suisse d'un tiré à part de « *Die Stadt als Kunstwerk* ». Sedlmayr y écrit : « Je tenais à ce que vous l'ayez entre les mains parce que j'y ai commencé un tout petit peu à labourer avec votre veau dans le champ de l'histoire de l'art ».

considérée comme un fait fondamental du vivant, comme une donnée ultime de ces organismes ». En effet, Portmann, à la différence de l'immense majorité de ses collègues biologistes qui admettent sans réfléchir que la conservation de soi, la survie, constituerait la « donnée ultime » du vivant, autrement dit la finalité dernière à laquelle seraient subordonnées toutes les autres finalités partielles que l'on peut repérer dans la vie organique, inverse complètement la perspective en mettant en évidence une autre donnée ou finalité, une autre « fait fondamental » de la vie, qu'il appelle *autoprésentation*, et qui englobe toutes les manières d'apparaître des organismes. Il affirme que, bien loin d'être simplement « au service » de la conservation de l'individu et de l'espèce, l'autoprésentation – la manifestation extérieure de soi à travers une forme –pourrait bien constituer une « donnée ultime ». Il se risque donc à avancer que c'est la présentation ou l'affichage de soi comme un être vivant de telle ou telle espèce qui pourrait bien être la dimension la plus englobante du vivant et sa raison d'être ultime. Il faut admettre comme un fait, si énigmatique soit-il, que les animaux mais aussi les végétaux *se présentent*, c'est-à-dire « présentent ce qu'ils sont » ou « se présentent pour ce qu'ils sont », et que cette manifestation de soi, loin d'être simplement au service par exemple de la reproduction (parade sexuelle), en une subordination qui serait censée l'expliquer, dépasse largement, par sa profusion et sa subtilité, tout ce qui suffirait à réaliser cette fonction.

Voilà qui est déjà très audacieux, et pourtant ce n'est pas tout ! Car Portmann va plus loin encore et se risque à affirmer que cette « autoprésentation » (ou cet « apparaître » : les deux concepts sont presque synonymes) peut avoir lieu même dans les cas où il ne peut exister aucun œil ni sens perceptif quelconque capable de la voir ou de la percevoir factuellement en quelque manière. C'est à cette idée introduite dans ses écrits des années cinquante et soixante que fait allusion Sedlmayr. Pour la désigner, le biologiste a forgé le concept de *unadressierte Erscheinung* : une apparence « inadressée » ou « sans destinataire ». Il a osé soutenir cette idée vertigineuse : on doit admettre qu'il y a « autoprésentation » ou « apparaître » même lorsqu'aucun regard ou sens perceptif n'est là pour percevoir cette apparence (cette forme) – parce qu'on la trouve chez des animaux qui sont dépourvus de tels sens perceptifs et qu'on ne peut pas non plus repérer l'un ou l'autre prédateur à laquelle elle serait « adressée » ou « destinée ».

Sedlmayr greffe alors sa propre réflexion sur celle de Portmann et se demande : ceci peut-il s'appliquer à l'art ? Apparemment non, s'il est vrai que l'art n'exprime pas seulement « la vie et l'esprit des communautés », mais s'adresse à des spectateurs et que, autrement dit, il n'est pas seulement issu d'une intériorité, mais dirigé vers un regard extérieur, un public auquel il est destiné (ce destinataire étant aussi sa destination). Et pourtant, ajoute-t-il aussitôt, il y a tout de même un aspect de l'art qui va de le sens de l'*unadressierte Erscheinung* portmannienne : ce sont tous ces détails des œuvres d'art que personne ou presque n'a jamais vus, mais qui ont pourtant été façonnés par l'artiste ou l'artisan comme si quelqu'un pouvait les voir, et en étant donc destinés et adressés tout de même à un regard spectateur. Sans doute songe-t-il avant tout à tous les détails des sculptures des cathédrales médiévales qui ont été façonnés et fignolés avec amour, mais seulement *ad majorem dei gloriam*. Il y a donc bien dans l'art, une « présentation » au sens le plus radical envisagé par Portmann, en tant qu'« apparence inadressée ». Les imagiers médiévaux travaillaient « pour la plus grande gloire de Dieu », et c'est donc Dieu qui était le destinataire invisible, le grand Autre auquel s'adressaient leurs ouvrages avec leurs nombreux détails à peu près inaccessibles au regard humain. Et c'est pour cette raison que Sedlmayr reprend à son compte l'idée portmannienne d'autoprésentation : elle peut s'appliquer à l'art, même sous sa forme radicale, lorsque aucun regard spectateur capable de voir cette forme ne peut être attesté, une forme ou une apparence qui est alors, comme l'écrit Portmann, pour ainsi dire lancée dans le vide (*ins Blaue gesendet*).

Lorsque je l'ai rencontré à Berlin en 1992, Hans Jonas m'a relaté une conversation qu'il avait eue un jour avec Portmann, et où fut abordée la question du sens ultime des formes vivantes. À Portmann, qui avait dû évoquer au cours de la conversation le cas des « apparences inadressées », Jonas, manifestement interloqué, aurait posé cette question insistante : mais alors, pour qui tout cela est-il là ? À quoi Portmann, lui-même embarrassé, aurait répondu : « *Ich weiss es nicht, ich weiss es nicht. Vielleicht für Gott* » (« Je ne sais pas, je ne sais pas. Peut-être pour Dieu »). Ceci doit être compris moins comme une profession de foi (Portmann est toujours resté extrêmement discret sur ce point) que comme l'expression d'un embarras. Si on admet l'apparence inadressée comme un fait indéniable quoiqu'énigmatique, alors on doit se demander en effet pour qui cela existe, vers quel spectateur cela est tourné, et la seule réponse qui vient à l'esprit pour nommer ce grand Autre est le nom de Dieu. Cet embarras initial peut conduire aussi, éventuellement, à une redécouverte du sens de Dieu par ce biais (mais non pas, évidemment, comme une « preuve de l'existence de Dieu »).

LE SUPERFLU

Le texte de Sedlmayr se conclut par une courte réflexion
sur la notion de superflu (*Überfluss*). « D'un point de vue
strictement utilitaire, [l'art] est superflu, au même titre que
la splendeur des formes et des couleurs des êtres vivants.
Salzbourg regorge d'un tel superflu (*ist reich an solchem
Überfluss*) ». Comment comprendre au juste cette notion ?
Et surtout, il faut se demander si, en parlant ici de superflu,
Sedlmayr n'est pas ici en contradiction avec ce qu'il a dit
auparavant à propos de l'art comme langage et de la
dimension typologique de l'architecture. N'avons-nous
pas vu que l'art architectural, bien loin d'être un simple
ornement agréable ou un « objet esthétique » au sens de
Weidlé, devait être envisagé comme un langage, et donc
comme ayant notamment pour raison d'être d'exprimer la
fonction ou la destination de l'édifice ? Et ceci ne revient-il
pas à ancrer l'art, et en particulier l'architecture urbaine,
dans une finalité – et même doublement, puisque la finalité
de la forme est de rendre visible une fonction et donc une
finalité fonctionnelle – en écartant donc sa compréhension
comme simple « superflu » ? Ce qui, nous l'avons indiqué,
modifie la perception même de tel édifice particulier :
lorsque l'architecture s'inscrit dans une typologie, la
perception, dans une ville donnée, d'un bâtiment doit, pour
qui sait voir, être la perception de ce bâtiment *en tant que
tel ou tel*. De même qu'un hôtel de ville ou une cathédrale
se donne à voir *comme* hôtel de ville ou *comme* cathédrale,
notre perception, si elle se veut respectueuse de ce qui est,
doit se faire elle aussi perception de cet édifice comme
hôtel de ville ou comme cathédrale, et non pas se réduire
à la délectation esthétique d'un jeu de formes agréable (et

notre perception sensible ne sera pas amoindrie mais enrichie par une telle visée de l'édifice comme tel ou tel).

Or ne dirait-on pas que, dans ce dernier développement, Sedlmayr oublie tout cela en parlant de « superflu » ? Je crois qu'il n'en est rien, et je voudrais m'efforcer de montrer en quoi cette dimension du superflu est compatible avec la prise en compte de l'art comme « langage » ou comme « autoprésentation » (puisque, nous l'avons vu, Sedlmayr conjugue pour ainsi dire dans sa propre réflexion les apports respectifs de Weidlé et de Portmann [1]) et même avec la prise en compte de l'exigence typologique. Ceci m'amènera à aborder directement la question de l'« utilitarisme » et de l'« anti-utilitarisme » à propos de l'architecture.

1. Le texte de Sedlmayr montre que la leçon de Portmann peut être transposée à la problématique de Weidlé et réciproquement. On aperçoit chez Sedlmayr la conjonction d'un concept weidléen (l'art comme langage) et d'un concept portmannien (l'autoprésentation), au point que, sous sa plume, les termes d'« autoprésentation » et de « langage » sont devenus des notions interchangeables. Le concept portmannien d'« autoprésentation » apporte une clarification importante à l'idée weidléenne de « l'art comme langage ». Mais inversement, il est possible et même nécessaire de transposer la critique weidléenne du point de vue esthétique (c'est-à-dire sa critique du subjectivisme radical en matière d'art) à la compréhension des formes vivantes. En effet, les formes et couleurs des animaux ou des plantes ne doivent pas être considérées comme étant simplement belles « pour nous » (ou pour tout être capable de les percevoir). Ce point de vue est légitime mais incomplet, car avant d'être esthétiquement belles, ces formes constituent une autoprésentation : ces êtres vivants se présentent pour ce qu'ils sont, leur apparence est issue d'un rapport à soi qui s'extériorise. Il faut donc admettre, si énigmatique que cela puisse paraître, que l'apparence vivante existe « en soi » avant d'exister « pour nous », qu'elle comporte une dimension objective avant d'être prise en charge par notre subjectivité, et même que cette dimension objective existe en dehors de toute perception (c'est le concept portmannien de *unadressierte Erscheinung*).

La question qui se pose est celle de savoir où *situer* au juste le « superflu », ce qui est irréductible à un simple point de vue utilitaire. On peut être tenté de le comprendre, soit à la manière kantienne (je songe à la distinction entre « beauté libre » et « beauté adhérente ») comme cet aspect purement « décoratif » qui vient s'ajouter de l'extérieur à une structure fonctionnelle parfaitement autosuffisante, à laquelle cet ornement n'ajoute rien de plus, sinon justement un « supplément esthétique » (comme on a pu parler d'un « supplément d'âme »). Soit de façon plus moderne (nietzschéenne), à la manière de Georges Bataille, comme un excédent d'énergie qui s'accumule sans trouver de débouché et aspire à être dépensé, gaspillé, consumé. La luxuriance formelle est alors interprétée comme une accumulation énergétique, ce qui, soit dit en passant, suffit à montrer combien cette manière de penser est inadéquate, car comment peut-on passer d'un point de vue énergétique à un point de vue formel ou morphologique ? Comment, à partir d'un excédent énergétique toujours identique, rendre compte de la diversité des formes ? Mais dans un cas comme dans l'autre (selon le modèle de Kant ou celui de Bataille), le superflu est ce qui vient s'ajouter à une structure ou à une sphère fonctionnelle qu'il laisse pour ainsi dire intacte ou inentamée. L'utilitaire et le superflu mènent deux vies parallèles, dans une splendide ignorance mutuelle ou selon un pacte de non-ingérence [1].

---

1. En ce qui concerne la question du « superflu », on peut se référer à Cornelius Castoriadis qui établit une distinction entre le « poiétique » et le « fonctionnel » [*Figures du pensable*, Paris, Seuil, 1999]. D'une part, comme le montre l'exemple d'un vase, il existe une « dimension essentielle » qui « échappe à la finalité ou la dépasse », car « la beauté d'un vase est « inutile » » [p. 100] ; mais d'autre part, « il ne peut y avoir de société humaine sans une composante fonctionnelle » [p. 100]. Je

Je crois que c'est précisément cette sorte d'étanchéité mutuelle qu'il faut remettre en question, en déplaçant le lieu où se situe le superflu ou le « non utilitaire » et en le localisant dans le champ de la présentation de soi ou du langage. Et c'est bien de la sorte que l'on peut comprendre tout le texte de Sedlmayr et en particulier cette petite phrase à la fois toute simple et infiniment complexe : la ville *présente ce qu'elle est* (variante : « *se* présente *pour* ce qu'elle est »). Une phrase toute simple qui peut même sembler quasiment tautologique ou d'une affligeante trivialité : car ne dirait-on pas en somme qu'elle énonce deux fois la même chose ? Il y aurait d'une part la ville, et d'autre part sa présentation (« pour ce qu'elle est » ou « telle qu'elle est »). Une première fois une certaine chose, et une seconde fois la même chose, mais représentée. Et pourtant, je ne crois pas que l'on ait affaire à un simple redoublement trivial et tautologique : il s'agit de ce que, dans mon vocabulaire, j'appelle le *redoublement originel de l'être et du paraître*. Il n'est pas trivial et tautologique parce qu'un écart imperceptible mais décisif s'est glissé entre le premier et le second terme – un moment de non-nécessité et de contingence. Il ne fallait pas, d'un strict point de vue utilitaire, que la chose en question (la ville, mais aussi l'animal d'une espèce donnée) apparût pour ce qu'elle est. Cela survient de surcroît en un « gain ontologique » et ce, même si cela vient aussi confirmer et renforcer cette chose ou cet être, donner consistance à son identité.

souscris à cette remarque, tout en marquant certaines réserves portant sur le risque d'une trop grande dissociation de ces deux dimensions, et sur la perspective exclusivement anthropocentrique qui est adoptée : pour Castoriadis, seul l'homme introduit une « défonctionnalisation » dans une vie organique entièrement soumise à la finalité fonctionnelle.

Bien sûr, on pourra objecter (j'y ai déjà fait allusion) qu'il est bien commode de pouvoir reconnaître les bâtiments, de pouvoir identifier leur fonction ou leur rang grâce à leur forme, et nous nous en rendons d'autant mieux compte que l'architecture moderne, qui se prétend « fonctionnelle », nous prive le plus souvent de cette commodité. Et pourtant, on ne peut réduire la « lisibilité formelle » de l'architecture à cette signification utilitaire (pas plus que, selon Portmann, la forme d'un animal n'est réductible à telle ou telle relation fonctionnelle). Il y a cette autre dimension plus difficile à préciser : il est satisfaisant pour l'esprit et pour les sens d'être entouré d'un monde de choses qui manifestent leur raison d'être. Et pourquoi ? Parce que quelque chose aurait manqué, alors que strictement parlant il n'y a rien qui vienne combler un manque, si les choses et les êtres ne manifestaient pas en outre ce qu'ils sont par une forme extérieure, en accédant ainsi à une modalité supérieure de l'être. Cette dimension transcende la simple utilité pratique et est inexplicable à partir de celle-ci, même si elle peut avoir diverses incidences et conséquences pratiques non négligeables.

Le superflu que l'on trouve aussi bien dans l'architecture urbaine que dans les formes animales doit donc être situé dans le champ d'une présentation ou ostentation de soi-même qui n'a pas d'utilité immédiate et doit être comprise primairement comme issue d'un « besoin » ou d'une « aspiration » à manifester ce que l'on est au lieu de simplement « être » ou « exister » (un « besoin » qui ne peut être compris sur le mode déficitaire du « manque »). Et, comme on l'a vu, cette présentation de soi peut avoir lieu même en l'absence de tout regard spectateur (ce qui, selon Sedlmayr, vaut pour l'architecture autant que pour la vie organique). Peut-on dire alors qu'elle serait

« gratuite » ? Ce mot, qu'il m'est arrivé d'employer, risque de réintroduire la notion d'un « supplément esthétique » ou d'une « pure dépense ». L'autoprésentation n'est pas gratuite dans la mesure où elle reste liée à une finalité : elle exprime la raison d'être d'un édifice, et sa beauté réside précisément dans le fait que cette finalité (cette téléologie) est rendue visible et quasi transparente. Le « superflu » n'est donc nulle part ailleurs que dans l'énigmatique et presque abyssale liaison de l'être et du paraître (le « redoublement originaire »). Dans le fait que cela ne suffise pas de simplement « être », et qu'il faille aussi le faire paraître, le montrer, l'afficher (par la médiation d'un langage de formes qui est assez universellement compréhensible).

Mais aussi, inversement (et pour beaucoup, c'est ce qu'il y a de plus difficile à admettre) dans le fait que ce paraître n'est pas un pur paraître qui ne serait paraître que de lui-même : il renvoie à autre chose, précisément à ce qu'il faut bien appeler un être ou une identité, même si on sait que cette identité n'est pas encore pleinement constituée en l'absence d'un tel paraître, d'une telle manifestation extérieure. S'il était un paraître qui ne serait, à la limite, que paraître de lui-même, alors il serait analogue à une « pure dépense », à une simple « consumation » qui ne ferait que « se dépenser » elle-même. Du côté du spectateur, ce paraître, ou cette exhibition, comme je l'ai indiqué à plusieurs reprises, ne peut être perçu dans sa spécificité que s'il est rapporté à quelque chose d'autre, que si on le perçoit comme paraître d'un certain être (comme la forme d'un certain contenu). Qu'il s'agisse de l'autoprésentation de telle espèce vivante dans la sphère du visible (telle que l'a décrite et commentée Portmann) ou bien de la fière ostentation d'une communauté urbaine qui, par son hôtel de ville, ses églises et sa silhouette globale, démontre à tous et à personne non seulement qu'elle existe factuellement, mais qu'elle le fait sur tel mode singulier, unique et irremplaçable – dans un cas comme dans l'autre, on a affaire à une existence qui « présente ce qu'elle est », et à l'énigmatique et fascinante liaison, superflue et pourtant nécessaire, d'un être et d'un paraître.

BIBLIOGRAPHIE SÉLECTIVE

ÉCRITS PHILOSOPHIQUES SUR L'ARCHITECTURE

ADORNO Theodor W., « Le fonctionnalisme aujourd'hui », dans *L'Art et les Arts*, Paris, Desclée de Brouwer, 2002.

ALAIN Émile Chartier, *Système des beaux-arts*, Paris, Gallimard, 1983.

ANDREOTTI Libero (dir.), *Spielraum : Walter Benjamin et l'architecture*, Paris, Éditions de La Villette, 2011.

BACHELARD Gaston, *La poétique de l'espace*, Paris, P.U.F., 2004.

BAUMBERGER Christoph (Hrsg.), *Gebaute Zeichen. Eine Symboltheorie der Architektur*, Frankfurt am Main, Lancaster, Ontos, 2010.

– *Architekturphilosophie. Grunlagentexte*, Münster, Mentis Verlag, 2013.

BERNHARDT Uwe, *Le Corbusier et le projet de la modernité. La rupture avec l'intériorité*, Paris, L'Harmattan, 2002.

BÖHME Gernot, *Architektur und Atmosphäre*, Münich, Wilhelm Fink Verlag, 2013.

DEWEY John, *L'Art comme expérience*, Paris, Gallimard, 2012.

FIEDLER Konrad, « Remarques sur l'essence et l'histoire de l'architecture », dans *Essais sur l'art*, Besançon, Les Éditions de l'Imprimeur, 2002.

FOCILLON Henri, *La Vie des formes*, Paris, P.U.F., 1964.

FOUCAULT Michel, « Space, Knowledge and Power » (« Espace, savoir et pouvoir » ; entretien avec P. Rabinow, trad. F. Durand-Bogaert), Skyline, mars 1982, p. 16-20.

GAFF Hervé, *Qu'est-ce qu'une œuvre architecturale ?*, Paris, Vrin, 2007.

GLEITER Jörg H., SCHWARTE Ludger (Hrsg.), *Architektur und Philosophie*, Bielefeld, Transcript Verlag, 2015.

HABERMAS Jürgen, « Architecture moderne et postmoderne », dans *Écrits Politiques. Culture, droit, histoire*, Paris, Flammarion, 2011, p. 9-31.

HEIDEGGER Martin, « Bâtir, Habiter, Penser », dans *Essais et conférences*, Paris, Gallimard, 1980, p. 170-193.

INGARDEN Roman, *L'œuvre architecturale*, Paris, Vrin, 2013.

KANT Emmanuel, *Critique de la faculté de juger*, Paris, Vrin, 1968.

LABBÉ Mickaël (dir.), « Le Corbusier : penser en architecture », *Les Cahiers philosophiques de Strasbourg*, n° 34/2ᵉ semestre 2013, Paris-Strasbourg, Vrin-Fondation PUS, 2013.

MITIAS Michael H., *Philosophy and Architecture*, Amsterdam-Atlanta, Éditions Rodopi B.V., 1994.

NORBERG-SCHULZ Christian, *Système logique de l'architecture*, Bruxelles, Mardaga, 1995.

– *L'Art du lieu*, Paris, Éditions du Moniteur, 1997.

PAYOT Daniel, *Le philosophe et l'architecte*, Paris, Aubier Montaigne, 1992.

– « Le jugement de l'architecture », *Le Portique*, N° 3/1999.

PEREZ-GOMEZ Alberto, *L'architecture et la crise de la science moderne*, Bruxelles, Mardaga, 1995.

POISSON Céline (dir.), *Penser, dessiner, construire : Wittgenstein et l'architecture*, Paris-Tel Aviv, Les éditions de l'éclat, 2007.

SCHOPENHAUER Arthur, *Le Monde comme volonté et comme représentation*, Paris, P.U.F., 2014.

SHUSTERMAN Richard, *Soma-esthétique et architecture : une alternative critique*, Genève, Haute école d'art et de design, 2010.

Histoire et théorie de l'architecture

Britton Karla, *Auguste Perret*, Paris, Phaidon, 2007.

Choay Françoise, *Urbanisme. Utopies et réalités*, Paris, Seuil, 1965.

– *La Règle et le Modèle*, Paris, Seuil, 1998.

Curtis William J. R., *Le Corbusier : Ideas and Forms*, London, Phaidon, 1986.

Droste Magdalena, *Bauhaus : 1919-1933*, Berlin, Taschen, 2006.

Giedion Sigfried, *Espace, temps, architecture*, Paris, Denoël, 2004.

Guerrand Roger-Henri, *L'Art nouveau en Europe*, Paris, Librairie Académique Perrin, 2009.

Hitchcock Henry-Russell, Johnson Philip, *Le Style international*, Marseille, Parenthèses, 2001.

Kaufmann Emil, *De Ledoux à Le Corbusier : Origine et développement de l'architecture autonome*, Paris, Éditions de la Villette, 2002.

Litzler Pierre, *La poésie des rapports dans la conception de l'architecture de Le Corbusier*, Paris, Économica, 2005.

Lucan Jacques, *Composition et non-composition, Architectures et théories, XIXᵉ-XXᵉ siècle*, Lausanne, Presses polytechniques et universitaires romandes, 2009.

Lynch Kevin, *L'Image de la Cité*, Paris, Dunod, 1999.

Maak Niklas, *Der Architekt am Strand. Le Corbusier und das Geheimnis der Seeschnecke*, Münich, Carl Hanser Verlag, 2010.

Neumeyer Fritz, *Mies van der Rohe : Réflexions sur l'art de bâtir*, Paris, Le Moniteur, 1996.

Panofsky Erwin, *Architecture gothique et pensée scolastique*, Paris, Minuit, 1967.

Ruskin John, *Les sept lampes de l'architecture*, Paris, Klincksieck, 2008.

Schapiro Meyer, *Style, artiste, société*, Paris, Gallimard, 1982.

SEMPER Gottfried, *Du style et de l'architecture*, Marseille, Parenthèses, 2007.

SUMMERSON John, *Le langage classique de l'architecture*, Paris, Thames & Hudson, 1991.

TURNER Paul Venable, *La formation de Le Corbusier : Idéalisme et Mouvement moderne*, Paris, Macula, 1987.

VON MOOS Stanislaus, *Le Corbusier : Elements of a synthesis*, Rotterdam, 010 Publishers, 2009.

WÖLFFLIN Heinrich, *Prolégomènes à une psychologie de l'architecture*, Paris, Éditions de la Villettte, 2005.

ZÉVI Bruno, *Apprendre à voir l'architecture*, Paris, Minuit, 1959.

ÉCRITS D'ARCHITECTES

AALTO Alvar, *La table ronde et autres textes*, Marseille, Parenthèses, 2012.

GROPIUS Walter, *Architecture et société*, Paris, Éditions du Linteau, 1995.

GUINZBOURG Mosei, *Le style et l'époque*, Gollion, Infolio éditions, 2013.

KAHN Louis, *Silence et lumière*, Paris, Éditions du Linteau, 1996.

LE CORBUSIER (Charles-Édouard JEANNERET, dit), avec Amédée OZENFANT, *Après le cubisme*, Paris, Éditions des Commentaires, 1918.

– *Vers une architecture*, Paris, G. Crès & Cie, 1923.

– *L'Art décoratif d'aujourd'hui*, Paris, G. Crès & Cie, 1925.

– *Urbanisme*, Paris, G. Crès & Cie, 1925.

– *Almanach d'architecture moderne*, Paris, G. Crès & Cie, 1926.

– *Une Maison, un Palais*, Paris, G. Crès & Cie, 1928.

– *Précisions sur un état présent de l'architecture et de l'urbanisme*, Paris, G. Crès & Cie, 1930.

– *Entretien avec les étudiants des écoles d'architecture*, Paris, Denoël, 1943.

– *Le Modulor*, Boulogne, Éditions de l'Architecture d'Aujourd'hui, 1950.

Loos Adolf, *Paroles dans le vide*, Paris, Éditions Champ Libre, 1979.

– *Ornement et Crime*, Paris, Éditions Payot & Rivages, 2003.

Morris William, *L'art et l'artisanat*, Paris, Éditions Paris & Rivages, 2011.

Provensal Henry, *L'Art de demain : vers l'harmonie intégrale*, Paris, Hachette BNF, 2013.

Rossi Aldo, *L'architecture de la ville*, Gollion, Infolio éditions, 2001.

– *Autobiographie scientifique*, Marseille, Parenthèses, 2010.

Valéry Paul, *Eupalinos*, Paris, Gallimard, 1970.

Venturi Robert, *De l'ambiguïté en architecture*, Paris, Dunod, 1999.

Venturi Robert – Scott Brown Denise – Izenour Steven, *L'enseignement de Las Vegas*, Bruxelles, Mardaga, 2008.

Viollet-le-Duc, *L'architecture raisonnée*, Paris, Hermann, 1978.

Vitruve, *Les dix livres d'Architecture*, Paris, Éditions Errance, 2005.

Wright Frank Lloyd, *Testament*, Marseille, Parenthèses, 2003.

– *L'avenir de l'architecture*, Paris, Éditions du Linteau, 2003.

Zumthor Peter, *Penser l'architecture*, Basel-Boston-Berlin, Birkhaüser Verlag AG, 2008.

– *Atmosphères*, Basel-Boston-Berlin, Birkhaüser Verlag AG, 2008.

INDEX DES NOMS

(réalisé avec l'aide d'Amaury Cassaghi)

TABLE DES MATIÈRES

DANS LA MÊME COLLECTION

Achevé d'imprimer par Corlet Numérique - 14110 Condé-sur-Noireau
N° d'Imprimeur : 137765 - Dépôt légal : avril 2017 - *Imprimé en France*